ظاہری و باطنی گناہوں کی تعریفات، اَحکام، اَسباب اور علاج پر مشتمل کتاب

(حصہ اوّل)

ظاہری گناہوں کی معلومات

مؤلف: محمد خرم شہزاد عطاری مدنی

(حصہ دُوُم)

باطنی گناہوں کی معلومات

مؤلف: سید بہرام حسین شاہ عطاری مدنی

پیشکش

المدینۃ العلمیۃ
Islamic Research Center

ناشر

مکتبۃ المدینہ کراچی

نام کتاب	گناہوں کی معلومات
پیش کش	المدينة العلمية Islamic Research Center
پہلی بار	شوال المکرّم ۱۴۴۵ھ، اپریل 2024ء تعداد: 20000 (بیس ہزار)
دوسری بار	ربیع الآخر ۱۴۴۶ھ، اکتوبر 2024ء تعداد: 10000 (دس ہزار)

مکتبۃ المدینہ
MAKTABA TUL MADINAH
دینی کتابوں کی اشاعت کا بین الاقوامی ادارہ
فیضانِ مدینہ، محلہ سوداگران، پرانی سبزی منڈی، کراچی
Faizan-E-Madina,Mohalla Sodagaran,Old Sabzi Mandi,Karachi
UAN : +92211111252692, Ext : 1144 , , :92-313-1139278, Ext : 9223
www.dawateislami.net www.maktabatulmadinah.com
ilmia@dawateislami.net feedback@maktabatulmadinah.com

پاکستان کے چند مکتبۃ المدینہ

کراچی: عالمی مدنی مرکز فیضان مدینہ نزد عسکری پارک کراچی	+92 312 2802126	لاہور: داتا دربار مارکیٹ نزد ستا ہوٹل گنج بخش روڈ لاہور	+92 42 37300561
ملتان: نزد پیپل والی مسجد اندرون بوہڑ گیٹ ملتان	+92 61 4511192	اسلام آباد: فیضان مدینہ، شبیر شریف روڈ، جی 11 مرکز، اسلام آباد	+92 314 5208663
فیصل آباد: امین پور بازار فیصل آباد	+92 41 2632625	راولپنڈی: اقبال روڈ فضل داد پلازہ بیسمنٹ نزد کمیٹی چوک راولپنڈی	+92 51 5553765
حیدر آباد: فیضان مدینہ آفندی ٹاؤن حیدر آباد	+92 313 0492960	پشاور: سٹی ٹاور شاپ # ایف 15,16 کابلی روڈ پشاور	+92 341 1458486
کراچی: اردو بازار نزد سوبھراج ہسپتال کراچی	+92 318 3402526	کراچی: رضا مسجد چشتیہ مارکیٹ کورنگی 4 نمبر کراچی	+92 311 2569741
گجرانوالہ: عرفات کالونی شیخوپورہ موڑ جی ٹی روڈ گجرانوالہ	+92 316 7223528	گجرات: گلی فیضان مدینہ شاہ جہانگیر روڈ گجرات	+92 312 6372786
آزاد کشمیر: نزد فیضان مدینہ چوک شہیداں میرپور آزاد کشمیر	+92 300 5787824	خان پور: شاہی روڈ نزد دورانی چوک خان پور	+92 312 7436719

تصدیق نامہ

اَلْحَمْدُ لِلّٰہِ رَبِّ الْعٰلَمِیْنَ وَالصَّلٰوۃُ وَالسَّلَامُ عَلٰی سَیِّدِ الْمُرْسَلِیْنَ وَعَلٰی اٰلِہٖ وَاَصْحَابِہٖ اَجْمَعِیْن

تاریخ: 15 مئی 2023ء حوالہ نمبر: 281

تصدیق کی جاتی ہے کہ کتاب "گناہوں کی معلومات" (مطبوعہ مکتبۃ المدینہ) پر شعبہ تفتیشِ کتب و رسائل کی جانب سے نظرِ ثانی کی کوشش کی گئی ہے۔ مجلس نے اسے عقائد، کفریہ عبارات، اخلاقیات، فقہی مسائل اور عربی عبارات وغیرہ کے حوالے سے مقدور بھر ملاحظہ کر لیا ہے، البتہ کمپوزنگ یا کتابت کی غلطیوں کا ذِمّہ مجلس پر نہیں۔

بسم اللہ الرحمن الرحیم
شعبہ
تفتیش کتب و رسائل
فیضان مدینہ پرانی سبزی منڈی کراچی

شعبہ تفتیش کتب و رسائل (دعوتِ اسلامی)
15-5-2023

اَلْحَمْدُ لِلّٰہِ رَبِّ الْعٰلَمِیْنَ وَالصَّلٰوۃُ وَالسَّلَامُ عَلٰی سَیِّدِ الْمُرْسَلِیْنَ
اَمَّا بَعْدُ فَاَعُوْذُ بِاللّٰہِ مِنَ الشَّیْطٰنِ الرَّجِیْمِ بِسْمِ اللّٰہِ الرَّحْمٰنِ الرَّحِیْمِ

ظاہری گناہوں کی معلومات

دُرُود شریف کی فضیلت

رسولِ کریم صلی اللہ علیہ واٰلہٖ وسلم کا فرمانِ عالیشان ہے: جس نے دن اور رات میں میری طرف شوق و مَحبّت کی وجہ سے تین تین مرتبہ دُرُودِ پاک پڑھا اللہ پاک پر حق ہے کہ اُس کے اُس دن اور اُس رات کے گُناہ بَخْش دے۔[1]

صَلُّوا عَلَی الْحَبِیْب! صَلَّی اللّٰہُ عَلٰی مُحَمَّدٍ وَّعَلٰی اٰلِہٖ وَصَحْبِہٖ وَسَلَّم

(1): کُفر

”کُفر“ کی تعریف

اصطلاحِ شریعت میں (ضروریاتِ دین میں سے) کسی ایک ضرورتِ دینی کے انکار کو (بھی) کُفر کہتے ہیں اگرچہ باقی تمام ضروریاتِ دین کی تصدیق کرتا ہو۔[2]

ضروریاتِ دین کیا ہیں؟

”ضروریاتِ دین“ اسلام کے وہ احکام ہیں جن کو ہر خاص و عام جانتے ہوں جیسے اللہ پاک کی وحدانیت (یعنی اُس کا ایک ہونا)، اَنبیائے کِرام علیہم السّلام کی نبوت، نماز، روزے، حج، جنت، دوزخ، قیامت میں اُٹھایا جانا، حساب و کتاب لینا وغیرہا۔[3]

---

[1]... معجم کبیر، 8/69، حدیث: 15316، دار الکتب العلمیہ بیروت۔
[2]... بہارِ شریعت، 1/172، حصہ: 1، مکتبۃ المدینہ کراچی۔
[3]... کفریہ کلمات کے بارے میں سوال جواب، ص 41، مکتبۃ المدینہ کراچی۔

واضح رہے کہ یہاں "عوام" سے مراد وہ مسلمان ہیں جو عُلَما کے طبقہ میں شمار نہ کئے جاتے ہوں مگر عُلَما کی صحبت میں بیٹھنے والے ہوں اور علمی مسائل کا ذوق رکھتے ہوں۔[1]

کفریات کی چند مثالیں

★ اللہ پاک کی وحدانیت (یعنی اُس کے ایک ہونے) کا انکار کرنا۔ ★ کسی نبی علیہ السّلام کی توہین کرنا۔ ★ حضرت محمد مصطفٰے صلی اللہ علیہ واٰلہٖ وسلم کے خاتَمُ النَّبِیّٖن (یعنی آخری نبی) ہونے کا انکار کرنا۔ ★ نماز، روزے، زکوٰۃ اور حج کی فرضیت (یعنی اِن کے فَرض ہونے) کا انکار کرنا۔ ★ اسی طرح جنت، دوزخ اور قیامت میں اُٹھائے جانے کا انکار کرنا بھی کُفر ہے۔

"کفر وارتداد" کے متعلق مختلف احکام

(1): "کُفر" اکبر الکبائر (یعنی سب کبیرہ گُناہوں سے بڑا گُناہ) ہے، کوئی کبیرہ گُناہ کُفر سے بڑا نہیں۔[2] (2): جس کا خاتمہ مَعَاذَ اللہ کُفر پر ہوا (یعنی جو حالَتِ کُفر میں مَرا) وہ ہمیشہ ہمیشہ کے لئے جہنّم میں رہے گا، اس کی مَغفِرَت کی کوئی صورت نہیں۔ قرآنِ پاک میں ہے: "اِنَّ اللّٰهَ لَا یَغْفِرُ اَنْ یُّشْرَكَ بِهٖ وَ یَغْفِرُ مَا دُوْنَ ذٰلِكَ لِمَنْ یَّشَآءُ" (پ5، النساء:48)

ترجمۂ کنز الایمان: بے شک اللہ اسے نہیں بخشتا کہ اس کے ساتھ کُفر کیا جائے اور کُفر سے نیچے جو کچھ ہے جسے چاہے معاف فرما دیتا ہے۔ (3): جو مسلمان ہو کر کُفر کرے اس کو شریعت میں مرتد کہتے ہیں۔[3] (4): مُرتَد کے احکام "کافرِ اصلی" کے احکام سے بھی زِیادہ سخت ہیں[4] مثلاً (اگر یہ شادی شدہ ہو تو) اِس کی عورت نِکاح سے نکل جاتی ہے پھر اسلام لانے

[1]... بہار شریعت، 1/172، حصہ:1 بتغیر قلیل۔
[2]... تبیین المحارم، الباب الاول فی الکفر، ص40، دار الرسالہ قاہرہ۔
[3]... بحر الرائق، کتاب السیر، 5/201، دار الکتب العلمیہ بیروت۔
[4]... بہار شریعت، 2/454، حصہ:9 بتغیر قلیل۔

کے بعد اگر عورت راضی ہو تو دوبارہ اس سے نِکاح ہو سکتا ہے ورنہ (عورت) جہاں پسند کرے نِکاح کر سکتی ہے، اس کا نِکاح باطِل ہوتا ہے اور وہ کسی عورت سے نِکاح نہیں کر سکتا، مرتد کسی مُعَامَلہ میں گواہی نہیں دے سکتا اور کسی کا وارِث نہیں ہو سکتا[1] وغیرہ (5): مرتد کے ساتھ مسلمانوں کو سلام کلام، میل جول، نشست و بَرخاسْت (یعنی اُٹھنا بیٹھنا)، بیمار پڑے تو اس کی عِیادت کو جانا، مر جائے تو اس کا جنازہ اُٹھانا، اسے مسلمانوں کے گورِستان (قبرستان) میں دفن کرنا، مسلمانوں کی طرح اس کی قبر بنانا، اسے مٹی دینا، اس پر فاتحہ (پڑھنا، یہ سب باتیں) حرام ہیں۔[2]

آیتِ مُبارَکہ

وَالَّذِيْنَ كَفَرُوْا وَكَذَّبُوْا بِاٰيٰتِنَآ اُولٰٓىِٕكَ اَصْحٰبُ النَّارِ ۚ هُمْ فِيْهَا خٰلِدُوْنَ ﴿۳۹﴾ (پ1، البقرۃ:39)

ترجمۂ کنزالایمان: اور وہ جو کُفر کریں اور میری آیتیں جھٹلائیں گے وہ دوزخ والے ہیں ان کو ہمیشہ اس میں رہنا۔

فرمانِ مصطفےٰ صلی اللہ علیہ واٰلہٖ وسلم

اے عُمَر، اُٹھو! اور (جا کر لوگوں میں) تین مرتبہ اس بات کا اعلان کر دو کہ جنت میں صرف مؤمن ہی داخل ہوں گے۔[3]

کفر میں پڑنے کے بعض اسباب

☆ علمِ دین اور اس میں بھی خاص طور پر اپنے بنیادی ضروری عقائد کی معلومات نہ

[1]... بہارِ شریعت، 2/459، حصہ 9 ملتقطا۔

[2]... فتاویٰ رضویہ، 14/298 ملتقطا، رضا فاؤنڈیشن لاہور۔

[3]... ترمذی، کتاب السیر، باب ماجاء فی الغلول، ص 403، حدیث: 1574، دار الکتب العلمیہ بیروت۔

ہونا کیونکہ جاہِل آدمی کبھی اپنی جہالت کے سبب کفر میں جا پڑتا ہے۔ ★ بغیر عِلْم کے مَحْض اپنی ناقص عقل کے بھروسے پر دینی مسائل میں بحث کرنا اور ہٹ دھرمی کا مُظاہَرہ کرنا جیسا کہ آج کل علمِ دین سے جاہِل مغربی سوچ رکھنے والے لوگوں کا طریقہ ہے۔ ★ کفار و مشرکین ★ اور بدمذہبوں کے ساتھ دوستی اور میل جول رکھنا بالخُصُوص ان کی مذہبی تقریبات میں شرکت کرنا ★ نیز ان کی کِتابیں پڑھنا بھی کفریات میں مبتلا ہونے کا بڑا سبب ہے۔ ★ گانے سننا ★ اور فلمیں ڈرامے دیکھنا کہ کئی گانے اور فلمیں ڈرامے کفریہ اشعار اور افعال پر مشتمل ہوتے ہیں۔

ایمان کی حفاظت کے لئے

★ اللہ پاک کی خفیہ تدبیر سے ڈرتے رہئے۔ ★ اللہ پاک کا شکر ادا کرتے رہئے کہ اس نے ہمیں اسلام جیسی عظیم نعمت سے نوازا۔ ★ اِیمانیات و کفریات کا علم حاصِل کیجئے کہ کِن باتوں پر اسلام کا دار و مدار ہے اور کِن میں پڑنے سے آدمی دائرہ اسلام سے خارِج ہو جاتا ہے۔ اس کے لئے امیر اہلِ سنت علامہ محمد الیاس عطّار قادِری دامت بَرَکاتُہمُ العالیہ کی کتاب کفریہ کلمات کے بارے میں سوال جواب بہت مفید ہے۔ ★ کفار و مشرکین اور بدمذہبوں کی صحبت سے بچتے رہئے۔ ★ صرف اور صرف مستند عُلَمائے اہلسنت کی ہی کِتابیں پڑھئے، بدمذہبوں کی کِتابوں نیز ناوِل و ڈائجسٹ پڑھنے سے بچئے۔ ★ مُحتاط گفتگو کیجئے بالخُصُوص دینی مسائل میں الجھنے اور کسی بھی دِینی بات کو مذاق بنانے سے ہمیشہ ہمیشہ بچتے رہئے۔ ★ گانے سننے اور فلمیں ڈرامے دیکھنے سے بھی بچئے۔ ★ وظیفہ: ہر روز صبح کے وقت 41 مرتبہ یہ پڑھئے: یَا حَیُّ یَا قَیُّوْمُ لَآ اِلٰہَ اِلَّآ اَنْتَ [1] (اِن شاءَ اللہ) پڑھنے والے کا دل

---

[1]... ترجمہ: اے حیّ! اے قیوم! تیرے سِوا کوئی معبود نہیں۔

زندہ رہے گا اور خاتمہ ایمان پر ہو گا۔[1]

﴿2﴾: شِرک

”شِرک“ کی تعریف

شِرک کے معنیٰ ہیں: اللہ کے سوا کسی اور کو خدا جاننا یا عبادت کے لائق سمجھنا یا اللہ کی صفات جیسی کہ اُس میں ہیں کسی اور میں ماننا۔[2]

”شِرک“ کے متعلق مختلف احکام

(1): ”شِرک“ کُفر کی سب سے بدتر قِسم ہے۔[3] (2): کافر و مشرک زندگی میں توبہ کریں تو ان کی توبہ مقبول ہے۔[4] (3): چونکہ شِرک بھی کُفر کی قِسم ہے اس لئے کُفر کے متعلق جو احکام بیان ہوئے وہ سب شِرک کو بھی شامل ہیں۔

آیتِ مُبارَکہ

اِنَّ الَّذِیْنَ كَفَرُوْا مِنْ اَهْلِ الْكِتٰبِ وَ الْمُشْرِكِیْنَ فِیْ نَارِ جَهَنَّمَ خٰلِدِیْنَ فِیْهَاؕ اُولٰٓىٕكَ هُمْ شَرُّ الْبَرِیَّةِؕ۝۶ (پ30، البینۃ:6)

ترجمۂ کنز الایمان: بے شک جتنے کافر ہیں کتابی اور مشرک سب جہنم کی آگ میں ہیں ہمیشہ اس میں رہیں گے وہی تمام مخلوق میں بدتر ہیں۔

فرمانِ مصطفےٰ صلی اللہ علیہ واٰلہٖ وسلم

کیا میں تمہیں تین بڑے گناہوں کے بارے میں نہ بتاؤں؟ (1): اللہ کا شریک ٹھہرانا

---

[1]... الوظیفۃ الکریمہ، ص 21، مکتبۃ المدینہ کراچی۔
[2]... فیوض الباری، 1/312، نشان منزل لاہور۔
[3]... بہار شریعت، 1/183، حصہ:1۔
[4]... تفسیر صراط الجنان، پ5، النساء، تحت الآیۃ:116، 2/309 بتغیر قلیل، مکتبۃ المدینہ کراچی۔

(2): والِدین کی نافرمانی کرنا اور (3): جھوٹی گواہی دینا۔[1]

"شِرک" کے گناہ میں مبتلا ہونے کے بعض اسباب

★ جہالت، خاص طور پر اپنے بنیادی ضروری عقائد کا علم نہ ہونا کیونکہ جاہل آدمی اپنی جہالت کی وجہ سے کفر و شرک میں مبتلا ہو سکتا ہے۔ ★ مشرکین کے ساتھ دوستی اور میل جول رکھنا بالخُصُوص ان کی مذہبی تقریبات میں شریک ہونا ★ گانے سننا ★ فلمیں ڈرامے دیکھنا کہ کئی گانوں اور فلموں ڈراموں میں کفریہ و شرکیہ باتیں اور کام ہوتے ہیں۔

ایمان کی حفاظت کے لئے

★ ایمانیات و کفریات کا علم حاصل کیجئے کہ کن باتوں پر اسلام کا دار و مدار ہے اور کن میں پڑنے سے آدمی دائرہ اسلام سے خارج ہو جاتا ہے۔ اس کے لئے امیر اہلِ سنت علامہ محمد الیاس عطار قادری دامت برکاتہم العالیہ کی کتاب کفریہ کلمات کے بارے میں سوال جواب بہت مفید ہے۔ ★ کفار و مشرکین اور بدمذہبوں کی صحبت سے بچتے رہیے۔ ★ گانے سننے اور فلمیں ڈرامے دیکھنے سے بچتے رہیے۔ ★ وظیفہ: ہر روز صبح کے وقت 41 مرتبہ یہ پڑھیے: یَاحَیُّ یَا قَیُّوْمُ لَآ اِلٰهَ اِلَّآ اَنْتَ[2] (اِن شاءَاللہ) پڑھنے والے کا دل زندہ رہے گا اور خاتمہ ایمان پر ہو گا۔[3]

نوٹ: شِرک کی تباہ کاریاں اور اس کے متعلق مزید معلومات کے لئے کتاب جہنم میں لے جانے والے اعمال (مطبوعہ مکتبۃ المدینہ)، جلد اول، صفحہ 138 تا 151 کا مُطالَعہ کیجئے۔

---

[1]... مسلم، کتاب الایمان، باب بیان الکبائر و اکبرہا، ص 53، حدیث: 87۔

[2]... ترجمہ: اے حیّ! اے قیوم! تیرے سِوا کوئی معبود نہیں۔

[3]... الوظیفۃ الکریمہ، ص 21۔

﴿3﴾: گمراہی

گمراہی کیا ہے؟

ضروریاتِ مذہبِ اہلسنت میں سے کسی بات کا انکار کرنا گمراہی ہے۔[1]

ضروریاتِ مذہبِ اہلسنت کسے کہتے ہیں؟

مذہبِ اہلسنت کی ضروریات کا مطلب یہ ہوتا ہے کہ اس کا مذہبِ اہلسنت سے ہونا سب عوام و خواصِ اہلسنت کو معلوم ہو جیسے عذابِ قبر، اعمال کا وزن۔[2]

گمراہیت کی چند مثالیں

★ عذابِ قبر کا انکار کرنا[3] ★ تقدیر کا انکار کرنا[4] ★ کراماتِ اولیاء کا انکار کرنا[5] ★ حضرت علی المرتضیٰ رضی اللہ عنہ کو شَیخَین کریمَین (یعنی حضرت ابو بکر صِدّیق اور حضرت عُمَر فاروق رضی اللہ عنہما) سے افضل کہنا۔[6] ★ یزید کے فاسق و فاجر ہونے سے انکار کرنا[7] وغیرہ

"گمراہی و بدمذہبی" کے متعلق مختلف احکام

(1): عقیدے کی خرابی عمل کی خرابی سے کہیں زِیادہ بُری ہے۔[8] (2): اس لئے

---

[1]... فتاویٰ شارح بخاری، کتاب العقائد، باب الفاظ الکفر، 2/482 مفصلا، مکتبۃ برکات المدینہ کراچی۔
[2]... نزہۃ القاری، 1/294، فرید بک سٹال لاہور۔
[3]... نزہۃ القاری، 1/294۔
[4]... فتاویٰ رضویہ، 16/585۔
[5]... فتاویٰ رضویہ، 14/683۔
[6]... بہار شریعت، 1/246، حصہ: 1۔
[7]... فتاویٰ رضویہ، 14/592 بتغیر قلیل۔
[8]... فتاویٰ رضویہ، 19/396 ملخصًا۔

بدمذہب اگرچہ کیسا ہی نمازی ہو، اللہ پاک کے نزدیک سُنّی بے نمازی سے کئی درجے زیادہ بُرا ہے۔[1] (3): بدمذہب و گمراہ سے قرآن و حدیث کا عِلْم حاصِل کرنا بھی جائز نہیں۔[2] مُسْلِم شریف کی رِوَایت ہے: "اِنَّ هٰذَا الْعِلْمَ دِيْنٌ فَانْظُرُوْا عَمَّنْ تَاْخُذُوْنَ دِيْنَكُمْ بے شک یہ عِلْم تمہارا دین ہے تو تم غور کر لو کہ اپنا دین کس سے حاصِل کر رہے ہو۔"[3] (4): بدمذہب کی تعظیم حرام ہے[4] اور شرعاً (اس کی) توہین واجِب (ہے)۔[5] (5): (بدمذہب کی غیبت شرعاً غیبت نہیں بلکہ) بدمذہب کی بُرائیاں بیان کرنے کا خود شرعاً حکم ہے۔[6]

آیتِ مُبارکہ

وَ اِمَّا یُنْسِیَنَّكَ الشَّیْطٰنُ فَلَا تَقْعُدْ بَعْدَ الذِّكْرٰى مَعَ الْقَوْمِ الظّٰلِمِیْنَ ﴿۶۸﴾

ترجمۂ کنزالایمان: اور جو کہیں تجھے شیطان بھلاوے تو یاد آئے پر ظالموں کے پاس نہ بیٹھ۔

(پ7، الانعام:68)

اس آیت میں "ظالموں" سے مُراد گمراہ و بدمذہب، فاسق اور کافِر لوگ ہیں۔ ان سب کے ساتھ بیٹھنا ممنوع ہے۔[7]

فرمانِ مصطفٰے صلی اللہ علیہ واٰلہٖ وسلم

مَنْ وَقَّرَ صَاحِبَ بِدْعَةٍ فَقَدْ اَعَانَ عَلٰى هَدْمِ الْاِسْلَامِ جس نے کسی بدمذہب کی تعظیم

[1]... فتاویٰ رضویہ، 5/109 بتغیر قلیل۔
[2]... فتاویٰ فیض رسول، 1/44، شبیر برادرز لاہور۔
[3]... مسلم، مقدمہ، باب بیان ان الاسناد من الدین... الخ، ص ۱۴۔
[4]... فتاویٰ رضویہ، 11/396۔
[5]... فتاویٰ رضویہ، 6/398۔
[6]... فتاویٰ رضویہ، 6/602۔
[7]... تفسیرات احمدیہ، الانعام، تحت الآیۃ: 68، ص 363، دار الکتب العلمیہ بیروت۔

وتوقیر (Respect) کی اُس نے اسلام کے ڈھانے میں مدد کی۔[1]

گمراہی میں پڑنے کے بعض اسباب

★ گمراہ اور بدمذہبوں کے ساتھ دوستی اور میل جول رکھنا۔ ★ خاص طور پر ان کی مذہبی تقریبات میں شرکت کرنا یا T.V اور Internet یا Social media کے ذریعے ان کی گفتگو و تقریر (Speech) سننا کہ گمراہ شخص اپنی تقریر میں قرآن وحدیث کی وضاحت کرنے کی آڑ میں ضرور کچھ باتیں اپنی بدمذہبی کی بھی ملادیا کرتے ہیں اور دیکھا گیا ہے کہ وہ باتیں تقریر سننے والے کے ذہن میں بیٹھ جاتی ہیں اور وہ خود بھی گمراہ ہو جاتا ہے۔ ★ اسی طرح ان کی کتابیں پڑھنا۔ ★ بغیر علم کے دینی مسائل خصوصاً عقائد میں بحث کرنا۔

گمراہی سے محفوظ رہنے کے لئے

★ بدمذہب اور کسی بھی طرح کا گمراہ کن نظریہ رکھنے والے شخص سے ہمیشہ دُور رہئے، اس کے ساتھ دوستی، میل جول، اس کی گفتگو اور تقریر سننے سے بچتے رہئے کہ حدیث شریف میں ہے: "اِیَّاکُمْ وَ اِیَّاھُمْ لَا یُضِلُّوْنَکُمْ وَلَا یُفْتِنُوْنَکُمْ ان (یعنی بدمذہبوں) سے دُور رہو اور انہیں اپنے سے دُور کرو، کہیں وہ تمہیں گمراہ نہ کر دیں، کہیں وہ تمہیں فتنے میں نہ ڈال دیں۔"[2] ★ اعلیٰ حضرت امام احمد رضا خان رحمۃُ اللہِ علیہ کے دامن کو مضبوطی سے تھامے رکھئے۔ ★ صِرف اور صِرف مستند عُلَمائے اہلسنت کی کتابیں پڑھئے اور انہی کی تقاریر سنئے۔ ★ دینی مسائل خصوصاً عقائد کے مُعَاملے میں بحث کرنے سے گریز کیجئے کہ یہ عوام کا نہیں بلکہ ماہرِ فن عُلَما کا کام ہے۔

---

[1]... معجم اوسط، 5/118، حدیث: 6772، دار الفکر عمان۔
[2]... مسلم، مقدمہ، باب النھی عن الروایۃ... الخ، ص 13، حدیث: 7۔

﴿4﴾: غیر اللہ کو سجدہ

"غیر اللہ کو سجدہ" کرنے کا معنی

یعنی اللہ پاک کے علاوہ کسی اور کو سجدہ کرنا خواہ کسی نبی کو کرے، صحابی کو کرے، ولی کو کرے، پیر کو کرے یا کسی مزار کو۔

"غیر اللہ کو سجدہ" کرنے کے متعلق مختلف احکام

(1): اللہ کے علاوہ کسی اور کو سجدہ کرنا حرام اور گناہِ کبیرہ ہے اور اگر عبادت کی نیت سے غیر اللہ کو سجدہ کیا تو یہ کفر و شرک ہے۔[1] (2): سجدہ تو سجدہ زمین بوسی بھی حرام ہے۔[2] بہارِ شریعت میں ہے: عالم (یا کسی اور مُعَزَّز شخصیت) کے پاس آنے والا اگر زمین کو بوسہ دے تو یہ بھی ناجائز و گناہ ہے، کرنے والا اور اس پر راضی ہونے والا دونوں گنہگار ہیں۔[3] (3): بعض لوگ سلام کرتے وقت جھک بھی جاتے ہیں، یہ جھکنا اگر حدِ رکوع تک ہو تو حرام ہے اور اس سے کم ہو تو مکروہ ہے۔[4]

آیتِ مُبارَکہ

لَا تَسْجُدُوْا لِلشَّمْسِ وَ لَا لِلْقَمَرِ وَ اسْجُدُوْا لِلّٰهِ الَّذِیْ خَلَقَهُنَّ اِنْ كُنْتُمْ اِیَّاهُ تَعْبُدُوْنَ ﴿۳۷﴾ (پ24، حٰمٓ السجدۃ:37)

ترجمۂ کنزالایمان: سجدہ نہ کرو سورج کو اور نہ چاند کو اور اللہ کو سجدہ کرو جس نے انہیں پیدا کیا اگر تم اس کے بندے ہو۔

---

[1]... فتاویٰ رضویہ، 22/565، 423 ملخصاً۔

[2]... فتاویٰ رضویہ، 22/470۔

[3]... بہارِ شریعت، 3/473، حصہ:16۔

[4]... بہارِ شریعت، 3/464، حصہ:16۔

فرمانِ مصطفےٰ صلی اللہ علیہ واٰلہٖ وسلم

کسی کو جائز نہیں کہ وہ اللہ کے سِوا کسی اور کو سجدہ کرے اور اگر میں کسی کو سجدہ کرنے کا حکم دیتا تو میں عورت کو حکم دیتا کہ وہ اپنے شوہر کو سجدہ کرے۔ [1]

"غیر اللہ کو سجدہ" کرنے کے گناہ میں مبتلا ہونے کے بعض اسباب

★ مشرکین سے دوستی اور میل جول ★ جہالت، ایسے لوگوں کی ایک تعداد ہے جو غیر اللہ کو سجدہ کرنا گناہ ہی نہیں سمجھتی۔ ★ جعلی پیروں سے مرید ہونا (کئی جعلی پیر اپنے مریدوں سے خود کو سجدہ کراتے ہیں)۔

اس گناہ سے بچنے کے لئے

★ کفار و مشرکین اور بدمذہبوں سے دوستی و میل جول سے بچئے ★ عِلمِ دین حاصل کیجئے ★ جعلی پیروں سے دور رہئے اور کسی پابندِ شریعت کامل پیر کی مریدی اختیار کیجئے۔

﴿5﴾: نماز قضا کرنا

"نماز قضا کرنے" کا مطلب

نماز کو اس کے وقت میں ادا نہ کرنا نماز قضا کرنا ہے۔

"نماز قضا کرنے" کی مثال

مثلاً باب المدینہ کراچی میں یکم جنوری کو نمازِ ظہر کا وقت 12:35:50 سے شروع ہو کر 4:20:07 پر ختم ہوتا ہے، اس دوران کسی نے نمازِ ظہر ادا نہ کی تو یہ نماز قضا کہلائے گی۔

---

[1]... الآثار لابی یوسف، ابواب شتی، ص 397، حدیث: 921، پشاور۔

”نماز قضا کرنے“ کے مُتعلِّق مختلف احکام

(1): بِلاعذرِ شرعی نماز قضا کر دینا بہت سخت گُناہ ہے۔ اس پر فَرض ہے کہ اس کی قضا پڑھے اور سچے دل سے توبہ کرے۔ توبہ جب ہی (یعنی اُسی وَقت) صحیح ہے کہ قضا پڑھ لے۔[1] (2): جو عقل سلامت ہونے اور قدرت رکھنے کے باوُجود جان بوجھ کر نماز یا روزہ چھوڑ دے ہرگز اللہ کا ولی نہیں ہو سکتا۔[2] (3): فُقَہائے کِرام رحمۃُ اللہِ علیہم فرماتے ہیں: سوتے میں یا بھولے سے نماز قضا ہوگئی تو اس کی قضا پڑھنی فَرض ہے البتہ قضا کا گُناہ اس پر نہیں مگر بیدار ہونے اور یاد آنے پر اگر وقتِ مکروہ نہ ہو تو اُسی وَقْت پڑھ لے، تاخیر مکروہ ہے۔[3] نوٹ: جب جانے کہ اب سویا تو نماز جاتی رہے گی اس وقت سونا حلال نہیں مگر جبکہ کسی جگا دینے والے پر اعتماد ہو۔[4] (4): جس کے ذمے قضا نمازیں ہوں ان کا جلد سے جلد پڑھنا واجِب ہے مگر بال بچوں کی پرورِش اور اپنی ضروریات کی فراہمی کے سبب تاخیر جائز ہے لہٰذا کاروبار بھی کرتا رہے اور فرصت کا جو وقت ملے اس میں قضا پڑھتا رہے یہاں تک کہ پوری ہو جائیں۔[5]

آیتِ مُبارَکہ

فَخَلَفَ مِنْۢ بَعْدِهِمْ خَلْفٌ اَضَاعُوا الصَّلٰوةَ وَاتَّبَعُوا الشَّهَوٰتِ فَسَوْفَ

ترجمۂ کنزالایمان: تو ان کے بعد ان کی جگہ وہ ناخَلَف آئے جنہوں نے نمازیں گنوائیں (ضائع

---

[1]... بہارِ شریعت، 1/700، حصہ 4 ملتقطاً۔

[2]... فتاوی رضویہ، 14/409 ملخصاً۔

[3]... بہارِ شریعت، 1/701، حصہ 4۔

[4]... فتاوی رضویہ، 4/698۔

[5]... بہارِ شریعت، 1/706، حصہ 4 بتغیر قلیل۔

یَلْقَوْنَ غَیًّا ﴿۵۹﴾ (پ۱۶، مریم:۵۹) کیں)اور اپنی خواہشوں کے پیچھے ہوئے تو عنقریب وہ دَوزخ میں غَیّ کا جنگل پائیں گے۔

''غَیّ'' جہنّم میں ایک وادی ہے جس کی گرمی سے جہنّم کی وادیاں بھی پناہ مانگتی ہیں۔[1]

فرمانِ مصطفےٰ صلی اللہ علیہ والہٖ وسلم

آج رات دو شخص (یعنی حضرت جبرائیل اور حضرت مِیکائیل علیہما السّلام) میرے پاس آئے اور مجھے اپنے ساتھ (اَرضِ مُقدّسہ میں) لے آئے۔ میں نے دیکھا کہ ایک شخص لیٹا ہے اور اس کے سرہانے ایک شخص پتھر اُٹھائے کھڑا ہے اور پتھر سے اُس کا سر کچل رہا ہے، ہر بار کچلنے کے بعد سَر پھر ٹھیک ہو جاتا ہے۔ میں نے فرشتوں سے کہا: سبحانَ اللہ! یہ کون ہے؟ انہوں نے عرض کی: آگے تشریف لے چلئے (مزید مناظِر دکھانے کے بعد) فرشتوں نے عرض کی کہ پہلا شخص جو آپ نے دیکھا یہ وہ تھا جس نے قرآن پڑھا پھر اس کو چھوڑ دیا تھا اور فَرض نمازوں کے وقت سو جاتا تھا۔[2]

نماز قضا ہونے کے بعض اسباب

★ بے نمازیوں کی صحبت ★ سستی و کاہلی ★ مال جمع کرنے کی حرص کہ ایسے لوگ کاروبار وغیرہ میں مشغولیت کے سبب نماز پڑھنے میں کوتاہی کرتے ہیں۔ ★ لَہو ولَعِب (کھیل کود) اور فضول کاموں میں کثرت سے مشغولیت کہ فضولیات میں پڑے آدمی کے دل سے اپنا قیمتی وَقت ضائع ہونے کا احساس جاتا رہتا ہے اور اس کو ہر وَقت انہی کی فِکر رہتی ہے۔

---

[1]... تفسیر خزائن العرفان، پ16، مریم، تحت الآیۃ:59، مکتبۃ المدینہ کراچی۔

[2]... بخاری، کتاب التعبیر، باب تعبیر الرؤیا...الخ، ص1714، حدیث:7047 ملخصاً، دار المعرفہ بیروت۔

پابندِ نماز بننے کے لئے

★ پابندِ نماز، نیک پرہیز گار لوگوں کی صحبت اِختیار کیجئے اور بُری صحبت ترک کیجئے۔ ★ نماز پڑھنے کے فضائل وبَرَکات اور ترکِ نماز کے عذابات پڑھئے / سُنئے اور اپنے نازُک بدن پر غور کیجئے کہ نماز قضا کرنے کے سبب اگر ان میں سے کوئی عذاب ہم پر مسلط کر دیا گیا تو ہمارا کیا بنے گا۔ ★ یہ بات ذِہن میں اچھی طرح بِٹھالیجئے کہ جو رِزْق قسمت میں ہے وہ مل کر رہے گا اور تقدیر سے زیادہ کسی کو کچھ نہیں مل سکتا لٰہذا مال جمع کرنے کی حِرْص میں نماز سے غفلت برتنا سراسر خسارہ (نقصان) ہے۔ ★ خود کو فائدہ مند اور ضروری کاموں میں مصروف رکھئے اور غیر ضروری کاموں سے پیچھا چھڑا لیجئے۔

نوٹ: قضا کی ہوئی نمازیں پڑھنے کا طریقہ اور تفصیلی احکام جاننے کے لئے امیرِ اہلِ سنت علامہ محمد الیاس عطّار قادِری دامت بَرَکاتُہم العالیہ کے رِسالے قضا نمازوں کا طریقہ کا مُطَالَعَہ کیجئے۔

﴿6﴾: جماعَت کے ساتھ نماز نہ پڑھنا

"جماعَت کے ساتھ نماز نہ پڑھنے" کے متعلق مختلف احکام

(1): ترکِ جماعَت بِلا عذر (یعنی پنج وقتہ نمازوں میں کسی ایک وَقْت کی بھی جماعَت بغیر شرعی مجبوری کے چھوڑ دینا) گُناہ ہے اور کئی بار ہو تو سخت حرام و گُناہِ کبیرہ [1] اور جہنم میں لے جانے والا کام ہے۔ (2): جب تک شرعی مجبوری نہ ہو اس وَقْت تک مسجد کی جماعَتِ اُولیٰ لینا واجب ہے، اگر گھر (یا دُکان وغیرہ) میں جماعَت کر بھی لی تو ترکِ واجِب کا گُناہ سر پر آئے

---

[1]... فتاویٰ رضویہ، 10 / 768 ملتقطا۔

گا۔[1] (3): جماعَتِ اُولیٰ اور جماعَتِ ثانیہ کا ثواب ہر گز برابر نہیں بلکہ باعتمادِ ثانیہ (یعنی اپنی الگ جماعَت کروا لینے کے بھروسے پر) جماعَتِ اُولیٰ فوت کر دینا گناہ ہے۔[2] (4): عورتوں کو کسی نماز میں جماعَت کی حاضِری جائز نہیں۔[3]

آیتِ مُبارَکہ

وَارْكَعُوْا مَعَ الرّٰكِعِيْنَ ﴿۴۳﴾ ترجمۂ کنزالایمان: اور رکوع کرنے والوں کے ساتھ رکوع کرو۔ (پ1، البقرۃ:43)

یہاں رکوع سے مُراد نماز ہے یعنی نماز پڑھنے والوں کے ساتھ باجماعَت نماز پڑھو![4]

فرمانِ مصطفٰے صلی اللہ علیہ واٰلہٖ وسلم

لوگ ترکِ جماعَت سے ضرور باز آجائیں یا اللہ پاک ان کے دِلوں پر مُہر لگادے گا پھر وہ غافلوں میں سے ہو جائیں گے۔[5]

"جماعَت کے ساتھ نماز نہ پڑھنے" کے گُناہ میں مبتلا ہونے کے بعض اسباب

☆ سُستی و کاہِلی۔ ☆ مال و دولت کی حِرْص (مثلاً بعض لوگ کاروباری مصروفیت کے سبب مسجد کی جماعَتِ اُولیٰ گزار دیتے بلکہ بعض دفعہ تو نماز ہی قضا کر ڈالتے ہیں)۔ ☆ لَہو و لَعِب (کھیل کود) اور فضول کاموں میں کثرت کے ساتھ مشغولیت۔ ☆ رات دیر تک جاگتے رہنا (کہ

---

[1]... فیضان سنت، ص777، مکتبۃ المدینہ کراچی۔
[2]... فتاویٰ رضویہ، 7/111 بتغیر قلیل۔
[3]... در مختار، کتاب الصلاۃ، باب الامانۃ، ص77، دار الکتب العلمیہ بیروت۔
بہار شریعت، 1/584، حصہ 3۔
[4]... تفسیر روح المعانی، پ1، البقرۃ، تحت الآیۃ:43، 1/334، بتقدم و تاخر، دار احیاء التراث العربی بیروت۔
[5]... ابن ماجہ، کتاب المساجد، باب التغلیظ فی التخلف عن الجماعۃ، ص135، حدیث:794، دار الکتب العلمیہ۔

اس سے صبح وَقْت پر آنکھ نہ کھلنے اور فجر کی جماعَت رہ جانے بلکہ نمازِ فجر ہی قضا ہو جانے کا اندیشہ ہے)۔

”جماعَت کے ساتھ نماز نہ پڑھنے“ کے گناہ سے بچے رہنے کے لئے

☆ جماعَت کے ساتھ نماز پڑھنے کے فضائل اور ترکِ جماعَت کی وعیدوں کا مُطالَعہ کیجئے۔ ☆ یہ بات ذِہْن میں بِٹھا لیجئے کہ جو رِزْق قسمت میں ہے وہ مِل کر رہے گا اور تقدیر سے زیادہ کسی کو کچھ نہیں مِل سکتا لہٰذا مال جمع کرنے کی حرص میں جماعَت گزار دینا سراسر خَسارہ (نقصان) ہے۔ ☆ خود کو فائدہ مند اور ضروری کاموں میں مصروف رکھئے اور غیر ضروری کاموں سے پیچھا چھڑا لیجئے۔ ☆ نمازِ عشا کے بعد ضروری کاموں سے فارِغ ہو کر جلد سو جانے کی عادت ڈالئے۔ کاش! تہجد میں آنکھ کُھل جائے ورنہ کم از کم نمازِ فجر تو آسانی کے ساتھ باجماعَت میسر آئے اور پھر کام کاج میں بھی سُستی نہ ہو۔

نوٹ: نمازِ باجماعَت کے فضائل و مسائل اور اس بارے میں تفصیلی معلومات کے لئے بہارِ شریعت، جلد اوّل، صفحہ 574 تا 594 کا مُطالَعہ کیجئے۔

﴿7﴾: قرآنِ مجید کو یاد کر کے بھول جانا

وضاحت

مکمل قرآنِ مجید یا اس کا کچھ حصہ حِفْظ کیا مثلاً ایک ہی آیت یاد کی پھر وہ یاد نہ رہا۔

قرآنِ مجید یاد کر کے بھول جانے کے متعلق مختلف احکام

(1): قرآن مجید یاد کر کے بھول جانا گناہ[1] اور جہنم میں لے جانے والا کام ہے۔ (2): حکیم الامت مفتی احمد یار خان نعیمی رحمۃُ اللہِ علیہ فرماتے ہیں: اگر کوئی بڑھاپے کی وجہ سے

[1]... رسائل ابن نجیم، الرسالۃ الثالثۃ والثلاثون... الخ، ص 353، 354 ملتقطا، دار السلام قاہرہ۔

کوئی آیت یاد نہ رکھ سکے تو شاید مجرم نہ ہو۔[1]

آیتِ مبارکہ

وَ مَنْ اَعْرَضَ عَنْ ذِكْرِیْ فَاِنَّ لَهٗ مَعِیْشَةً ضَنْكًا وَّ نَحْشُرُهٗ یَوْمَ الْقِیٰمَةِ اَعْمٰى ﴿۱۲۴﴾ قَالَ رَبِّ لِمَ حَشَرْتَنِیْۤ اَعْمٰى وَ قَدْ كُنْتُ بَصِیْرًا ﴿۱۲۵﴾ قَالَ كَذٰلِكَ اَتَتْكَ اٰیٰتُنَا فَنَسِیْتَهَا ۚ وَ كَذٰلِكَ الْیَوْمَ تُنْسٰى ﴿۱۲۶﴾

(پ16، طٰہٰ:124-126)

ترجمۂ کنزالایمان: اور جس نے میری یاد سے منہ پھیرا تو بے شک اس کے لیے تنگ زندگانی ہے اور ہم اسے قیامت کے دن اندھا اٹھائیں گے کہے گا اے رب میرے مجھے تو نے کیوں اندھا اٹھایا میں تو انکھیارا (دیکھنے والا) تھا فرمائے گا یونہی تیرے پاس ہماری آیتیں آئی تھیں تو نے اُنہیں بھلا دیا اور ایسے ہی آج تیری کوئی خبر نہ لے گا۔

فرمانِ مصطفےٰ صلی اللہ علیہ واٰلہ وسلم

قیامت کے دن میری امت کو جس گناہ کا پورا بدلہ دیا جائے گا وہ یہ ہے کہ ان میں سے کسی کو قرآن کی کوئی سورت یاد تھی پھر اس نے اسے بھلا دیا۔[2]

قرآنِ مجید یاد کر کے بھول جانے کے بعض اسباب

★ یاد کرنے کے بعد دہرائی نہ کرنا ★ گناہ۔

اس گناہ سے بچنے کے لئے

★ قرآنِ پاک یاد کر کے بھول جانے کے عذابات میں غور کیجئے۔ ★ تلاوتِ قرآن کے فضائل پڑھئے اور روزانہ کم از کم ایک پارہ پڑھنے کی عادت بنائیے۔ ★ گناہوں سے

---

[1]... مراٰۃ المناجیح، 1/444، نعیمی کتب خانہ گجرات۔

[2]... کنز العمال، کتاب الاذکار، الباب السابع فی تلاوۃ القرآن و فضائلہ، جز:1، 1/306، حدیث:2843 ملخصاً، دار الکتب العلمیہ بیروت۔

بچیئے کہ گناہوں سے آدمی کی یادداشت کمزور ہوتی ہے۔

﴿8﴾:ماہِ رَمضان کا روزہ چھوڑنا

”روزہ چھوڑنے“ کے متعلق مختلف احکام

(1): بِلاعذرِ شرعی رمضان المبارک کا روزہ چھوڑ دینا گُناہِ کبیرہ[1] اور جہنم میں لے جانے والا کام ہے۔ (2): بعض مجبوریاں ایسی ہیں جن کے سبب رمضان المبارک میں روزہ نہ رکھنے کی اجازت ہے۔ مگر یہ یاد رہے کہ مجبوری میں روزہ معاف نہیں وہ مجبوری ختم ہو جانے کے بعد اس کی قضا رکھنا فَرض ہے۔ البتہ قضا کا گُناہ نہیں ہو گا۔[2] (3): جس نے رَمضان کا روزہ قصداً (یعنی جان بوجھ کر) توڑ ڈالا تو اس پر اس روزہ کی قضا بھی ہے اور (اگر کفارے کی شرائط پائی گئیں تو) 60 روزے کفارے کے بھی۔[3]

آیتِ مُبارَکہ

یٰۤاَیُّهَا الَّذِیْنَ اٰمَنُوْا كُتِبَ عَلَیْكُمُ الصِّیَامُ كَمَا كُتِبَ عَلَى الَّذِیْنَ مِنْ قَبْلِكُمْ لَعَلَّكُمْ تَتَّقُوْنَۙ۝۱۸۳ (پ2، البقرۃ:183)

ترجمۂ کنزالایمان: اے ایمان والو تم پر روزے فَرض کیے گئے جیسے اگلوں پر فَرض ہوئے تھے کہ کہیں تمہیں پرہیز گاری ملے۔

فرمانِ مصطفٰے صلی اللہ علیہ والہٖ وسلم

جس نے کسی رُخصت اور مرض کے بغیر رمضان المبارک کا ایک روزہ چھوڑا وہ

---

[1]... رسائل ابن نجیم، الرسالۃ الثالثۃ والثلاثون فی بیان الکبائر... الخ، ص353۔

[2]... فیضان رمضان، احکام روزہ، ص142، مکتبۃ المدینہ کراچی۔
بہار شریعت، 1/1004، حصہ:5۔

[3]... فتاویٰ ہندیہ، کتاب الصوم، باب فی تعریفہ وتقسیمہ، 1/217، دار الکتب العلمیہ بیروت۔

ساری زندگی کے روزے رکھے تب بھی اس کی کمی پوری نہیں کر سکتا۔[1]

روزہ نہ رکھنے کے بعض اسباب

★ ہر وَقْت کھاتے رہنے کی عادت: ایسے شخص کو نفس و شیطان بھوک سے ڈراتے ہیں اور اس کے لئے روزہ رکھنا دشوار ہو جاتا ہے۔ ★ پان گٹکا، سگریٹ نوشی وغیرہ کی عادت: یہ لوگ بھی ان چیزوں سے صبر نہ کر پانے کی بِنا پر روزہ چھوڑ دیتے ہیں۔ ★ مالِ دنیا کمانے کی حِرْص کہ ایسے لوگ کام کرنے میں دشواری آنے کے اندیشے سے روزہ چھوڑ دیتے ہیں۔ ★ بُری صحبت جس کی وجہ سے آدمی غفلت میں پڑا رہتا ہے اور فرائض و واجبات ادا کرنے کی اسے کچھ فِکْر نہیں ہوتی۔ ★ بیماری کا بہانہ کہ بعض نادان شرعی مسئلے کا لحاظ کئے بغیر کسی ہلکے سے مرض کا بہانہ بنا کر روزہ چھوڑ دیتے ہیں (نوٹ: مرض میں روزہ چھوڑنے کی رخصت کب ہو گی اس کے لئے فیضانِ رَمضان، صفحہ 146 کا مُطالعہ کیجئے)۔

پابندِ روزہ بننے کے لئے

★ کم کھانے کی عادت بنائیے۔ ★ پان گٹکا، سگریٹ نوشی اور ہر قسم کی مُضِرِّ صحت (Harmful to health) چیز استعمال کرنے کی عادت سے پیچھا چھڑائیے۔ ★ نیک پرہیز گار، روزہ دار لوگوں کی صحبت اختیار کیجئے، اِن شاءَ اللہ! خود بھی روزہ دار بننے کا ذِہن بنے گا۔ ★ دل سے مال جمع کرنے کی حِرْص کا خاتمہ کیجئے۔ ★ روزہ رکھنے کے فضائل وبَرَکات اور فَرْض روزہ نہ رکھنے کے عذابات کا مُطَالَعہ کیجئے، اِن شاءَ اللہ! روزوں کی پابندی کا ذِہن بنے گا۔

نوٹ: روزے کے فضائل و مسائل کے متعلق تفصیلی معلومات کے لئے امیرِ اہلِ سنت علامہ محمد الیاس عطّار قادِری دامت بَرَکاتُہمُ العالیہ کی کِتاب فیضانِ رمضان کا مُطَالَعہ کیجئے۔

---

[1]... ترمذی، کتاب الصوم، باب ماجاء فی الافطار متعمدًا، ص 203، حدیث: 723، دار الکتب العلمیہ بیروت۔

﴿9﴾: زکوٰۃ نہ دینا

"زکوٰۃ نہ دینے" کے متعلق مختلف اَحکام

(1): زکوٰۃ نہ دینا گناہِ کبیرہ[1] اور جہنّم میں لے جانے والا کام ہے۔ (2): زکوٰۃ فرض ہونے کے بعد اس کی ادائیگی فوری طور پر لازِم ہو جاتی ہے، بلا عذر تاخیر کرنے والا گنہگار ہوتا ہے۔[2]

آیتِ مُبارَکہ

وَالَّذِیْنَ یَكْنِزُوْنَ الذَّهَبَ وَالْفِضَّةَ وَلَا یُنْفِقُوْنَهَا فِیْ سَبِیْلِ اللّٰهِۙ فَبَشِّرْهُمْ بِعَذَابٍ اَلِیْمٍۙ(۳۴) یَّوْمَ یُحْمٰى عَلَیْهَا فِیْ نَارِ جَهَنَّمَ فَتُكْوٰى بِهَا جِبَاهُهُمْ وَجُنُوْبُهُمْ وَظُهُوْرُهُمْؕ هٰذَا مَا كَنَزْتُمْ لِاَنْفُسِكُمْ فَذُوْقُوْا مَا كُنْتُمْ تَكْنِزُوْنَ(۳۵)

(پ10، التوبۃ: 34، 35)

ترجمۂ کنزالایمان: اور وہ کہ جوڑ کر رکھتے ہیں سونا اور چاندی اور اسے اللہ کی راہ میں خرچ نہیں کرتے انہیں خوش خبری سناؤ دردناک عذاب کی جس دن وہ تپایا جائے گا جہنّم کی آگ میں پھر اس سے داغیں گے ان کی پیشانیاں اور کروٹیں اور پیٹھیں یہ ہے وہ جو تم نے اپنے لئے جوڑ کر رکھا تھا اب چکھو مزا اُس جوڑنے کا۔

فرمانِ مصطفٰے صلی اللہ علیہ والہٖ وسلم

جس کو اللہ پاک نے مال دیا اور وہ اس کی زکوٰۃ ادا نہ کرے تو قیامت کے دِن وہ مال گنجے سانپ کی صورت میں کر دیا جائے گا جس کے سر پر دو چِتیاں (یعنی دو نشان) ہوں گے، وہ سانپ اس کے گلے میں طوق بنا کر ڈال دیا جائے گا پھر اس کی باچھیں پکڑے گا اور کہے

[1]... رسائل ابن نجیم، الرسالۃ الثالثۃ والثلاثون فی بیان الکبائر... الخ، ص353۔
[2]... فتاویٰ ھندیہ، کتاب الزکاۃ، الباب الاول فی تفسیرھا... الخ، 1/188۔

گا: میں تیرا مال ہوں، میں تیرا خزانہ ہوں۔[1]

زکوٰۃ ادا نہ کرنے کے بعض اسباب

★ بُخل (یعنی کنجوسی) ★ مال و دولت کی محبت ★ محتاجی اور مال کم ہونے کا اندیشہ۔

زکوٰۃ ادا کرنے کا ذِہن بنانے کے لئے

★ زکوٰۃ دینے کے فضائل وبرکات اور نہ دینے کے عذابات پڑھئے / سنئے اور اپنے نازک بدن پر غور کیجئے کہ زکوٰۃ نہ دینے کے سبب اگر ان میں سے کوئی عذاب ہم پر مُسَلَّط کر دیا گیا تو ہمارا کیا بنے گا۔ ★ قبر کی تنگی و وحشت اور قیامت کی ہولناکیوں پر غور کیجئے، اِن شاءَ اللہ! دل سے دنیا اور مال و دولت کی محبت نکلے گی اور آخرت بہتر بنانے کے لئے شریعت و سنت کے مُطابِق زندگی گزارنے کا مدنی ذِہن بنے گا۔ ★ یہ بات ذِہن میں اچھی طرح بٹھا لیجئے کہ راہِ خدا میں خرچ کرنے سے مال کم نہیں ہوتا بلکہ بڑھتا ہے چنانچہ نبیِّ اکرم صلی اللہ علیہ واٰلہٖ وسلم کا فرمانِ بَرَکت نِشان ہے: درگزر کرنا بندے کی عزت کو بڑھاتا ہے پس مُعاف کیا کرو اللہ پاک تمہیں عزت عطا فرمائے گا، عاجزی وانکساری بندے کے مرتبے میں اضافہ کرتی ہے پس تَوَاضُع اختیار کرو اللہ پاک تمہیں رِفعت (بلندی) عطا فرمائے گا اور صدقہ مال کو بڑھاتا ہے پس صدقہ کرو اللہ پاک تم پر رحم فرمائے گا۔[2]

نوٹ: زکوٰۃ کے بارے میں تفصیلی معلومات حاصِل کرنے کے لئے بہارِ شریعت، حصہ 5 اور فیضانِ زکوٰۃ کا مُطالَعہ کیجئے۔

---

[1]... بخاری، کتاب الزکاۃ، باب اثم مانع الزکاۃ، ص 393، حدیث: 1403۔

[2]... الترغیب والترہیب لقوام السنۃ، باب فی الترغیب فی التواضع، 1 / 365، حدیث: 624، دار الحدیث قاہرہ

﴿10﴾: حج ترک کرنا

"حج نہ کرنے" کے متعلق مختلف احکام

(1): جو (مسلمان، عاقِل وبالغ، آزاد) حج پر قادِر ہو (یعنی تندرست ہو اور سفر کے لئے ضروری خرچ بھی رکھتا ہو) اور (پھر بھی) حج نہ کرے (تو) وہ سخت مجرم و گنہگار ہے۔[1]

(2): جب حج کے لئے جانے پر قادِر ہو حج فوراً فَرض ہو گیا یعنی اُسی سال میں اور اب تاخیر گُناہ ہے اور چند سال تک نہ کیا تو فاسق ہے مگر جب کرے گا ادا ہی ہے قضا نہیں۔[2]

(3): جب ایک مرتبہ حج فَرض ہو جاتا ہے تو اگر چہ مال فنا ہو جائے اور یہ فقیر ہو جائے جب بھی حج فَرض ہی رہے گا، اس صُورت میں فَرض ہے کہ قَرض لے کر حج کرے اور نیت یہ رکھے کہ میں یہ قَرض ادا کر دوں گا، تو اللہ پاک قَرض کی ادائیگی کے ذرائع پیدا فرما دے گا۔[3] (4): اگر کسی پر حج فَرض ہو اور اس نے ادا نہ کیا یہاں تک کہ اب اس کے ادا کرنے پر قادِر نہ رہ گیا مثلاً اپاہج یا مفلوج ہو گیا یا عورت تھی اب اس کا مَحرَم نہیں رہ گیا تو اس پر وہ حج فَرض باقی ہے خود نہ کر سکے تو حجِ بدل کرائے۔[4]

آیتِ مُبارَکہ

وَ لِلّٰهِ عَلَى النَّاسِ حِجُّ الْبَیْتِ مَنِ اسْتَطَاعَ اِلَیْهِ سَبِیْلًا ؕ وَ مَنْ كَفَرَ فَاِنَّ اللّٰهَ غَنِیٌّ

ترجمۂ کنزالایمان: اور اللہ کے لئے لوگوں پر اس گھر کا حج کرنا ہے جو اس تک چل سکے اور جو منکر

---

[1]... تفسیر نعیمی، پ4، آل عمران، تحت الآیۃ:97، 4/40، نعیمی کتب خانہ گجرات۔

[2]... بہارِ شریعت، 1/1036، حصہ:6 ملتقطا۔
بحر الرائق، کتاب الحج، 2/542، 543 ملخصاً۔

[3]... وقار الفتاوی، 2/442 ملتقطا، بزم وقار الدین کراچی۔

[4]... فتاویٰ فیض رسول، 1/540۔

عَنِ الْعٰلَمِیْنَ﴿۹۷﴾ (پ4، آل عمران:97) ہو تو اللہ سارے جہان سے بے پرواہ ہے۔

فرمانِ مصطفےٰ صلی اللہ علیہ واٰلہٖ وسلم

جسے کوئی ظاہری حاجت، سخت مرض یا ظالم بادشاہ نہ روکے پھر بھی وہ حج نہ کرے تو چاہے یہودی ہو کر مرے یا نصرانی۔[1]

حج سے محرومی کے بعض اسباب

★ بُخْل کہ حج کرنے میں کثیر مال خرچ کرنا پڑتا ہے اور بعض لوگ مَحض اسی وجہ سے حج فَرض ہونے کے باوُجود ادا کرنے سے محروم رہتے ہیں۔ ★ طُولِ اَمَل (یعنی لمبی اُمید) کہ ابھی بہت عُمْر باقی ہے پہلے یہ یہ کام ہو جائیں اس کے بعد حج کر لیں گے۔

حج کرنے کا ذِہن پانے کے لئے

★ قبر کی تنگی ووحشت اور قیامت کی ہولناکیوں پر غور کیجئے، اِن شاءَ اللہ! دل سے دنیا کی محبت نکلے گی، بُخْل کا خاتمہ ہو گا اور راہِ خدا میں مال خرچ کرنے کا ذِہن بنے گا۔ ★ موت کو کثرت سے یاد کیجئے اس سے لمبی امیدیں خَتْم ہوں گی، دل گُناہوں سے بیزار ہو گا اور نیکیوں کا ذخیرہ اکٹھا کرنے کی سوچ بنے گی۔

نوٹ: حج کا طریقہ اور تفصیلی احکام جاننے کے لئے بہارِ شریعت، حصہ 6 اور رفیق الحرمین کا مُطالَعہ کیجئے۔

﴿11﴾: فَرض عِلْم نہ سیکھنا

ہر شخص پر اس کی حالتِ موجودہ کے مسئلے سیکھنا فرضِ عین ہے[2] اور اس کو ترک

[1]... شعب الایمان، باب فی المناسک، 3/430، حدیث:3979، دار الکتب العلمیہ بیروت۔

[2]... فتاویٰ رضویہ، 23/624 ملتقطا۔

کرنا(یعنی موجودہ حالت کے مُطابِق ضرورت کے مسئلے نہ سیکھنا) گُناہ ہے۔

وضاحت

عِلْمِ دِین حاصِل کرنے کے تعلق سے سب سے پہلا اور اہم ترین فَرض یہ ہے کہ بنیادی عقائد کا عِلْم حاصِل کرے جس سے آدمی صحیح العقیدہ سُنی بنتا ہے اور اِنکار ومُخَالَفت سے کافِر یا گمراہ ہو جاتا ہے، اس کے بعد نماز کے مسائل یعنی اس کے فرائض اور شرائط اور نماز توڑنے والی چیزوں کا عِلْم حاصِل کرے تاکہ نماز صحیح طور پر ادا کر سکے پھر جب رمضان المبارک کی تشریف آوری ہو تو روزوں کے مسائل، صاحِبِ اِستِطاعَت ہو جائے تو حج کے مسائل، نِکاح کرنا چاہے تو اس کے ضروری مسائل، تاجر ہو تو خرید و فروخت کے مسائل، ملازِم بننے اور ملازِم رکھنے والے پر اِجارہ کے مسائل الغرض ہر مسلمان عاقِل و بالغ مرد و عورت پر اس کی موجودہ حالت کے مُطابِق مسئلے سیکھنا فرضِ عین ہے[1] اور اگر اس کو یہ ضروری مسئلے معلوم نہیں اور نہ ان کو سیکھنے کی کوشش کرے تو فَرض عِلْم نہ سیکھنے کی وجہ سے گنہگار ہو گا۔

”فرض عِلْم نہ سیکھنے“ کے متعلق مختلف احکام

(1): حسبِ حال (یعنی اپنی موجودہ حالت کے مُطابِق) فَرض عُلُوم نہ جاننا گُناہ اور نہ جاننے کے سبب گُناہ کر گزرنا گُناہ در گُناہ و حرام اور جہنم میں لے جانے والا کام ہے۔[2] (2): دِین کے ضروری عُلُوم سے غافل ہو کر دنیوی عُلُوم میں مشغول ہونا حرام ہے۔[3] (3): جو شخص

---

[1]... فتاویٰ رضویہ، 23/ 623، 624 بتغیر۔

[2]... نیکی کی دعوت، ص 137، مکتبۃ المدینہ کراچی۔

[3]... فتاویٰ رضویہ، 23/ 648 ملخصاً۔

دین کے ضروری عُلوم سے فراغت پاکر ایسے دنیوی عُلوم پڑھے جن میں کوئی بات خِلافِ شرع نہ ہو تو یہ ایک مُباح کام ہو گا جبکہ اس کے سبب کسی واجبِ شرعی میں خلل نہ پڑے۔[1]

آیتِ مُبارکہ

قُلْ هَلْ يَسْتَوِي الَّذِيْنَ يَعْلَمُوْنَ وَالَّذِيْنَ لَا يَعْلَمُوْنَ ؕ اِنَّمَا يَتَذَكَّرُ اُولُوا الْاَلْبَابِ ۟ؑ (پ23، الزمر:9)

ترجمۂ کنزالایمان: تم فرماؤ کیا برابر ہیں جاننے والے اور انجان نصیحت تو وہی مانتے ہیں جو عقل والے ہیں۔

فرمانِ مصطفےٰ صلی اللہ علیہ والہٖ وسلم

اس شخص کے لئے ہلاکت ہے جو عِلْم حاصِل نہ کرے اور اس کے لئے بھی ہلاکت ہے جو عِلْم حاصِل کرے پھر اس پر عمل نہ کرے۔[2]

”فَرض عِلْم نہ سیکھنے“ کے گُناہ میں مبتلا ہونے کے بعض اسباب

★ شیطان (کہ یہ جس قدر دشمنیٔ عِلْم سے رکھتا ہے اور کسی چیز سے نہیں رکھتا اور سب سے زِیادہ وسوسے بھی عِلْم سے روکنے کے لئے دل میں ڈالتا ہے)۔[3] ★ مال و دولت کی حِرص (ہر وَقْت مال جمع کرتے رہنے کا مذموم جذبہ بھی عِلْم حاصِل کرنے کی راہ میں بہت بڑی رُکاوٹ ہے)۔[4]

★ جہالت (کہ بعض لوگوں کو پتا ہی نہیں ہوتا کہ ان پر کن کن چیزوں کا عِلْم سیکھنا فَرض ہے)۔

★ موبائل فون، انٹرنیٹ، سوشل میڈیا (عِلْم سیکھنے سے دُور کرنے میں ان چیزوں کا بھی بڑا کردار ہے کہ لوگ ان چیزوں کے غیر ضروری اور حد سے زیادہ استعمال میں پڑ کر اپنا قیمتی وَقْت فضولیات کی

---

[1]... فتاویٰ رضویہ، 23/648 ملخصاً۔

[2]... کنزالعمال، کتاب العلم، قسم الاقوال، الباب الثانی، جز:10، 5/86، حدیث:29036۔

[3]... فیضانِ علم وعلماء، ص23 بتغیر قلیل، مکتبۃ المدینہ کراچی۔

[4]... فیضانِ علم وعلماء، ص26 ماخوذاً۔

نذر کر رہے ہیں) ★ سُستی ولاپرواہی۔

عِلمِ دین حاصِل کرنے کے لئے

★ عِلمِ دین سیکھنے کے فضائل پڑھیے، خاص طور پر اس تعلق سے بزرگانِ دین کے واقعات کا مُطالَعہ کیجئے کہ انہوں نے کیسی کیسی مشکلات اور پریشانیوں کے باوجود عِلم حاصِل کیا، اِن شاءَ اللہ! عِلمِ دین حاصِل کرنے کا جذبہ بیدار ہو گا۔ ★ قناعت اختیار کیجئے اور مال و دولت کی مذموم حِرْص سے پیچھا چھڑایئے۔ ★ مکتبۃ المدینہ سے شائع ہونے والی اور دیگر صحیح العقیدہ سنی عُلَما کی کُتُب ورسائل کا مُطالَعہ کرتے رہئے۔ ★ درسِ نظامی کرلیجئے۔

نوٹ: عِلمِ دین کے فضائل اور اس کے بارے میں مُفید ترین معلومات حاصِل کرنے کے لئے اِحیاءُ العلوم، جلد اوّل، صفحہ 42 تا 300 اور دو رسائل فیضانِ عِلم و عُلَما اور شوقِ عِلمِ دین کا مُطالَعہ کیجئے۔

(12): جھوٹ (Lie)

جھوٹ کا معنی

جھوٹ کے معنی ہیں: سچ کا اُلٹ۔[1]

جھوٹ کی چند مثالیں

★ کوئی چیز خریدتے وَقْت اس طرح کہنا کہ یہ مجھے فلاں سے اس سے کم قیمت میں مل رہی تھی حالانکہ واقع میں ایسا نہیں ہے۔ ★ اسی طرح بائع (Seller) کا زیادہ رقم کمانے کے لئے قیمتِ خرید (Purchase price) زِیادہ بتانا۔ ★ جعلی یا ناقص یا جن دواؤں

[1]... جھوٹا چور، ص 21، مکتبۃ المدینہ کراچی۔

سے شِفا کا گمانِ غالِب نہیں ہے ان کے بارے میں اِس طرح کہنا "سو فیصدی شرطیہ عِلاج" یہ جھوٹا مُبالَغہ ہے۔

"جھوٹ" کے متعلق مختلف احکام

(1): جھوٹ بولنا گُناہ[1] اور جہنّم میں لے جانے والا کام ہے۔ (2): جھوٹ کا مَعْصِیَت (گُناہ) ہونا ضروریاتِ دین میں سے ہے (لہٰذا جو اس کے گُناہ ہونے کا مطلقاً انکار کرے دائرہ اسلام سے خارِج ہو کر کافِر و مُرتد ہو جائے گا)۔[2] نوٹ: تین صورتوں میں جھوٹ بولنا جائز ہے یعنی اس میں گُناہ نہیں: ایک جنگ کی صورت میں کہ یہاں اپنے مُقَابِل کو دھوکا دینا جائز ہے، دوسری صورت یہ ہے کہ دو مسلمانوں میں اِخْتِلاف ہے اور یہ ان دونوں میں صلح کرانا چاہتا ہے، تیسری صورت یہ ہے کہ بی بی (زوجہ) کو خوش کرنے کے لئے کوئی بات خِلافِ واقع کہہ دے۔[3]

آیتِ مُبارَکہ

قرآنِ مجید میں منافقین کے متعلق فرمایا گیا ہے:

وَ لَهُمْ عَذَابٌ اَلِیْمٌۢ ﳔ بِمَا كَانُوْا یَكْذِبُوْنَ ۝۱۰ ترجمۂ کنزالایمان: اور اُن کے لئے دردناک عذاب ہے بدلہ اُن کے جھوٹ کا۔ (پ 1، البقرۃ:10)

صدر الافاضل علامہ سیِّد محمد نعیم الدین مُراد آبادی رحمۃُ اللہِ علیہ فرماتے ہیں: اس آیت سے ثابت ہوا کہ جھوٹ حرام ہے اس پر عذابِ الیم (یعنی دردناک عذاب) مُرَتَّب ہوتا ہے۔[4]

---

[1]... رسائل ابن نجیم، الرسالۃ الثالثۃ والثلاثون فی بیان الکبائر... الخ، ص355۔

[2]... کفریہ کلمات کے بارے میں سوال جواب، ص391 ماخوذاً۔

[3]... بہارِ شریعت، 3/517، حصہ:16 ملتقطاً۔
فتاوی ہندیہ، کتاب الکراہیۃ، باب الغناء واللھو... الخ، 5/432 مفصلاً۔

[4]... تفسیر خزائن العرفان، پ 1، البقرۃ، تحت الآیۃ:10۔

فرمانِ مصطفےٰ صلی اللہ علیہ واٰلہٖ وسلم

جھوٹ سے بچو! کیونکہ جھوٹ گُناہ کی طرف لے جاتا ہے اور گُناہ جہنّم کا راستہ دِکھاتا ہے اور آدمی برابر جھوٹ بولتا رہتا ہے اور جھوٹ بولنے کی کوشش کرتا ہے یہاں تک کہ اللہ پاک کے نزدیک کَذّاب (یعنی بہت بڑا جھوٹا) لکھ دیا جاتا ہے۔[1]

”جھوٹ“ میں مبتلا ہونے کے بعض اسباب

☆ مال کی حِرْص کہ خرید و فروخت میں رقم بچانے یا زیادہ مال کمانے کے لئے جھوٹ بولنا عام پایا جاتا ہے۔ ☆ مُبَالَغَہ آرائی (بڑھا چڑھا کر بیان کرنے) کی عادت: ایسے افراد حد سے بڑھ کر جھوٹی مُبَالَغَہ آرائی میں مبتلا ہو جاتے ہیں۔ آج کل اشیاء کی مشہوری (Advertisement) میں اس طرح کی جھوٹی مُبَالَغَہ آرائی عام ہے۔ ☆ حُبِّ مدح یعنی اپنی تعریف کی خواہش، ایسے لوگ اپنی واہ واہ کے لئے جھوٹے واقعات بیان کرتے رہتے ہیں۔ ☆ فضول گوئی کی عادت۔ ☆ آج کل مُرَوَّتاً جھوٹ بولنا بھی عام پایا جاتا ہے مثلاً کسی نے سوال کیا: ”میرے گھر کا کھانا پسند آیا؟“ تو مُرَوَّت میں آکر کہہ دیا: ”جی، بہت پسند آیا۔“ حالانکہ واقع میں اس کو کھانا پسند نہیں آیا تھا تو یہ بھی جھوٹ ہو گا۔

جھوٹ سے بچنے کے لئے

☆ جھوٹ کی دُنْیَوی اور اُخْرَوی تباہ کاریوں پر غور کیجئے مثلاً جھوٹے سے لوگ نفرت کرتے ہیں، اس پر سے اعتماد اُٹھ جاتا ہے، جھوٹے پر لعنت کی گئی ہے اور جھوٹا دوزخ میں کتے کی شکل میں بدل دیا جائے گا، اس طرح غور و فکر کرتے رہنے سے اِن شاءَ اللہ! سچ بولنے اور جھوٹ سے بچنے کا ذِہن بنے گا۔ ☆ صِرْف ضرورت کی بات ہی کیجئے اور بے جا

[1]... مسلم، کتاب البر والصلۃ والآداب، باب قبح الکذب...الخ، ص1008، حدیث:2607، دار الکتب العلمیہ

بولتے رہنے کی عادت سے چھٹکارا حاصِل کیجئے۔ ★ مُبَالَغَہ کرنے کی عادت بھی خَتْم کیجئے اور بولنے سے پہلے سوچنے کی عادت اپنائیے۔

نوٹ: جھوٹ کے متعلق مزید معلومات کے لئے بہارِ شریعت، حصہ 3، صفحہ 515 تا 519 اور رسالہ جھوٹا چور کا مُطَالَعَہ کیجئے۔

﴿13﴾: اللہ و رسول پر جھوٹ باندھنا

اللہ و رسول پر جھوٹ باندھنے کی چند صورتیں

★ اپنی طرف سے کوئی بات کر کے کہہ دینا کہ یہ اللہ و رسول کا فرمان ہے ★ جھوٹا مسئلہ بیان کر کے کہنا کہ یہ اللہ و رسول کا حکم ہے ★ قرآن پاک کی کسی آیت میں اپنی طرف سے خَلْط مَلْط کر کے کہنا کہ یہ اللہ کا کلام ہے ★ حدیثِ پاک کے مضمون میں تبدیلی کر کے کہنا کہ یہ رسول اللہ صلی اللہ علیہ واٰلہٖ وسلم کا کلام ہے ★ جس چیز کو اللہ و رسول نے حرام نہیں کیا اس کو حرام کہنا۔

اللہ و رسول پر جھوٹ باندھنے کا حکم

اللہ پاک اور اس کے رسول صلی اللہ علیہ واٰلہٖ وسلم پر جان بوجھ کر جھوٹ باندھنا گناہِ کبیرہ ہے۔[1]

آیتِ مُبارَکہ

وَ مَنْ اَظْلَمُ مِمَّنِ افْتَرٰى عَلَى اللّٰهِ كَذِبًا اَوْ كَذَّبَ بِالْحَقِّ لَمَّا جَآءَهٗؕ اَلَیْسَ فِیْ

ترجمۂ کنز الایمان: اور اس سے بڑھ کر ظالم کون جو اللہ پر جھوٹ باندھے یا حق کو جھٹلائے

[1]... الزواجر عن اقتراف الکبائر، الکبیرۃ الثامنۃ والتاسعۃ والاربعون، 1 / 177، دار الحدیث قاہرہ۔ رسائل ابن نجیم، ص 343۔

جَهَنَّمَ مَثْوًى لِّلْكٰفِرِیْنَ ﴿۶۸﴾ جب وہ اس کے پاس آئے کیا جہنم میں کافروں کا ٹھکانا نہیں۔ (پ21، العنکبوت:68)

فرمانِ مصطفےٰ صلی اللہ علیہ والہٖ وسلم

مجھ پر جھوٹ باندھنا کسی اور پر جھوٹ باندھنے جیسا نہیں، لہٰذا جس نے مجھ پر جھوٹ باندھا وہ اپنا ٹھکانا جہنم میں بنالے۔ [1]

اللہ ورسول پر جھوٹ باندھنے کے گناہ میں مبتلا ہونے کے بعض اسباب

☆ بدمذہب اور دین بیزار لوگوں کی صحبت (مشاہدہ ہے کہ یہ لوگ اپنے غلط نظریات ثابت کرنے کے لئے آیات و احادیث میں اپنی طرف سے الفاظ کا خَلْط مَلْط کر کے ان کے مضامین تبدیل کر دیتے ہیں) ☆ آیات و احادیث کو بیان کرنے میں احتیاط نہ کرنا (اسلام دشمن عناصر اپنی طرف سے احادیث گھڑ کر سوشل میڈیا پر وائرل کر دیتے ہیں اور بہت سے مسلمان تصدیق کئے بغیر انہیں ایک دوسرے سے شیئر کرتے رہتے ہیں) ☆ شرعی مسائل بیان کرنے میں اپنی اٹکل سے کام لینا (ایسے لوگ بہت دفعہ غلط مسائل بتا کر لوگوں کی عبادات خراب کرنے اور انہیں راہِ راست سے بھٹکانے کا سبب بنتے ہیں)۔

اس گناہ سے محفوظ رہنے کے لئے

☆ بدمذہب اور دین بیزار لوگوں کے پاس بیٹھنے، خاص طور پر ان کی تقاریر سننے اور تحریریں پڑھنے سے بچئے۔ حدیث پاک میں ہے: آخری زمانے میں کچھ لوگ بڑے دھوکے باز اور جھوٹ بولنے والے ہوں گے وہ تمہارے پاس ایسی حدیثیں لائیں گے جو نہ تم نے سنی ہوں گی نہ تمہارے باپ دادا نے، تو تم اپنے آپ کو ان سے دور رکھو اور انہیں اپنے سے دور

[1]... مسلم، المقدمہ، باب تغلیظ الکذب علی رسول اللہ صلی اللہ علیہ والہٖ وسلم، ص12، حدیث:4(4)۔

کرو، کہیں وہ تمہیں گمراہ نہ کر دیں، کہیں وہ تمہیں فتنے میں نہ ڈال دیں۔[1] ★ آیات و احادیث کو بیان کرنے میں احتیاط سے کام لیجئے، جب تک کوئی آیت یا حدیث اچھی طرح یاد نہ ہو، آگے بیان کرنے سے بچئے۔ اسی طرح جو بات غیر مستند ذرائع سے معلوم ہوئی کسی صحیح العقیدہ سنی عالمِ دین سے اس کی تصدیق کئے بغیر آگے فارورڈ مت کیجئے۔ ★ شرعی مسائل میں بحث کرنے سے بچئے نیز اگر کوئی شخص آپ سے مسئلہ پوچھے اور آپ کو وہ مسئلہ معلوم نہیں یا اچھی طرح یاد نہیں ہے تو اپنی اٹکل سے جواب مت دیجئے۔

﴿14﴾: یمینِ غموس (جھوٹی قسم)

یمینِ غموس (جھوٹی قسم) کی تعریف

کسی گزرے ہوئے یا موجودہ مُعَاملے پر جان بوجھ کر جھوٹی قسم کھائے تو اسے یمینِ غموس کہیں گے۔[2]

یمینِ غموس (جھوٹی قسم) کی مثالیں

★ کسی نے قسم کھائی: "اللہ کی قسم! زید گھر پر ہے" اور وہ جانتا ہے کہ حقیقت میں زید گھر پر نہیں ہے تو یہ قسم غموس (یعنی جھوٹی قسم) کہلائے گی۔[3] ★ اسی طرح اگر کسی نے قسم کھائی: "اللہ کی قسم! زید نے یہ کام نہیں کیا ہے اور وہ جانتا ہے کہ حقیقت میں زید نے یہ کام کیا ہے تو یہ بھی جھوٹی قسم ہے۔

[1]... مسلم، المقدمہ، باب تغلیظ الکذب علی رسول اللہ صلی اللہ علیہ والہٖ وسلم، ص 13، حدیث: 7(7)۔
[2]... فتاویٰ ہندیہ، کتاب الایمان، الباب الاول فی تفسیرہا... الخ، 2/58، بتغیر قلیل۔
[3]... نیکی کی دعوت، ص 162۔

''یمینِ غموس (جھوٹی قسم)'' کے متعلق مختلف احکام

(1): جھوٹی قسم کھانا حرام اور جہنّم میں لے جانے والا کام ہے۔[1] (2): جس نے جھوٹی قسم کھائی وہ سخت گنہگار ہوا، اس پر توبہ و اِستِغفار فَرض ہے مگر کفّارہ لازِم نہیں۔[2] اعلیٰ حضرت امام احمد رضا خان رحمۃ اللہ علیہ فرماتے ہیں: اس (یعنی جھوٹی قسم) کا کوئی کفّارہ نہیں اس کی سزا یہ ہے کہ جہنّم کے کھولتے دریا میں غوطے دیا جائے گا۔[3]

آیتِ مُبارَکہ

لَا یُؤَاخِذُكُمُ اللّٰهُ بِاللَّغْوِ فِیْۤ اَیْمَانِكُمْ وَ لٰكِنْ یُّؤَاخِذُكُمْ بِمَا عَقَّدْتُّمُ الْاَیْمَانَ ۚ (پ7، المآئدۃ:89)

ترجمۂ کنزالایمان: اللہ تمہیں نہیں پکڑتا تمہاری غَلَط فہمی کی قسموں پر ہاں ان قسموں پر گرفت فرماتا ہے جنہیں تم نے مضبوط کیا۔

فرمانِ مصطفٰے صلی اللہ علیہ واٰلہٖ وسلم

اس ذات کی قسم جس کے قبضۂ قدرت میں میری جان ہے! جو شخص قسم کھائے اور اس میں مچھر کے پَر کے برابر جھوٹ ملا دے تو وہ قسم تا یومِ قیامت (یعنی قِیامت کے دن تک) اُس کے دِل پر (سِیاہ) نکتہ بن جائے گی۔[4]

جھوٹی قسم کے بعض اسباب

★ غلطی پر ہونے کے باوجود خود کو سچا ثابِت کرنے کے لئے بہت مرتبہ جھوٹی قسم

---

[1]... تبیین الحقائق، کتاب الایمان، 3/108، المطبعۃ الکبریٰ الامیریہ مصر۔

[2]... بہار شریعت، 2/299، حصہ:9 بتغیر قلیل۔
فتاویٰ ہندیہ، کتاب الاَیمان، الباب الاول فی تفسیرھا... الخ، 2/58۔

[3]... فتاویٰ رضویہ، 13/611۔

[4]... ابن حبان، کتاب الحظر والاباحۃ، ص1491، حدیث:5563، دار المعرفہ بیروت۔

کھالی جاتی ہے۔ ★ دنیوی نفع کا حُصُول ★ بات بات پر قسمیں کھانے کی عادت کہ ایسے شخص کا جھوٹی قسم میں مبتلا ہونے کا قوی اندیشہ ہوتا ہے۔ ★ اسی طرح جھوٹ کے اسباب مثلاً مُبالَغَہ آرائی (بڑھا چڑھا کر بیان کرنے) کی عادت اور حُبِّ مدح یعنی اپنی تعریف کی خواہش کے باعث بھی کبھی جھوٹی قسم کھالی جاتی ہے۔

جھوٹی قسم کھانے سے بچنے کے لئے

★ جھوٹی قسم کے عذابات پڑھیے / سنئے، اِن شاءَ اللہ! اس گُناہ سے محفوظ رہنے کا ذِہن بنے گا۔ ★ جھوٹی قسم کے دُنیَوی نقصانات پر غور کیجئے کہ جھوٹی قسمیں گھروں کو ویران کر دیتی ہیں اور ان کی وجہ سے مال سے برکت خَتْم ہو جاتی ہے وغیرہ۔ ★ دل سے مال و دولت کی حِرْص خَتْم کیجئے تاکہ زیادہ طلبی کی خواہش میں جھوٹی قسم کھانے کے گُناہ میں نہ جا پڑیں۔

نوٹ: قسم کے بارے میں مزید معلومات کے لئے امیرِ اہلِ سنت علامہ محمد الیاس عطّار قادِری دامت بَرَکاتُہمُ العالیہ کے رِسالے قسم کے بارے میں مدنی پھول کا مُطالَعَہ کیجئے۔

(15): وعدہ خلافی (جھوٹا وعدہ)

"وعدہ خلافی" کی تعریف

وعدہ کرتے وَقْت ہی نیت یہ ہو کہ میں جو کہہ رہا ہوں وہ نہیں کروں گا تو یہ وعدہ خلافی ہے۔[1]

"وعدہ خلافی" کی چند مثالیں

★ کسی شخص سے مُقَرَّرہ وَقْت پر آنے کا وعدہ کیا لیکن دل میں یہ نیت ہے کہ نہیں

[1]... شیطان کے بعض ہتھیار، ص 42، مکتبۃ المدینہ کراچی۔

آؤں گا۔ ★ وعدہ کیا کہ فلاں تاریخ کو تمہیں رقم ادا کردوں گا لیکن دل میں ہے کہ نہیں کروں گا۔

”وعدہ خلافی“ کے متعلق مختلف احکام

(1): (وعدہ خلافی یعنی) پورا نہ کرنے کی نیت سے وعدہ کرنا جان بوجھ کر جھوٹ بولنا اور حرام کام ہے۔[1] (2): اس نیت سے وعدہ کیا کہ اس کو پورا کروں گا تو ایسا وعدہ کرنا جائز ہے اور اس کو پورا کرنا مستحب ہے۔[2] (3): جب وعدے کو کسی چیز کے حاصل ہونے یا حاصل نہ ہونے کے ساتھ مُعَلَّق کیا گیا ہو تو جب وہ شرط پائی جائے گی وعدہ پورا کرنا لازم ہو گا مثلاً کسی سے کہا کہ یہ چیز فلاں شخص کو بیچ دو اگر اس نے قیمت ادا نہیں کی تو میں ادا کروں گا پھر خریدار نے قیمت ادا نہیں کی تو اب اِس پر قیمت ادا کرنا لازِم ہے۔[3]

آیتِ مُبارَکہ

اِنَّ الْعَهْدَ كَانَ مَسْـُٔوْلًا ﴿۳۴﴾ ترجمۂ کنز الایمان: بیشک عہد سے سوال ہونا ہے۔

(پ 15، بنی اسرائیل:34)

فرمانِ مصطفےٰ صلی اللہ علیہ والہٖ وسلم

منافق کی تین نشانیاں ہیں: (1): جب بات کرے جھوٹ کہے (2): جب وعدہ کرے خلاف کرے (3): اور جب اس کے پاس امانت رکھی جائے خیانت کرے۔[4]

---

[1]... حدیقہ ندیہ، الخلق الثالث والعشرون، 3/139 ملتقطا، دار الکتب العلمیہ بیروت۔
الاشباہ والنظائر، کتاب الحظر والاباحۃ، ص 321، المکتبۃ العصریہ بیروت۔

[2]... حدیقہ ندیہ، الخلق الثالث والعشرون، 3/139۔

[3]... درر الحکام، القواعد الکلیہ، المواعید بصور التعالیق تکون لازمۃ، 1/87 ملتقطا، دار عالم الکتب ریاض۔

[4]... بخاری، کتاب بدء الایمان، باب علامۃ المنافق، ص 79، حدیث: 33۔

”وعدہ خلافی“ کے گناہ میں مبتلا ہونے کے بعض اسباب

★ مال کی محبت (کہ بعض اوقات کسی سے پیچھا چھڑانے کے لئے رقم دینے کا وعدہ کر لیا جاتا ہے اور دل میں نہ دینے کا ارادہ ہوتا ہے) ★ خود غرضی (جیسے کسی سے اپنا مطلب نکالنے کے لئے کہہ دیا کہ پہلے تم میرا یہ کام کر دو پھر میں تمہارا کام کروں گا اور دل میں ہے کہ میں بعد میں اس کے ہاتھ ہی نہیں آؤں گا) ★ سُستی اور آرام طلبی (ایسا شخص کبھی کسی سے پیچھا چھڑانے کے لئے مَحْض زبان سے وعدہ کر تو لیتا ہے لیکن دل میں ہوتا ہے کہ وعدہ پورا نہیں کروں گا)۔

”وعدہ خلافی“ کے گناہ سے محفوظ رہنے کے لئے

★ آخرت کو کثرت سے یاد کیجئے تاکہ دنیا اور اس کے ساز و سامان کی محبت دل سے نکلے اور لوگوں کے حقوق ادا کرنے کا ذہن بنے۔ ★ وعدے کو معمولی مت جانئے، اسلام اور معاشرے میں اس کی اہمیت کو سمجھئے کہ وعدہ پورا کرنا اسلام میں بھی پسندیدہ عمل ہے اور لوگ بھی اس کو عزت کی نگاہ سے دیکھتے اور اس کی بات پر اعتماد کرتے ہیں۔ ★ نیک لوگوں کی صحبت اختیار کیجئے جن کے پاس بیٹھنے سے اخلاق اچھے ہوتے ہیں۔

نوٹ: وعدہ خلافی کے متعلق مزید معلومات کے لئے احیاء العلوم، جلد 3، صفحہ 402 تا 406 اور کتاب جہنم میں لے جانے والے اعمال، جلد اول، صفحہ 356 تا 362 کا مُطَالَعَہ کیجئے۔

﴿16﴾: لعنت کرنا

”لعنت کرنے“ کا معنی

رحمتِ الٰہی سے دور ہو جانے کی بد دُعا کرنا لعنت کرنا ہے۔[1]

---

[1]... مراٰۃ المناجیح، 5/127 ملتقطاً۔

”لعنت کرنے“ کی چند مثالیں

★ اس طرح کہنا کہ زید پر لعنت ★ اے اللہ! زید پر لعنت کر ★ زید کو اپنی رحمت سے دور کر دے وغیرہ۔

”لعنت“ کے متعلق مختلف احکام

(1): فردِ مُعَیَّن یعنی کسی شخص کو خاص کر کے لعنت کرنا (مثلاً یوں کہے: ”زید پر لعنت ہو“) جائز نہیں۔[1] (2): فتاویٰ رضویہ میں ہے کہ لعنت بہت سخت چیز ہے، ہر مسلمان کو اس سے بچایا جائے بلکہ لعین کافِر پر بھی لعنت جائز نہیں جب تک اس کا کُفر پر مرنا قرآن و حدیث سے ثابت نہ ہو۔[2] (3): وصفِ عام مذموم (یعنی ایسی بری صفت جس میں کوئی فرد خاص نہ ہو، اس صفت) کے ساتھ لعنت جائز ہے[3] مثلاً یہ کہہ سکتے ہیں کہ کافِروں پر یا جھوٹوں پر لعنت مگر اس کی عادت نہ ڈالی جائے۔[4] (4): مچھر، ہوا، جمادات (یعنی بے جان چیزوں) اور حیوانات پر بھی لعنت ناجائز ہے۔[5]

آیتِ مُبارَکہ

اُدْعُوْا رَبَّكُمْ تَضَرُّعًا وَّ خُفْیَةً ؕ اِنَّهٗ لَا یُحِبُّ الْمُعْتَدِیْنَ ﴿۵۵﴾ ترجمۂ کنزالایمان: اپنے ربّ سے دُعا کرو گِڑگِڑاتے اور آہستہ بے شک حد سے بڑھنے والے اسے پسند نہیں۔ (پ8، الاعراف:55)

---

[1]... عمدۃ القاری، کتاب الایمان، باب کفران العشیر...الخ، 1/304، تحت الحدیث:29، دار الفکر بیروت۔
[2]... فتاویٰ رضویہ، 21/222۔
[3]... حدیقہ ندیہ، القسم الثانی، المبحث الاول، النوع التاسع فی اللعن...الخ، 4/71۔
[4]... مراٰۃ المناجیح، 1/41 بتغیر قلیل۔
[5]... حدیقہ ندیہ، القسم الثانی، المبحث الاول، النوع التاسع فی اللعن...الخ، 4/70۔

ایک قول کے مُطابِق اس آیت میں ”حد سے بڑھنے والوں“ سے مُراد وہ لوگ ہیں جو مسلمانوں کے لئے بددُعا کرتے اور کہتے ہیں: اللہ ان کو خوار کرے، اللہ ان پر لعنت کرے۔[1]

فرمانِ مصطفٰے صلی اللہ علیہ والہٖ وسلم

جب میری امت چھ چیزوں کو حلال سمجھنے لگے گی تو ہلاکت میں مبتلا ہو جائے گی: (1): ایک دوسرے پر لعنت کرنا (2): شراب پینا (3): ریشم کا لباس پہننا (4): گانے والی عورَتیں رکھنا (5): مَردوں کا مَردوں پر اور (6): عورَتوں کا عورَتوں پر اِکْتِفاء کرنا۔[2]

”لعنت“ کے گُناہ میں مبتلا ہونے کے بعض اسباب

★ جہالت (عِلْمِ دین سے دوری کی وجہ سے بعض لوگ لعنت کو معمولی خیال کرتے ہیں اور انہیں عِلْم بھی نہیں ہوتا کہ لعنت کرنا شرعاً ناجائز اور گُناہ ہے۔) ★ غصہ (غصّے میں جو زبان پر قابو نہیں رکھ پاتے دوسرے گُناہوں کے ساتھ لعنت کے گُناہ میں بھی مبتلا ہو جاتے ہیں) ★ بِنا سوچے سمجھے بولتے رہنے کی عادَت۔ ★ لڑائی جھگڑے (ایسے موقعے پر گالی گلوچ کے ساتھ بعض لوگ ایک دوسرے پر لعنت بھی کرتے ہیں) ★ بدمذہبوں سے میل جول رکھنا اور ان کے پاس اُٹھنا بیٹھنا (کیونکہ بدمذہبوں کی اہلِ بیتِ اطہار، صحابۂ کِرام رضی اللہُ عنہم اور بزرگانِ دین رحمۃُ اللہِ علیہم پر لعن طعن کرنے کی عادت ہوتی ہے)۔

”لعنت“ کے گُناہ سے بچے رہنے کے لئے

★ عِلْمِ دین حاصِل کیجئے، بالخُصُوص زبان سے ہونے والے گُناہوں کی معلومات حاصِل کیجئے کیونکہ بہت سارے گُناہ زبان سے ہی ہوتے ہیں۔ ★ بولنے سے پہلے تولنے

---

[1]... تفسیر بغوی، پ8، الاعراف، تحت الآیۃ:55، 2/111، پشاور۔

[2]... معجم اوسط، 1/305، حدیث:1086 ملخصاً۔

یعنی سوچ سمجھ کر بات کرنے کی عادت ڈالئے۔ ★ غصے میں بے قابو ہو کر زبان کا غلط استعمال کرنے کے بجائے حصولِ ثواب کے لئے غصّہ پی جانے کی کوشش کیجئے۔ ★ جب دل میں کسی کے خِلاف غصّہ ہو اور اس پر لعن طعن کو دل چاہے تو فوراً اپنے آپ کو یوں ڈرائیے کہ اگر میں غصے میں آکر کسی کو بُرا بھلا کہوں گا اور اس پر لعن طعن کروں گا تو جہنم کا حق دار قرار پاؤں گا کہ یہ گُناہ کے ذریعے غصّہ ٹھنڈا کرنا ہوا اور فرمانِ مصطفےٰ صلی اللہ علیہ واٰلہٖ وسلم ہے: جہنم میں ایک دروازہ ہے اس سے وہی داخِل ہوں گے جن کا غصّہ کسی گُناہ کے بعد ہی ٹھنڈا ہوتا ہے۔[1] ★ جھگڑے مِٹا کر مسلمانوں کے ساتھ مل جل کر محبت کے ساتھ رہئے، حدیث شریف میں ہے: "جو حق پر ہوتے ہوئے بھی جھگڑا ختم کرے میں اسے جنت کے کنارے ایک گھر کی ضمانت دیتا ہوں۔"[2] ★ صِرف عاشقانِ رسول کی صحبت اِختِیار کیجئے اور بد مذہبوں کے ساتھ اٹھنے بیٹھنے سے بچتے رہئے۔

نوٹ: "لعنت کرنے" کے گُناہ کے بارے میں مزید معلومات کے لئے اِحیاءُ العلوم، جلد سُوم، صفحہ 375 تا 385 اور فضائلِ دعا، صفحہ 188 تا 203 کا مُطالَعَہ کیجئے۔

17: گالی دینا

"گالی" کی تعریف

انسان کی عزت کے بارے میں ایسی بات کہنا جو اسے عیب دار کرے۔[3]

"گالی دینے" کی چند مثالیں

کسی کو ★ فاسق ★ فاجِر ★ احمق ★ بدکار وغیرہ کہنا۔

[1]... مسند الفردوس، 1/205، حدیث: 784، دار الکتب العلمیہ بیروت۔
[2]... ابو داود، کتاب الادب، باب فی حسن الخلق، ص 755، حدیث: 4800، دار الکتب العلمیہ بیروت۔
[3]... عمدۃ القاری، کتاب الایمان، باب خوف المؤمن... الخ، 1/408، تحت الحدیث: 48۔

”گالی دینے“ کے متعلق مختلف احکام

(1): اللہ پاک کو گالی دینا کُفر ہے خواہ سنجیدگی میں دے یا مذاق میں، خوشی سے دے یا غصّے میں۔ [1] (2): مسلمان کو بلا وجہِ شرعی گالی دینا سخت حرام ہے۔ [2] (3): بعض گالیاں تو کسی وَقْت حلال نہیں ہو سکتیں اور اُن کا دینے والا سخت فاسق اور سلطنتِ اسلامیہ میں 80 کوڑوں کا مستحق ہوتا ہے [3] مثلاً عورت کو زانیہ کہنا وغیرہ۔ [4] (4): دَہر (زمانے)، سفید مرغ، ہوا اور بخار کو گالی دینا منع ہے۔ [5]

آیتِ مُبارَکہ

لَا یُحِبُّ اللّٰهُ الْجَهْرَ بِالسُّوْٓءِ مِنَ الْقَوْلِ اِلَّا مَنْ ظُلِمَ ؕ وَ كَانَ اللّٰهُ سَمِیْعًا عَلِیْمًا ﴿۱۴۸﴾ (پ 6، النساء: 148)

ترجمۂ کنز الایمان: اللہ پسند نہیں کرتا بُری بات کا اِعْلَان کرنا مگر مظلوم سے اور اللہ سنتا جانتا ہے۔

ایک قول کے مطابق آیتِ مبارکہ میں ”بُری بات کے اِعْلان“ سے مُراد گالی دینا ہے یعنی اللہ تعالیٰ اس بات کو پسند نہیں کرتا کہ کوئی کسی کو گالی دے۔ [6]

فرمانِ مصطفےٰ صلی اللہ علیہ واٰلہٖ وسلم

مسلمان کو گالی دینے والا اُس شخص کی مانند ہے جو عنقریب ہلاکت میں جا پڑے گا۔ [7]

---

[1]... کفریہ کلمات کے بارے میں سوال جواب، ص510۔

[2]... فتاویٰ رضویہ، 6/538 ملتقطا۔

[3]... فتاویٰ رضویہ، 6/538۔

[4]... بہارِ شریعت، 2/398، حصہ 9۔

[5]... حدیقہ ندیہ، القسم الثانی، المبحث الاول، النوع العاشر فی السب، 4/85-87 ماخوذا۔

[6]... تفسیر صراط الجنان، پ6، النساء، تحت الآیۃ: 148، 2/339۔

[7]... مجمع الزوائد، کتاب الادب، باب فیمن لعن مسلما... الخ، 8/89، حدیث: 13011، دار الکتب العلمیہ۔

''گالی دینے'' کے گُناہ میں مبتلا ہونے کے بعض اسباب

★ غصّہ ★ لڑائی جھگڑا ★ بری صحبت ★ فلمیں ڈرامے دیکھنا ★ شراب نوشی ★ جہالت ★ خوفِ خدا کی کمی۔

''گالی دینے'' کے گُناہ سے بچے رہنے کے لئے

★ عِلمِ دین حاصِل کیجئے۔ ★ گالی گلوچ اور اس کے عِلاوہ بہت سارے گُناہ زیادہ تر زبان سے ہی ہوتے ہیں لہٰذا اِسے قابو میں رکھنا بہت ضروری ہے۔ ★ بے جا غصّے کی عادت اپنے اندر سے نِکال دیجئے بلکہ عفو ودرگزر سے کام لیجئے اور غصّہ پی جانے کا معمول بنائیے۔ ★ اپنے دِل میں اِحتِرامِ مسلم کا جذبہ بیدار کیجئے اور سب کے ساتھ پیار محبت کے ساتھ پیش آیئے، لڑائی جھگڑے بالکل مَت کیجئے۔ ★ گُناہوں بھرے چینل دیکھنے، فلموں ڈراموں کے ذریعے آنکھوں کو حرام سے پُر کرنے سے ہمیشہ بچتے رہئے۔ ★ نیک، پرہیز گار عاشِقانِ رسول کی صحبت اختیار کیجئے اور برے لوگوں سے ہمیشہ دور رہئے۔

نوٹ: گفتگو کے آداب اور زبان سے ہونے والے متعدد گناہوں کی معلومات کے لئے کتاب جنت کی دو چابیاں اور امیرِ اہلِ سنت علامہ محمد الیاس عطّار قادِری دامت بَرَکاتُہمُ العالیہ کے رِسالے خاموش شہزادہ اور میٹھے بول کا مُطالَعہ کیجئے۔

﴿18﴾: فحش گوئی

''فحش گوئی'' کی تعریف

فحش کا لغوی معنی ہے: برا اور گندا قول وفعل۔ ''لوگوں کے ساتھ بات کرنے میں جن

اُمور کو برا سمجھا جاتا ہے ان کو صاف اور واضح لفظوں میں بیان کر دینا فحش گوئی ہے۔"[1]

"فحش گوئی" کے متعلق مختلف احکام

(1): فحش گوئی گُناہ[2] اور جہنم میں لے جانے والا کام ہے۔ (2): بہتر یہ ہے کہ اگر مجبوراً کسی ایسی بات کا ذِکر کرنا پڑے (مثلاً عِلاج کے لئے طبیب سے کوئی بات کرنی ہے) تو واضح الفاظ اِستِعمال کرنے کے بجائے اشارتاً چھپے لفظوں میں بیان کرے۔[3] (3): عورتوں کا ذِکر بھی اِشارَتاً کرنا اچھا سمجھا جاتا ہے لہٰذا یہ نہ کہا جائے کہ تمہاری بیوی نے یہ بات کہی بلکہ یہ کہا جائے کہ گھر میں یوں کہا گیا ہے یا بچوں کی امّی نے یہ کہا۔[4] (4): جس شخص میں کچھ عُیُوب ہوں جن سے وہ شرماتا ہو، انہیں واضح الفاظ میں ذِکر نہیں کرنا چاہیے جیسے کہ برص یا گنج کی بیماری اور بواسیر بلکہ یوں کہنا چاہئے کہ اسے ایک مرض ہے جس کے سبب وہ تکلیف میں مبتلا ہے۔[5]

آیتِ مُبارکہ

قومِ لوط کی بداعمالیوں کے بیان میں ارشادِ باری تعالیٰ ہے:

اَىِٕنَّكُمْ لَتَاْتُوْنَ الرِّجَالَ وَ تَقْطَعُوْنَ السَّبِیْلَ ﳔ وَ تَاْتُوْنَ فِیْ نَادِیْكُمُ الْمُنْكَرَؕ

ترجمۂ کنزالایمان: کیا تم مردوں سے بدفعلی کرتے ہو اور راہ مارتے ہو اور اپنی مجلس میں بُری بات کرتے ہو۔ (پ20، العنکبوت:29)

---

[1]... حدیقہ ندیہ، القسم الثانی، المبحث الاول... الخ، النوع الحادی عشر، 4/88 ملتقطا۔
[2]... حدیقہ ندیہ، القسم الثانی، المبحث الاول... الخ، النوع الحادی عشر، 4/88۔
[3]... حدیقہ ندیہ، القسم الثانی، المبحث الاول... الخ، النوع الحادی عشر، 4/88 ملتقطا۔
[4]... احیاء العلوم، کتاب آفات اللسان، الآفۃ السابعۃ الفحش... الخ، 3/151 ملتقطا، دار الکتب العلمیہ بیروت
[5]... احیاء العلوم، کتاب آفات اللسان، الآفۃ السابعۃ الفحش والسب وبذاءۃ اللسان، 3/151 ملتقطا۔

تفسیر خزائن العرفان میں اس حصے "اور اپنی مجلس میں بری بات کرتے ہو" کے تحت ہے: جو عقلاً و عرفاً قبیح و ممنوع ہے جیسے گالی دینا، فحش بکنا، تالی اور سیٹی بجانا، ایک دوسرے کے کنکریاں مارنا، رستہ چلنے والوں پر کنکری وغیرہ پھینکنا، شراب پینا، تمسخر اور گندی باتیں کرنا، ایک دوسرے پر تھوکنا وغیرہ ذلیل افعال و حرکات۔[1]

فرمانِ مصطفےٰ صلی اللہ علیہ والہ وسلم

چار طرح کے شخص اہلِ جہنم کی تکلیف میں اضافہ کر دیں گے، وہ کھولتے پانی اور آگ کے درمیان بھاگتے پھرتے اور ویل و ثُبُور (یعنی ہلاکت) مانگتے پھرتے ہوں گے، (ان چار میں سے) ایک شخص وہ ہوگا جس کے منہ سے خون اور پیپ بہہ رہا ہوگا، جہنمی کہیں گے: اس بدبخت کو کیا ہوا کہ ہماری تکلیف میں اضافہ کئے دیتا ہے؟ جواب ملے گا: یہ بدنصیب خبیث اور بُری بات کی طرف مُتوَجِّہ ہو کر لذت اُٹھاتا تھا۔[2]

"فحش گوئی" کے گُناہ میں مبتلا ہونے کے بعض اسباب

★ عِلمِ دین سے دوری ★ مذاق مسخری کی عادت ★ فضول گوئی ★ غصّہ ★ لڑائی جھگڑا ★ بری صحبت ★ فلمیں ڈرامے دیکھنا اور گانے سننا۔

"فحش گوئی" کے گُناہ سے بچے رہنے کے لئے

★ عِلمِ دین حاصِل کیجئے، بالخُصُوص گفتگو کی سنتیں اور آداب سیکھ لیجئے۔ ★ جہنم کے ہولناک عذابات کا مُطالَعہ کیجئے اور اپنے نازک بدن پر غور کیجئے کہ فحش گوئی کے سبب اگر ان میں سے کوئی عذاب ہم پر مُسلَّط کر دیا گیا تو ہمارا کیا بنے گا۔ ★ فحش گوئی اور اس کے

[1]... تفسیر خزائن العرفان، پ20، العنکبوت، تحت الآیۃ:29۔

[2]... موسوعۃ ابن ابی الدنیا، کتاب صفۃ النار، 6 / 449، حدیث:229 ملتقطا، المکتبۃ العصریۃ بیروت۔

عِلاوہ بہت سارے گُناہ زِیادہ تر زبان سے ہی ہوتے ہیں لٰہذا اِسے قابو میں رکھنا بہت ضروری ہے۔ ★ دِل میں اِحتِرامِ مسلم کا جذبہ بیدار کیجئے اور لڑائی جھگڑے مِٹا کر ہر ایک کے ساتھ پیار اور محبت کے ساتھ رہیئے۔ ★ عفو و در گزر سے کام لیجئے اور بے جا غصّہ ہر گز مت کیجئے کہ اس کے سبب انسان بہت سارے گُناہوں میں مبتلا ہو جاتا ہے۔ ★ سنجیدہ اور باعمل عاشقانِ رسول کی صحبت اختیار کیجئے اور بری صحبت سے ہمیشہ دور رہیے۔ ★ وظیفہ: جس کی گندی باتوں کی عادَت نہ جاتی ہو وہ "یَاحَمِیْدُ" 90 بار (اوّل و آخر دُرُود شریف) پڑھ کر کسی خالی پیالے یا گلاس میں دم کر دے، حسبِ ضرورت اسی میں پانی پیا کرے اِن شاءَ اللہ! فحش گوئی کی عادَت نکل جائے گی (ایک بار کا دَم کیا ہوا گلاس برسوں تک چلا سکتے ہیں)۔[1]

نوٹ: زبان کی حفاظت کرنے کا ذِہن بنانے کے لئے امیرِ اہلسنت مولانا محمد الیاس عطّار قادِری دامت برَکاتُہمُ العالیہ کے رِسالے خاموش شہزادہ اور میٹھے بول کا مُطالعَہ کیجئے۔

﴿19﴾: راز فاش کرنا

راز فاش کرنے کی تعریف

کسی کی ایسی بات یا کام یا حالت کا عِلْم ہو جس کو وہ دوسروں پر ظاہِر کرنا نہیں چاہتا تو اُس کو دوسروں پر ظاہِر کر دینا راز فاش کرنا ہے، چاہے وہ بات، کام یا حالت اچھی ہو یا بری۔[2]

وضاحت

ایک مسلمان کی باتیں، کام اور احوال دوسرے مسلمان کے پاس امانت ہیں (لٰہذا اِن کا دوسروں کے سامنے اظہار اسے ناپسند ہو تو ایسی بات، کام یا حالت کو کسی اور کے سامنے ظاہِر کر دینا

[1]... 40 روحانی علاج، ص 7، مکتبۃ المدینہ کراچی۔
[2]... حدیقہ ندیہ، القسم الثانی فی آفات اللسان مفاسدہ و غوائلہ، الخلق الثامن عشر، 4/133۔

خیانت ہے)۔[1] کسی بات کے امانت ہونے کے لئے یہ شرط نہیں کہ کہنے والا صراحۃً (یعنی صاف لفظوں میں) منع کرے کہ کسی کو مت بتانا بلکہ اگر وہ بات کرتے ہوئے اس طرح اِدھر اُدھر دیکھے کہ کوئی سن تو نہیں رہا[2] یا جس سے بات کرنی ہے اسے تنہائی میں لے جاکر بات کرے تو یہ بھی بالکل واضح قرینہ ہے کہ یہ بات امانت ہے، اس کی بھی حفاظت کرنا اور کسی کے سامنے اس کا اظہار نہ کرنا ضروری ہے۔[3] یہ بھی یاد رہے کہ ظاہِر کرنا اشارہ سے بھی ہو سکتا ہے[4] اس کے لئے لکھ کر بیان کرنا یا زبان سے کہنا ہی ضروری نہیں۔

"راز فاش کرنے" کے متعلق مختلف احکام

(1): راز فاش کرنا گُناہ[5] اور جہنم میں لے جانے والا کام ہے۔(2): راز فاش کرنے میں صاحبِ راز (یعنی جس کا راز ہے اُس) کو ایذا (یعنی تکلیف) ہوتی ہے اور ایذا دینی حرام ہے۔[6]

آیتِ مُبارکہ

يٰٓاَيُّهَا الَّذِيْنَ اٰمَنُوْا لَا تَخُوْنُوا اللّٰهَ وَالرَّسُوْلَ وَتَخُوْنُوْٓا اَمٰنٰتِكُمْ وَاَنْتُمْ تَعْلَمُوْنَ ﴿۲۷﴾

ترجمۂ کنز الایمان: اے ایمان والو اللہ و رسول سے دغا نہ کرو اور نہ اپنی امانتوں میں دانستہ خیانت۔ (پ9، الانفال:27)

ایک قول کے مطابق بعض لوگ راز کی باتیں کفار کو بتا دیا کرتے تھے، اس آیت میں

[1]... حدیقہ ندیہ، القسم الثانی فی آفات اللسان مفاسدہ وغوائلہ، الخلق الثامن عشر، 4/135۔
[2]... غیبت کی تباہ کاریاں، ص428، مکتبۃ المدینہ کراچی۔
[3]... حدیقہ ندیہ، القسم الثانی فی آفات اللسان مفاسدہ وغوائلہ، الخلق الثامن عشر، 4/134 ملتقطا۔ غیبت کی تباہ کاریاں، ص428۔
[4]... بہارِ شریعت، 2/343، حصہ:9۔
[5]... رسائل ابن نجیم، الرسالۃ الثالثۃ والثلاثون فی بیان الکبائر والصغائر من الذنوب، ص358۔
[6]... حدیقہ ندیہ، القسم الثانی فی آفات اللسان مفاسدہ وغوائلہ، الخلق الثامن عشر، 4/133۔

انہیں راز فاش کرنے سے منع کیا گیا۔[1]

فرمانِ مصطفےٰ صلی اللہ علیہ واٰلہٖ وسلم

دو شخصوں کا باہم بیٹھنا امانت ہے، ان میں سے کسی کے لئے حلال نہیں کہ اپنے ساتھی کی ایسی بات (لوگوں کے سامنے) ظاہر کرے جس کا ظاہِر ہونا اسے ناپسند ہو۔[2]

"راز فاش کرنے" کی آفت میں مبتلا ہونے کے بعض اسباب

★ بغض و کینہ ★ حسد ★ لڑائی جھگڑے ★ چغل خوری ★ پیٹ کا ہلکا ہونا (ایسے لوگ جب تک راز کی بات دوسروں کو بتا نہیں لیتے انہیں چین نہیں آتا) ★ بغیر سوچے سمجھے بولنے کی عادت۔

"راز فاش کرنے" کی آفت سے بچے رہنے کے لئے

★ زبان کی حفاظت کیجئے۔ ★ کسی کا راز دوسروں کے سامنے ظاہِر کر دینے کے دِینی اور دُنیوی نقصانات پر غور کیجئے، مثلاً یہ اخلاقی پستی اور گھٹیا پن کی علامت ہے، اس سے مسلمانوں میں فساد پھیلتا اور آپس کی محبت مٹتی ہے، راز فاش کر دینے والے پر سے لوگوں کا اعتماد اٹھ جاتا ہے۔ ★ سلام و مُصَافَحہ کرنے کی عادت اپنایئے، اِن شاءَ اللہ! دِل سے بغض و کینہ دور ہو گا۔ ★ موت اور قبر و آخرت کو کثرت سے یاد کیجئے، اِن شاءَ اللہ! دِل سے حسد کا خاتمہ ہو جائے گا۔

نوٹ: زبان کے متعلق گُناہوں کی تفصیلی معلومات کے لئے کتاب جنت کی دو چابیاں اور اِحیاءُ العلوم، جلد سِوم، صفحہ 330 تا 500 کا مُطالعہ کیجئے۔

[1]... تفسیرات احمدیہ، الانفال، تحت الآیۃ: 27، ص 407۔

[2]... الزہد لابن المبارک، الجزء الخامس، باب ماجاء فی الشح، ص 219، حدیث: 691، دار الکتب العلمیہ بیروت۔

(20): نوحہ

"نوحہ" کی تعریف

میت (یعنی مرنے والے) کے اوصاف مُبالَغہ کے ساتھ (یعنی خوب بڑھا چڑھا کر) بیان کر کے آواز سے رونا نوحہ ہے۔ اسے بین بھی کہتے ہیں۔ [1]

"نوحہ" کے متعلق مختلف احکام

(1): نوحہ بِالْاِجماع حرام ہے۔ یوہیں واویلا، وَامُصِیْبَتَا (یعنی ہائے مصیبت) کہہ کے چِلَّانا۔ [2] (2): گریبان پھاڑنا، منہ نوچنا، بال کھولنا، سر پر خاک ڈالنا، سینہ کوٹنا، ران پر ہاتھ مارنا یہ سب جاہلیت کے کام اور حرام ہیں۔ [3] (3): اُونچی آواز سے رونا منع ہے اور آواز بلند نہ ہو تو اس میں کوئی حرج نہیں بلکہ حُضُورِ اقدس صلی اللہ علیہ واٰلہٖ وسلم نے اپنے لختِ جگر حضرت ابراہیم رضی اللہ عنہ کی وفات پر بکا فرمایا (یعنی آنسو بہائے)۔ [4]

فرمانِ مصطفےٰ صلی اللہ علیہ واٰلہٖ وسلم

نوحہ کرنے والیوں کی قیامت کے دن جہنم میں دو صفیں بنائی جائیں گی، ایک صف جہنمیوں کی دائیں طرف اور دوسری بائیں طرف وہ جہنمیوں پر یوں بھونکتی رہیں گی جیسے کتے بھونکتے ہیں۔ [5]

---

[1]... الجوہرۃ النیرۃ، کتاب الصلاۃ، باب الجنائز، 1/269، دار الکتب العلمیہ بیروت۔
بہار شریعت، 1/854، حصہ:4 بتغیر قلیل۔

[2]... بہارِ شریعت، 1/854، حصہ:4 ملتقطا۔

[3]... بہار شریعت، 1/854، حصہ:4 بتغیر قلیل۔

[4]... الجوہرۃ النیرۃ، کتاب الصلاۃ، باب الجنائز، 1/269۔

[5]... معجم اوسط، 4/66، حدیث:5229۔

”نوحہ“ کے گُناہ میں مبتلا ہونے کے بعض اسباب

★ جہالت ★ بے صبری ★ بری صحبت ★ فضول بک بک کرتے رہنا ★ دنیا کی محبت کا غلبہ۔

”نوحہ“ کے گُناہ سے بچے رہنے کے لئے

★ خوشی اور غمی کے تمام مواقع عین شریعت کے مطابق گزارنے کا ذِہن بنایئے اور اس بارے میں عِلمِ دین بھی حاصِل کیجئے۔ ★ مُصیبت کے وَقت صَبر کرنے کی عادت ڈالئے۔ ایسے موقع پر صَبر کرنے اور زبان پر قابو رکھنے کی زِیادہ ضرورت ہوتی ہے کہ کہیں کوئی ایسی شکایات یا خرافات منہ سے نہ نکل جائیں جس سے ایمان کے لالے پڑ جائیں۔ ★ جہنم کے خوفناک عذابات کا مُطالَعہ کیجئے اور اپنے نازک بدن پر غور کیجئے کہ نوحہ کرنے کے سبب ان میں سے کوئی عذاب ہم پر مُسَلَّط کر دیا گیا تو ہمارا کیا بنے گا۔ ★ پابندِ سُنَّت عاشِقانِ رسول کی صحبت اِختِیار کیجئے اور بری صحبت سے ہمیشہ دُور رہئے۔ ★ زبان کی حفاظت کیجئے یعنی گُناہوں بھری باتیں کرنے اور فضول بولتے رہنے سے بچئے، صِرف اور صِرف ضرورت کی بات وہ بھی کم سے کم الفاظ میں کرنے کی عادت ڈالئے۔

نوٹ: فوتگی میں بکے جانے والے کفریہ کلمات اور نوحہ کے متعلق مفید معلومات کے لئے امیرِ اہلسنت علامہ محمد الیاس عطّار قادِری دامت بَرَکاتُہمُ العالیہ کی تصنیف کفریہ کلمات کے بارے میں سوال جواب، صفحہ 489 تا 496 کا مُطالَعہ کیجئے۔

(21): جادو

جادو کی تعریف

تفسیر صِراط الجنان میں ہے: عُلَمائے کِرام نے جادو کی کئی تعریفیں بیان کی ہیں، ان

میں سے ایک یہ ہے کہ کسی شریر اور بدکار شخص کا مخصوص عمل کے ذریعے عام عادت کے خلاف کوئی کام کرنا جادو کہلاتا ہے۔[1]

”جادو“ کے متعلق مختلف احکام

(1): جادو اور اس کی تاثیر (یعنی اس کا اثر کرنا) حق ہے۔[2] حکیم الامت مفتی احمد یار خان نعیمی رحمۃُ اللہِ علیہ فرماتے ہیں: جادو میں ربّ تعالٰی نے تاثیر (یعنی اثر کرنے کی قوت) رکھی ہے جس کا ثبوت قرآنِ مجید سے ہے۔[3] (2): ”جادو“ سیکھنا، سکھانا اور کرنا گناہِ کبیرہ ہے۔[4] (3): ایسا جادو جس میں اِیمان کے خِلاف کلمات اور اَفعال ہوں اس کو سیکھ کر اس پر عمل کرنے والا کافِر ہو جائے گا۔[5] (4): جادوگر (توبہ کرے تو اس) کی توبہ قبول ہے۔[6]

آیتِ مبارکہ

قَالَ مُوْسٰى مَا جِئْتُمْ بِهِ ۙ السِّحْرُ ؕ اِنَّ اللّٰهَ سَيُبْطِلُهٗ ؕ اِنَّ اللّٰهَ لَا يُصْلِحُ عَمَلَ الْمُفْسِدِيْنَ ۞ (پ11، یونس:81)

ترجمۂ کنزالایمان: موسیٰ نے کہا یہ جو تم لائے یہ جادو ہے اب اللہ اسے باطِل کر دے گا اللہ مُفسِدوں کا کام نہیں بناتا۔

فرمانِ مصطفٰے صلی اللہ علیہ واٰلہٖ وسلم

سات تباہ کُن گُناہوں سے بچتے رہو، وہ (1): اللہ پاک کے ساتھ شِرک کرنا (2): جادو

---

[1]... صراط الجنان، 1/ 178، شرح المقاصد، المقصد السادس، الفصل الاول فی النبوۃ، 3/ 332، النوریہ الرضویہ۔

[2]... تبیین المحارم، الباب السادس فی السحر، ص 71۔

[3]... مراٰۃ المناجیح، 5/ 337۔

[4]... تبیین المحارم، الباب السادس فی السحر، ص 71۔

[5]... تفسیر خزائن العرفان، پ1، البقرۃ، تحت الآیۃ: 102 ملخصاً۔

[6]... تفسیر خزائن العرفان، پ1، البقرۃ، تحت الآیۃ: 102۔

کرنا(3): اُس جان کو قتل کرنا جس کا قتل اللہ پاک نے حرام قرار دیا ہے سِوائے حق کے (4): سُود خوری (5): یتیم کا مال کھانا (6): کافِروں سے مُقابَلے کے دن بھاگ جانا (7): پاک دامن اور بھولی بھالی مسلمان عورت پر بدکاری کی تہمت لگانا ہے۔[1]

جادو کے بعض اسباب

★ بُغض و کینہ یعنی دل میں کسی کے خِلاف بغیر کسی شرعی وجہ کے نفرت اور دشمنی رکھنا، بعض لوگ مَحض اس سبب سے مُخالِف کو نقصان پہنچانے کے لئے جادو کا سہارا لینے لگ جاتے ہیں۔ ★ گھریلو ناچاقیاں: اس میں بھی ایک فریق دوسرے کو زیر کرنے کے لئے بعض اوقات جادو کا سہارا لے لیتا ہے۔ ★ شہوت پرستی ★ لالچ۔

جادُو کرنے / کرانے کے عمل سے بچنے کے لئے

★ جادو کے وبال اور جادو کرنے یا کروانے والے کے انجام کے بارے میں پڑھئے / سنئے اور غور کیجئے، اِن شاءَ اللہ! اس سے بچنے کا ذِہن بنے گا۔ ★ اللہ پاک کی رِضا کے لئے معاف کرنے کی عادت اپنائیے۔ ★ گھر میں مدنی ماحول بنائیے اور شریعت وسُنّت کے مطابق زندگی بسر کیجئے، اِن شاءَ اللہ! گھریلو ناچاقیوں کا خاتمہ ہوگا اور گھر اَمن کا گہوارہ بنے گا۔

نوٹ: جادو کے بارے میں تفصیلی معلومات کے لئے جہنم میں لے جانے والے اعمال، جلد دُوم، صفحہ 364 تا 397 کا مُطالَعہ کیجئے۔

(22): غیبت

غیبت کی تعریف

کسی کے بارے میں اس کی غیر موجودگی میں ایسی بات کہنا کہ اگر وہ سن لے یا اُس کو

[1]... بخاری، کتاب الوصایا، باب قول اللہ تعالیٰ: ان الذین یأکلون... الخ، ص 719، حدیث: 2766 ملتقطاً۔

پہنچ جائے تو اسے ناگوار معلوم ہو۔[1]

غیبت کی چند مثالیں

کسی کے مجلس سے اُٹھ کر جانے کے بعد اس طرح کہنا: ★ یار! وہ گیا، جان چھوٹی ★ ڈیڑھ ہشیار ہے ★ بات بات پر ہاہا کر کے ہنستا تھا وغیرہ۔ اسی طرح مستحبات و نوافل میں سُستی کرنے والے کے بارے میں اس طرح کہنا: ★ اُس نے زندگی میں کبھی عاشورا کا روزہ نہیں رکھا ★ وہ اَوّابین کیا پڑھے گا! اُس کو یہ تو پوچھو کہ یہ نوافل کس وَقت پڑھے جاتے ہیں ★ وہ تبرک کہہ کر نیاز تو کھالیتا ہے مگر اس کے لئے چندہ کبھی نہیں دیتا۔

”غیبت“ کے متعلق مختلف احکام

(1): غیبت گُناہِ کبیرہ، قطعی حرام اور جہنّم میں لے جانے والا کام ہے۔[2] (2): غیبت کو حلال جاننے والا کافِر ہے۔[3] (3): غیبت کرنے والا فاسق و گنہگار اور عذابِ نار کا حق دار ہوتا ہے۔[4] (4): بغیر شرعی مجبوری کے غیبت سننے والا بھی غیبت کرنے والے ہی کی طرح گنہگار ہوتا ہے۔[5] (5): (بدمذہب کی غیبت شرعی طور پر غیبت نہیں بلکہ) بدمذہب کی برائیاں بیان کرنے کا خود شرعاً حکم ہے۔[6]

---

[1]... غیبت کی تباہ کاریاں، ص438۔

[2]... غیبت کی تباہ کاریاں، ص26۔
رسائل ابن نجیم، الرسالۃ الثالثۃ والثلاثون، ص354۔

[3]... حدیقہ ندیہ، القسم الثانی فی آفات اللسان، المبحث الاول، النوع السادس... الخ، 4/45۔

[4]... غیبت کی تباہ کاریاں، ص26 ملتقطاً۔

[5]... غیبت کی تباہ کاریاں، ص259۔

[6]... فتاوی رضویہ، 6/602۔

آیتِ مبارکہ

وَ لَا یَغْتَبْ بَّعْضُكُمْ بَعْضًاؕ اَیُحِبُّ اَحَدُكُمْ اَنْ یَّاْكُلَ لَحْمَ اَخِیْهِ مَیْتًا (پ26، الحجرات:12)

ترجمۂ کنزالایمان: اور ایک دوسرے کی غیبت نہ کرو کیا تم میں کوئی پسند رکھے گا کہ اپنے مرے بھائی کا گوشت کھائے۔

فرمانِ مصطفےٰ صلی اللہ علیہ واٰلہٖ وسلم

میں شبِ معراج ایسی قوم کے پاس سے گزرا جو اپنے چہروں اور سینوں کو تانبے کے ناخنوں سے نوچ رہے تھے، میں نے پوچھا: اے جبرئیل! یہ کون لوگ ہیں؟ کہا: یہ لوگوں کا گوشت کھاتے (یعنی غیبت کرتے) تھے اور ان کی عزت خراب کرتے تھے۔[1]

غیبت کے گُناہ میں مبتلا ہونے کے بعض اسباب

★ غصّہ ★ بغض و کینہ ★ حسد ★ زیادہ بولنے کی عادت ★ ہنسی مذاق کی لت (ایسا شخص دوسروں کو ہنسانے کے لئے لوگوں کی نقلیں اُتار کر بھی بسا اوقات غیبت میں مبتلا ہو جاتا ہے) ★ گھریلو ناچاقیاں (ان حالات میں غیبت سے بچنا قریب بہ ناممکن ہے) ★ گلہ شکوہ کرنے کی عادت (جہاں کسی کے بارے میں دوسرے سے شکوہ شروع کیا کہ شیطان نے بدگمانیوں، عیب دَریوں، غیبتوں، تہمتوں اور چغلیوں کا ڈھیر لگوا دیا!) ★ بے جا تنقیدی ذِہن (تنقیدِ بے جا کا مریض کسی کی براہِ راست اصلاح کرنے کے بجائے عموماً دوسروں کے آگے غیبتیں کرتا پھرتا ہے کہ وہ یوں کر رہا ہے وغیرہ)۔[2]

غیبت سے بچنے کے لئے

★ دینی مشغلوں اور دنیا کے ضروری کاموں سے فراغت کے بعد خلوت یعنی تنہائی

---

[1]... ابو داود، کتاب الادب، باب فی الغیبۃ، ص765، حدیث:4878۔

[2]... غیبت کی تباہ کاریاں، ص248 ملتقطاً۔

اِختیار کیجئے یا صِرف ایسے سنجیدہ اور سُنَّتوں کے پابند لوگوں کی صحبت اِختیار کیجئے جن کی باتیں خوفِ خدا و عشقِ مصطفےٰ میں اِضافے کا باعث بنیں۔ ★ ذاتی دوستیوں سے قطعاً اِجتناب (یعنی پرہیز) کیجئے۔ ★ سب سے زیادہ غیبت زبان سے کی جاتی ہے لہٰذا اس کو قابو میں رکھنا بہت ضروری ہے۔ ★ غیبت کے ہولناک عذابات کا مُطالَعہ کیجئے کہ کسی بھی مرض سے بچنے اور اس کا عِلاج کرنے کے لئے اس کے مہلکات یعنی تباہ کاریاں جاننا مفید ہوتا ہے۔ ★ اپنے عیبوں کی طرف تَوَجُّہ کیجئے اور انہیں دُور کرنے میں لگ جایئے۔

★ وظیفہ: کسی مجلس میں بیٹھتے اور اُٹھتے وَقْت یہ پڑھئے: "بِسْمِ اللّٰهِ الرَّحْمٰنِ الرَّحِیْمِ وَ صَلَّی اللّٰهُ عَلٰی مُحَمَّد" اس کی بَرَکت سے اللہ پاک ایک فرشتہ مقرر فرما دے گا جو آپ کو دوسروں کی اورآپ کے اُٹھنے کے بعد لوگوں کو آپ کی غیبت سے بازرکھے گا۔[1]

نوٹ: غیبت کے عذابات اور اس کے متعلق تفصیلی احکام جاننے کے لئے امیرِ اہلسنت علامہ محمد اِلیاس عطّار قادِری دامت بَرَکاتُہمُ العالیہ کی مایہ ناز کِتاب غیبت کی تباہ کاریاں کا مُطالَعہ کیجئے۔

23: چغلی

چغلی کی تعریف

لوگوں میں فساد کروانے کے لئے اُن کی باتیں ایک دوسرے تک پہنچانا چغلی ہے۔[2]

چغلی کی چند مثالیں

کسی سے جا کر اِس طرح کہنا: ★ فلاں آدمی نے تمہارے بارے میں ایسے ایسے کہا

[1]... القول البدیع، الباب الثانی فی ثواب الصلاۃ علی رسول اللہ، ص 138، دار الکتاب العربی بیروت۔
[2]... شرح مسلم للنووی، کتاب الایمان، 1/128، الجزء الثانی، تحت الحدیث: 91، دار الفیحاء دمشق۔

ہے ★ اُس نے کہا کہ تم بڑے دھوکے باز ہو ★ لوگوں سے قرض لے کر واپس نہیں کرتے ہو ★ جب تم اس کے پاس سے اُٹھ کر آئے تو اس نے تمہارے بارے میں کہا: یار! وہ گیا، جان چھوٹی ★ بڑا ہشیار بن رہا تھا وغیرہ۔

"چغلی" کے متعلق مختلف احکام

(1): چغلی سخت حرام اور گُناہِ کبیرہ ہے۔[1] (2): جس کے پاس کسی کی چغلی کی گئی اس پر لازِم ہے کہ چغل خور کی تصدیق نہ کرے اور (اگر قدرت رکھتا ہے تو) اسے چغلی کرنے سے روک دے اور جس کی چغلی کی گئی اُس کے بارے میں بدگمانی میں نہ پڑے۔[2]

آیتِ مُبارَکہ

وَ لَا تُطِعْ كُلَّ حَلَّافٍ مَّهِیْنٍ ﴿۱۰﴾ هَمَّازٍ مَّشَّآءٍۭ بِنَمِیْمٍ ﴿۱۱﴾ (پ29، القلم: 10، 11)

ترجمۂ کنزالایمان: اور ہر ایسے کی بات نہ سننا جو بڑا قسمیں کھانے والا ذلیل بہت طعنے دینے والا بہت اِدھر کی اُدھر لگاتا پھرنے والا۔

فرمانِ مصطفےٰ صلی اللہ علیہ واٰلہٖ وسلم

طعنہ زنی، غیبت، چغل خوری اور بے گُناہ لوگوں کے عیب تلاش کرنے والوں کو اللہ پاک (قیامت کے دِن) کتوں کی شکل میں اُٹھائے گا۔[3]

---

[1]... حدیقہ ندیہ، القسم الثانی فی آفات اللسان، المبحث الاول، النوع السابع فی النمیمۃ، 4/64۔
تبیین المحارم، الباب الخامس والستون فی النمیمۃ، ص697۔

[2]... احیاء العلوم، کتاب آفات اللسان، الآفۃ السادس عشرۃ: النمیمۃ، 3/192، 193 ملتقطاً۔

[3]... الجامع فی الحدیث، باب العزلۃ، 1/534، حدیث: 428، دار ابن جوزی۔

چغلی کے گُناہ میں مبتلا ہونے کے بعض اسباب

★ غصہ ★ بغض و کینہ ★ حسد ★ لگائی بجھائی (یعنی اِدھر کی بات اُدھر اور اُدھر کی اِدھر کہتے پھرنے) کی لَت (ایسا شخص کبھی دو فریقوں میں لڑائی جھگڑا کروا کر اپنے طور پر تفریح کر رہا ہوتا ہے) ★ زیادہ بولنے کی عادت (ایسے شخص کا غیبت و چغلی اور دوسرے کئی طرح کے گُناہوں سے بچنا بہت دشوار ہوتا ہے)۔

چغلی سے بچنے کے لئے

★ چغلی اور اس کے عِلاوہ بہت سارے گُناہ زیادہ تر زبان سے ہی ہوتے ہیں لہٰذا اسے قابو میں رکھنا بہت ضروری ہے۔ ★ قرآن و حدیث میں ذِکر کئے گئے چغلی کے ہولناک عذابات کا مُطَالَعَہ کیجئے اور اپنے نازک بدن پر غور کیجئے کہ چغلی کے سبب اگر ان میں کوئی عذاب ہم پر مُسَلَّط کر دیا گیا تو ہمارا کیا بنے گا۔ ★ سلام اور مُصَافَحَہ کرنے کی عادت اپنائیے، اِن شاءَ اللہ! اس کی بَرَکت سے دل سے بغض و کینہ دور ہو گا اور محبت بڑھے گی۔ ★ کسی کے خِلاف دل میں غصّہ ہو اور اُس کی چغلی کو دل چاہے تو فوراً اپنے آپ کو یوں ڈرائیے کہ اگر میں غصّے میں آ کر چغلی کروں گا تو گنہگار اور جہنّم کا حق دار قرار پاؤں گا کہ یہ گُناہ کے ذریعے غصّہ ٹھنڈا کرنا ہوا اور فرمانِ مصطفےٰ صلی اللہ علیہ واٰلہٖ وسلم ہے: جہنّم میں ایک دروازہ ہے اس سے وہی داخل ہوں گے جن کا غصّہ کسی گُناہ کے بعد ہی ٹھنڈا ہوتا ہے۔[1]

نوٹ: چغلی کے متعلق مزید معلومات اور اس کے دینی اور دُنیوی نقصانات جاننے کے لئے احیاء العلوم، جلد سِوُم، صفحہ 468 تا 480 کا مُطَالَعَہ کیجئے۔

---

[1]... مسند الفردوس، 1/205، حدیث: 784۔

(24): بہتان

"بہتان" کی تعریف

کسی شخص کی موجودگی یا غیر موجودگی میں اس پر جھوٹ باندھنا بہتان کہلاتا ہے۔[1]

مثال اور وضاحت

اس کو آسان لفظوں میں یوں سمجھئے کہ بُرائی نہ ہونے کے باوجود اگر پیٹھ پیچھے (غیر موجودگی) یا رُوبَرو (سامنے) وہ بُرائی اُس کی طرف منسوب کر دی تو یہ بہتان ہوا مثلاً پیٹھ پیچھے یا منہ پر کسی کو چور کہہ دیا حالانکہ اُس نے کوئی چوری نہیں کی تو اُس کو چور کہنا بہتان ہوا۔

بہتان تراشی کا حکم

بہتان تراشی حرام، گُناہِ کبیرہ[2] اور جہنّم میں لے جانے والا کام ہے۔

آیتِ مُبارَکہ

اِنَّمَا یَفْتَرِی الْكَذِبَ الَّذِیْنَ لَا یُؤْمِنُوْنَ بِاٰیٰتِ اللّٰهِ ۚ وَ اُولٰٓىٕكَ هُمُ الْكٰذِبُوْنَ ﴿۱۰۵﴾

ترجمۂ کنز الایمان: جھوٹ بہتان وہی باندھتے ہیں جو اللہ کی آیتوں پر ایمان نہیں رکھتے اور وہی جھوٹے ہیں۔ (پ14، النحل:105)

فرمانِ مصطفےٰ صلی اللہ علیہ والہٖ وسلم

جو کسی مسلمان کی بُرائی بیان کرے جو اس میں نہیں پائی جاتی تو اس کو اللہ پاک اس

---

[1]... غیبت کی تباہ کاریاں، ص294۔

[2]... منحۃ السلوک، کتاب الکسب والادب، فصل فی بیان انواع الکلام، ص483، دار النوادر قطر۔
تفسیر صراط الجنان، پ18، النور، تحت الآیۃ:18، 6/599۔

وَقْت تک رَدغَۃُ الخَبال میں رکھے گا جب تک کہ وہ اپنی کہی ہوئی بات سے نہ نکل آئے۔[1]

رَدغَۃُ الخَبال جہنّم میں ایک جگہ ہے جہاں جہنمیوں کا خون اور پیپ جمع ہو گا۔[2]

بہتان تراشی کے گُناہ میں مبتلا ہونے کے بعض اسباب

☆ لڑائی جھگڑا ☆ غصّہ ☆ بغض و کینہ ☆ حسد ☆ زیادہ بولنے کی عادت ☆ بدگمانی۔

بہتان تراشی سے بچنے کے لئے

☆ بہتان اور اس کے عِلاوہ بہت سارے گُناہ زیادہ تر زبان سے ہی ہوتے ہیں لہٰذا اسے قابو میں رکھنا بہت ضروری ہے۔ ☆ قرآن وحدیث میں ذکر کئے گئے بہتان کے ہولناک عذابات کا مُطَالَعَہ کیجئے اور اپنے نازک بدن پر غور کیجئے کہ بہتان کے سبب اگر ان میں سے کوئی عذاب ہم پر مُسَلَّط کر دیا گیا تو ہمارا کیا بنے گا۔ ☆ سلام اور مُصَافَحَہ کرنے کی عادت اپنایئے، اِن شاءَ اللہ! اس کی برکت سے دل سے بغض و کینہ دُور ہو گا اور محبت بڑھے گی اور ایک دوسرے پر اِلزام تراشی کا مرض بھی ختم ہو گا۔ ☆ کسی کے خِلاف دل میں غصّہ ہو اور اُس پر بہتان باندھنے کو دل چاہے تو فوراً اپنے آپ کو یوں ڈرایئے کہ اگر میں غصّے میں آکر بہتان باندھوں گا تو گنہگار اور جہنّم کا حق دار قرار پاؤں گا کہ یہ گُناہ کے ذریعے غصّہ ٹھنڈا کرنا ہوا اور فرمانِ مصطفٰے صلی اللہ علیہ واٰلہٖ وسلم ہے: جہنّم میں ایک دروازہ ہے اس سے وہی داخِل ہوں گے جن کا غصّہ کسی گُناہ کے بعد ہی ٹھنڈا ہوتا ہے۔[3] ☆ مسلمانوں کے بارے میں حسنِ ظن رکھئے، بدگمانی اور شک کرنے سے پرہیز کیجئے۔

---

[1]... ابوداود، کتاب الاقضیۃ، باب فیمن یعین علی... الخ، ص 571، حدیث: 3597۔

[2]... بہار شریعت، 2/364، حصہ: 9۔

[3]... مسند الفردوس، 1/205، حدیث: 784۔

(25): تَمَسْخُر (مذاق اُڑانا)

"تَمَسْخُر" کی تعریف

کسی کی اِس طرح توہین وتذلیل کرنا یا اس کے عُیُوب ونقائص کو اِس طرح ظاہر کرنا کہ اُس کا مذاق بنے، تَمَسْخُر کہلاتا ہے۔[1] اِس کو اِسْتِہزا بھی کہتے ہیں۔

"تَمَسْخُر" کی چند مثالیں

☆ کسی شخص کے بیٹھنے، اُٹھنے، چلنے یا گفتگو کرنے کے انداز کی نقل اُتاری جائے مثلاً زید لنگڑا کر چلتا ہے بَکر بھی اس کی طرح لنگڑاتے ہوئے چل کر اس کا مذاق بنائے تو وہ زید کے ساتھ تَمَسْخُر کرنے والا ہوگا۔ ☆ کسی کی شکل وصورت وغیرہ جسمانی ساخت کو مَضحکہ خیز (یعنی ہنسی لانے والے) انداز سے بیان کیا جائے مثلاً ایک شخص بہت موٹا ہے بَکر نے اس کو آتے دیکھ کر کہا: دیکھو! ہاتھی کا چھوٹا بھائی آرہا ہے، یہ بھی تَمَسْخُر ہے۔

"تَمَسْخُر" کے متعلق مختلف احکام

(1): (کسی مسلمان کے ساتھ) تَمَسْخُر کرنا (یعنی اُس کا مذاق اُڑانا) حرام ہے کیونکہ اِس سے (اُس کی) دل آزاری ہوتی ہے۔[2] (2): دِین کی کسی چیز کا مذاق اُڑانا کُفْر ہے۔[3] (3): مزاح یعنی ایسی بات جس میں کسی کی دل آزاری نہ ہو بلکہ اپنا اور سننے والے کا دِل خوش ہوجائے یہ اچھی چیز ہے جبکہ کبھی کبھی ہو (اور اس میں جھوٹ بھی نہ ہو)۔ کبھی کبھی خوش طبعی کرنا حُضُورِ

---

[1]... احیاء العلوم، کتاب آفات اللسان، الآفۃ الحادیۃ عشر السخریۃ والاستھزاء، 3/162۔

[2]... عین العلم مع شرحہ، الباب التاسع فی الصمت و آفات اللسان، کراھیۃ الاستھزاء... الخ، 1/467، مکتبۃ الثقافۃ الدینیہ، قاہرہ۔

[3]... تفسیر صراط الجنان، پ6، المائدہ، تحت الآیۃ: 58، 2/457۔

اقدس صلی اللہ علیہ واٰلہٖ وسلم سے ثابت ہے۔[1]

آیتِ مبارکہ

یٰۤاَیُّهَا الَّذِیْنَ اٰمَنُوْا لَا یَسْخَرْ قَوْمٌ مِّنْ قَوْمٍ عَسٰۤى اَنْ یَّكُوْنُوْا خَیْرًا مِّنْهُمْ وَ لَا نِسَآءٌ مِّنْ نِّسَآءٍ عَسٰۤى اَنْ یَّكُنَّ خَیْرًا مِّنْهُنَّۚ (پ26، الحجرات:11)

ترجمۂ کنز الایمان: اے ایمان والو نہ مرد مَردوں سے ہنسیں عجب نہیں کہ وہ ان ہنسنے والوں سے بہتر ہوں اور نہ عورتیں عورتوں سے دُور نہیں کہ وہ اِن ہنسنے والیوں سے بہتر ہوں۔

فرمانِ مصطفےٰ صلی اللہ علیہ واٰلہٖ وسلم

قیامت کے دن لوگوں کا مذاق اُڑانے والے کے سامنے جنت کا ایک دروازہ کھولا جائے گا اور کہا جائے گا کہ آؤ! آؤ...!! وہ بہت بے چینی اور غم میں ڈوبا ہوا اس دروازے کے سامنے آئے گا مگر جیسے ہی دروازے کے پاس پہنچے گا تو دروازہ بند کر دیا جائے گا، پھر ایک دوسرا جنت کا دروازہ کھلے گا اور اس کو پکارا جائے گا: آؤ! یہاں آؤ...!! یہ بے چینی اور رنج و غم میں ڈوبا ہوا اس دروازے کے پاس جائے گا تو وہ دروازہ بند ہو جائے گا، اسی طرح اس کے ساتھ مُعَامَلہ ہوتا رہے گا یہاں تک کہ دروازہ کھلے گا اور پکار پڑے گی تو وہ نا امیدی کی وجہ سے نہیں جائے گا۔[2]

تَمَسْخُر (مذاق اُڑانے) کے گُناہ میں مبتلا ہونے کے بعض اسباب

★ نفرت وعداوت ★ تکبُّر ★ خود پسندی ★ مذاق مسخری کی عادت ★ فضول گوئی ★ بری صحبت۔

---

[1]... مراٰۃ المناجیح، 6/ 493 ماخوذا۔

[2]... موسوعۃ ابن ابی الدنیا، الصمت و آداب اللسان، 7/ 183، حدیث: 287۔

تَمَسْخُر (مذاق اُڑانے) سے بچنے کے لئے

★ تَمَسْخُر اور اس کے عِلاوہ بہت سارے گُناہ زیادہ تر زبان سے ہی ہوتے ہیں لہٰذا اسے قابو میں رکھنا بہت ضروری ہے۔ ★ تَمَسْخُر کے دُنیَوی اور اُخْرَوی نقصانات اور اس کی تباہ کاریوں کے بارے میں غور کیجئے کہ کسی بھی مرض سے بچنے اور اس کا عِلاج کرنے کے لئے اس کے نقصانات اور تباہ کاریوں کا جاننا مُفِید ہوتا ہے۔ ★ دل میں اِحترامِ مسلم کا جذبہ پیدا کیجئے اور مسلمان کی دل آزاری سے ہمیشہ بچتے رہیئے۔ اس کے لئے امیرِ اہلسنت علامہ محمد الیاس عطّار قادِری دامت بَرَکاتُہمُ العالیہ کے رِسالے احترامِ مسلم کا مُطالَعہ مُفِید ہے۔ ★ سلام اور مُصَافحہ کرنے کی عادت اپنایئے، اِن شاءَ اللہ! دل سے نفرت وعداوت نکلے گی اور محبت بڑھے گی۔

(26): بُرے ناموں سے پکارنا

"بُرے ناموں سے پکارنے" کی چند صورتیں

★ کسی کو لنگڑا یا اپاہج یا بے وقوف یا موٹا کہہ کر پکارنا وغیرہ۔ ★ کسی کا نام نعمان ہے اس کو نومی کہنا یا عرفان ہے تو فانی کہنا وغیرہ۔

"بُرے ناموں سے پکارنے" کے متعلق مختلف احکام

(1): کسی مسلمان کو بلا حاجتِ شرعیہ ایسے الفاظ سے پکارنا یا تعبیر کرنا جس سے اس کی دل شکنی ہو، اسے ایذاء پہنچے، شرعًا ناجائز و حرام ہے۔[1] (2): جو لقب نام کی طرح بن گئے ہوں کہ اب اس سے اسے تکلیف نہ ہوتی ہو ان القاب سے پکارنا منع نہیں۔[2] (3):

[1]... فتاویٰ رضویہ، 23/204 ملتقطا۔
[2]... تفسیر نور العرفان، پ26، الحجرات، تحت الآیۃ: 11، نعیمی کتب خانہ گجرات۔

تعریف کے القاب جو سچے ہوں وہ (یعنی ان القاب سے پکارنا) ممنوع نہیں جیسا کہ حضرت ابو بکر رضی اللہ عنہ کا لقب عتیق۔[1]

آیتِ مُبارَکہ

وَلَا تَنَابَزُوْا بِالْاَلْقَابِ ؕ بِئْسَ الِاسْمُ الْفُسُوْقُ بَعْدَ الْاِیْمَانِ ۚ

ترجمۂ کنز الایمان: اور ایک دوسرے کے برے نام نہ رکھو، کیا ہی برا نام ہے مسلمان ہو کر فاسق کہلانا۔ (پ26، الحجرات: 11)

نور العرفان میں اس آیت کی تفسیر میں ہے: مسلمان کو ایسے لقب سے نہ پکارو جو اسے ناگوار ہو اگرچہ وہ عیب اس میں موجود ہو، ایسی حرکتیں فِسق ہیں، تم مسلمان ہو کر فاسق کیوں بنتے ہو، ان سب حرکتوں سے علیحدہ رہو۔[2]

فرمانِ مصطفےٰ صلی اللہ علیہ والہٖ وسلم

جس نے کسی شخص کو اس کے نام کے علاوہ کسی نام سے بلایا (یعنی کسی برے لقب سے بلایا جو اسے برا لگے تو[3]) اس پر فرشتے لعنت کرتے ہیں۔[4]

"برے ناموں سے پکارنے" کے گناہوں میں مبتلا ہونے کے بعض اسباب

★ مذاق مسخری کی عادت ★ برے لوگوں کی صحبت ★ بغض و کینہ۔

"برے ناموں سے پکارنے" کے گناہ سے بچنے کے لئے

★ فضول گوئی سے بچئے اور سنتوں کے پابند ایسے سنجیدہ شخص کی صحبت اختیار کیجئے

---

[1]... خزائن العرفان، پ26، الحجرات، تحت الآیۃ: 11۔
[2]... تفسیر نور العرفان، پ26، الحجرات، تحت الآیۃ: 11۔
[3]... التیسیر بشرح الجامع الصغیر، حرف المیم، 1/416، مکتبۃ الامام الشافعی ریاض۔
[4]... جمع الجوامع، 7/23، حدیث: 20612، دار الکتب العلمیہ بیروت۔

جن کے پاس بیٹھنے سے گناہوں سے بچنے کا ذہن بنے اور فکرِ آخرت پیدا ہو ★ معاف کرنے کی عادت اپنایئے تاکہ دل میں کسی کے خلاف بغض و کینہ جگہ نہ بنا پائے۔

(27): بھیک مانگنا

"بھیک مانگنے" کے متعلق مختلف احکام

(1): جس کے پاس ایک دن کے کھانے کے لئے موجود ہے یا وہ اتنا کھانا کمانے کی طاقت رکھتا ہے اس کو کسی سے کھانے کا سوال کرنا حرام ہے اور اس کو دینے والا اگر اس کے حال کو جانتا ہے تو وہ بھی گنہگار ہو گا۔[1] (2): فتاویٰ رضویہ میں ہے: قوی تندرست قابلِ کسب جو بھیک مانگتے پھرتے ہیں ان کو دینا گناہ ہے کہ ان کا بھیک مانگنا حرام ہے اور ان کو دینے میں اس حرام پر مدد۔ اگر لوگ نہ دیں تو جھک ماریں اور کوئی پیشہ حلال اختیار کریں۔[2] (3): مسجد میں اپنی ذات کے لئے سوال کرنا منع ہے اور ایسے سائل کو دینا بھی جائز نہیں۔[3] بہار شریعت میں ہے: مسجد میں سوال کرنا حرام ہے اور اس سائل کو دینا بھی منع ہے۔[4] (4): اگر کوئی واقعی حاجت مند ہو تو خود مسجد میں سوال کرنے کے بجائے امام صاحب سے رابطہ کر کے اپنی حاجت بیان کرے، اب امام صاحب ان کی مدد کے لئے نمازیوں سے درخواست کریں تو اس میں کوئی حرج نہیں۔[5]

[1]... در مختار، کتاب الزکاۃ، باب المصرف، ص139۔

[2]... فتاویٰ رضویہ، 23/463۔

[3]... مساجد کے آداب (مدنی مذاکرہ، قسط:12)، ص5، مکتبۃ المدینہ کراچی۔

[4]... بہار شریعت، 1/647، حصہ:3۔

[5]... مساجد کے آداب (مدنی مذاکرہ، قسط:12)، ص5۔

فرمانِ مصطفٰے صلی اللہ علیہ والہ وسلم

جو شخص لوگوں سے سوال کرے حالانکہ اس کو نہ فاقہ ہوا ہے نہ اس کے اتنے بال بچے ہیں جن کی طاقت نہیں رکھتا تو قیامت کے دن وہ اس طرح آئے گا کہ اس کے منہ پر گوشت نہ ہوگا۔[1]

"بھیک مانگنے" کے گناہ میں مبتلا ہونے کے بعض اسباب

✯ مال و دولت کی حِرص ✯ کام کاج سے جی چرانا ✯ جہالت (کہ بہت سارے لوگوں کو اس کے گناہ ہونے کا علم ہی نہیں ہے) ✯ بلاضرورت دوسرے سے چیزیں مانگتے رہنے کی عادت۔

"بھیک مانگنے" کے گناہ سے بچنے کے لئے

✯ آخرت کو کثرت سے یاد کیجئے تاکہ دل سے دنیا اور اس کے ساز و سامان کی محبت نکلے، نیکیاں کرنے اور گناہوں سے بچنے کا ذِہن بنے۔ ✯ بھیک مانگنے کے عذابات اور دنیوی ذلت و رسوائی کے بارے میں غور کیجئے۔ ✯ عِلمِ دین حاصل کیجئے۔ ✯ بلاضرورت کسی سے کوئی چیز طلب مت کیجئے، اپنا کام خود اپنے ہاتھ سے کرنے کی عادت بنائیے۔

نوٹ: بھیک مانگنے کے عذابات اور اس کے متعلق مزید معلومات کے لئے امیرِ اہلسنت علامہ محمد الیاس عطار قادری دامت بَرَکاتُہمُ العالیہ کے رسالے پراسرار بھکاری کا مُطالَعہ کیجئے۔

(28): نسب بدلنا

"نسب بدلنے" کا معنی

یعنی اپنے حقیقی باپ کو چھوڑ کر کسی دوسرے کو اپنا باپ بتانا یا اپنے خاندان کو چھوڑ کر

[1]... کنز العمال، کتاب الزکاۃ، الباب الثالث فی فضل الفقراء۔۔۔ الخ، جزء6، 3/215، حدیث: 16739۔

کسی دوسرے خاندان کے ساتھ اپنا نسب جوڑنا۔

”نسب بدلنے“ کی چند مثالیں

★ غیر باپ کو اپنا باپ بتائے یعنی یہ کہے کہ میں فلاں کا بیٹا ہوں حالانکہ یہ اس کا بیٹا نہیں۔ ★ سیّد نہ ہو مگر کہے کہ میں سیِّد ہوں۔ ★ بعض لوگ گود لئے ہوئے بچے کو اس کے باپ کے بجائے اپنی طرف منسوب کرتے ہیں اور شناختی کارڈ وغیرہ دستاویزات میں بھی باپ کی جگہ اپنا نام لکھوا دیتے ہیں وغیرہ۔

”نسب بدلنے“ کے متعلق مختلف احکام

(1): اپنے حقیقی باپ کو چھوڑ کر کسی دوسرے کو اپنا باپ بتانا یا اپنے خاندان ونسب کو چھوڑ کر کسی دوسرے خاندان سے اپنا نسب جوڑنا حرام اور جنت سے محروم کر کے دوزخ میں لے جانے والا کام ہے۔ [1] (2): ضروری دستاویزات، شناختی کارڈ، پاسپورٹ اور شادی کارڈ وغیرہ میں بھی حقیقی باپ کی جگہ منہ بولے باپ کا نام لکھوانا حرام اور جہنم میں لے جانے والا کام ہے۔ [2] (3): عام بول چال میں کسی کو ”ابّا جان“ کہہ دینے میں حرج نہیں جبکہ سب کو معلوم ہو کہ یہاں جسمانی رشتہ مراد نہیں، ہاں! اگر ایسے ”ابّا جان“ کو بھی کسی نے سگا باپ ظاہِر کیا تو گنہگار و عذابِ نار کا حق دار ہے۔ [3] (4): اسی طرح شفقت کے طور پر کسی کو بیٹا یا بیٹی کہہ کر پکارنا (نسب بدلنے کی) وعیدوں میں داخِل نہیں۔ [4] (5): بیوی کا اپنے نام کے ساتھ شوہر کا نام لگانا جائز ہے کہ بیوی کا اپنے نام کے ساتھ شوہر کا نام لگانا نسب

---

[1]... پردے کے بارے میں سوال جواب، ص378، مکتبۃ المدینہ کراچی۔

[2]... پردے کے بارے میں سوال جواب، ص379۔

[3]... پردے کے بارے میں سوال جواب، ص379۔

[4]... تفسیر صراط الجنان، پ21، الاحزاب، تحت الآیۃ:5، 7/562 ملتقطا۔

بتانے کے لئے نہیں ہوتا بلکہ رشتۂ زوجیت کے اظہار کے لئے ہوتا ہے۔[1]

آیتِ مُبارَکہ

اُدۡعُوۡهُمۡ لِاٰبَآئِهِمۡ هُوَ اَقۡسَطُ عِنۡدَ اللّٰهِ ۚ ترجمۂ کنز الایمان: اُنھیں ان کے باپ ہی کا کہہ کر پکارو یہ اللہ کے نزدیک زِیادہ ٹھیک ہے۔ (پ21، الاحزاب:5)

فرمانِ مصطفٰے صلی اللہ علیہ والہٖ وسلم

جس شخص کو معلوم ہو کہ اس کا باپ کوئی اور ہے اور اس کے باوجود اپنے آپ کو کسی غیر کی طرف منسوب کرے تو اس پر جنت حرام ہے۔[2]

"نسب بدلنے" کے گُناہ میں مبتلا ہونے کے بعض اسباب

★ اپنے نسب کی وجہ سے احساسِ کمتری کا شکار ہونا ★ فخر و تکبُّر ★ عِلمِ دین سے دُوری (بعض لوگ اسلامی معلومات نہ ہونے کی وجہ سے لے پالک بچے کو اپنی جانِب منسوب کرکے اس کے اَصْل ماں باپ کی جگہ اپنے نام کا اندراج کرواتے ہیں) ★ مالِ وِراثت حاصِل کرنے کی لالچ۔

"نسب بدلنے" کے گُناہ سے بچے رہنے کے لئے

★ یہ ذِہن میں رکھئے کہ کوئی برادری رذیل (یعنی گھٹیا) نہیں بلکہ اللہ پاک کے نزدیک بڑے مرتبے والا وہ ہے جو بڑا متقی (یعنی زیادہ پرہیز گار) ہے۔ ★ عِلمِ دین حاصِل کیجئے، بالخُصُوص لے پالک اور منہ بولے بیٹے کے متعلق شرعی احکام سیکھئے کیونکہ ان کے وہ احکام نہیں ہوتے جو حقیقی بیٹے کے ہوتے ہیں۔ ★ فخر و تکبّر کی آفت سے پیچھا چھڑا کر اللہ پاک کی رِضا کے لئے عاجزی اختیار کیجئے۔ ★ قبر کی تنگی و وحشت اور قیامت کی ہولناکیوں کو کثرت کے

---

[1]... فتویٰ دار الافتا اہلسنت، ریفرینس نمبر Sar 4809۔

[2]... بخاری، کتاب الفرائض، باب من ادعی الی غیر ابیہ، ص1650، حدیث:6766۔

ساتھ یاد کیجئے، اِن شاءَ اللہ! گناہوں سے بچ کر نیکیاں کرتے رہنے کا ذِہن بنے گا۔

29: بد نِگاہی

"بد نِگاہی" کا معنی

جس کو دیکھنا جائز نہیں قصداً (یعنی جان بوجھ کر) اسے دیکھنا بد نِگاہی ہے۔

"بد نِگاہی" کی چند مثالیں

★ بے پردہ اجنبی عورتوں کو دیکھنا ★ یا پردہ دار عورت کو شہوت کے ساتھ دیکھنا ★ اسی طرح اَمْرَد (یعنی خوب صورت لڑکے) کو شہوت سے دیکھنا[1] ★ مرد نے ایسا باریک لباس پہنا ہو جس سے اس کی پردے کی جگہیں یعنی ناف کے نیچے سے لے کر گھٹنے کے نیچے تک کسی حصے کی رنگت چمکتی ہو تو اس کو دیکھنا بھی بد نِگاہی ہے۔

"بد نِگاہی" کے متعلق مختلف احکام

(1): بد نِگاہی حرام[2] اور جہنم میں لے جانے والا کام ہے۔(2): (مرد و عورت میں سے) ہر ایک کا دوسرے کی عورت (یعنی پردے کی جگہ) کو دیکھنا قطعی حرام ہے اور اسی طرح غیر جائے سَتْر (یعنی پردے کی جگہ کے عِلاوہ) کو دیکھنا بھی حرام ہے جبکہ شہوت سے اَمْن نہ ہو۔[3]

(3): اَمْرَد (یعنی خوب صورت) لڑکے کو شہوت سے دیکھنا بھی حرام ہے۔[4]

نوٹ: واضح رہے کہ (جس کو دیکھنا حرام ہے، اس پر) قصداً (یعنی جان بوجھ کر) ڈالی جانے

---

[1]... دیکھ کر چپٹا لینے یا بوسہ لینے کو جی چاہنا، یہ شہوت کی علامتیں ہیں۔
(قوم لوط کی تباہ کاریاں، ص23، مکتبۃ المدینہ کراچی)

[2]... فتاوی رضویہ، 10/750 ملتقطا۔

[3]... فتاوی رضویہ، 22/201۔

[4]... رد المحتار، کتاب الصلاۃ، باب شروط الصلاۃ مطلب فی النظر الی وجہ الامرد، 2/99۔

والی پہلی نظر بھی حرام اور جہنم میں لے جانے والا کام ہے۔[1]

آیتِ مُبارَکہ

قُلْ لِّلْمُؤْمِنِیْنَ یَغُضُّوْا مِنْ اَبْصَارِهِمْ وَ یَحْفَظُوْا فُرُوْجَهُمْؕ ذٰلِكَ اَزْكٰى لَهُمْؕ اِنَّ اللّٰهَ خَبِیْرٌۢ بِمَا یَصْنَعُوْنَ۝۳۰ (پ18، النور:30)

ترجمۂ کنزالایمان: مسلمان مَردوں کو حکم دو اپنی نِگاہیں کچھ نیچی رکھیں اور اپنی شرم گاہوں کی حِفاظت کریں یہ ان کے لئے بہت ستھرا ہے بے شک اللہ کو ان کے کاموں کی خبر ہے۔

فرمانِ مصطفےٰ صلی اللہ علیہ واٰلہٖ وسلم

تم یا تو اپنی نِگاہیں نیچی رکھو گے اور اپنی شرم گاہوں کی حِفاظت کرو گے اور اپنے چہروں کو سیدھے رکھو گے یا تمہاری شکلیں بگاڑ دی جائیں گی۔[2]

"بد نِگاہی" کے گُناہ میں مبتلا ہونے کے بعض اسباب

☆ عِلْمِ دین سے دُوری (بہت لوگوں کو اس کا پتاہی نہیں ہوتا کہ شرعاً کس کا کس سے پردہ ہے چنانچہ وہ اس دینی مسئلے سے جاہِل ہونے کی وجہ سے اپنی نظروں کی حِفاظت نہیں کرپاتے مثلاً عام طور پر منہ بولی بہن کو حقیقی بہن کی طرح سمجھ کر پردے کے مُعاملے میں احتیاط نہیں کی جاتی، اسی طرح چچا زاد، ماموں زاد اور خالہ زاد وغیرہ کے درمیان بھی شرعی پردے کو غیر ضروری خیال کیا جاتا ہے حالانکہ یہ سب غیر مَحْرَم ہیں اور شرعاً ان سے بھی پردہ فَرْض ہے) ☆ تفریح گاہوں میں گھومنا (عام طور پر ایسی جگہوں میں بے پردہ عورتوں کی کثرت ہوتی ہے جس کی وجہ سے نظر کی حِفاظت مشکل ہو جاتی ہے)۔ ☆ انٹرنیٹ اور سوشل میڈیا کا اِسْتِعمال ☆ فلمیں ڈرامے دیکھنا ☆ مخلوط تعلیم

---

[1]... پردے کے بارے میں سوال جواب، ص296۔

[2]... معجم کبیر، 4/319، حدیث:7746۔

★ ڈانس کلب اور سویمنگ پول وغیرہ میں جانا ★ جدید فیشن اور مغربی تہذیب کو پسند کرنا ★ پریشان نظری (یعنی راہ چلتے وقت اور گاڑی میں سفر کے دوران بلاضرورت ادھر ادھر دیکھنا اور سائن بورڈ وغیرہ پر نظر ڈالتے رہنا)۔ ★ اپنے گھر کے برآمدوں سے بلا ضرورت باہر نیز کسی اور کے دروازوں وغیرہ سے گھروں کے اندر جھانکنا۔

"بدنِگاہی" کی آفت سے بچنے کے لئے

★ عِلمِ دین حاصِل کیجئے ★ اکثر نگاہیں نیچی رکھئے، راہ چلتے وَقت اور دورانِ سفر جب ڈرائیونگ نہ کر رہے ہوں تو بلاضرورت اِدھر اُدھر دیکھنے، سائن بورڈ پڑھنے نیز گھر کے برآمدوں سے باہر جھانکنے وغیرہ سے پرہیز کیجئے ★ آنکھوں کی حِفاظت کے فضائل اور بدنِگاہی کے عذابات کا مُطالَعہ کیجئے ★ موبائل اور انٹرنیٹ کا استعمال صرف ضرورت کے مطابق اور وہ بھی شریعت کے دائرے میں رہ کر کیجئے نیز ان کے استعمال کے متعلق شرعی احتیاطیں بھی سیکھئے۔ ★ گُناہوں بھرے چینل دیکھنے، فلموں ڈراموں کے ذریعے آنکھوں کو حرام سے پُر کرنے سے ہمیشہ بچتے رہئے ★ "اگر آنکھ بہک جائے اور بدنگاہی کر بیٹھیں تو فوراً نظر وہاں سے ہٹا لیجئے، ممکن ہو تو خود وہاں سے ہٹ جائیے اور سچے دل سے اللہ پاک کی بارگاہ میں توبہ بھی کیجئے۔ اگر مَرد کے ساتھ ایسا ہو تو اوّل آخِر دُرُود شریف کے ساتھ یہ دُعا پڑھے: اَللّٰھُمَّ اِنِّیْ اَعُوْذُبِكَ مِنْ فِتْنَةِ النِّسَآءِ وَعَذَابِ الْقَبْرِ۔[1]

نوٹ: بدنِگاہی کے متعلق تفصیلی معلومات کے لئے امیرِ اہلسنت علامہ محمد الیاس عطّار قادِری دامت بَرَکاتُہمُ العالیہ کی کتاب نیکی کی دعوت صفحہ 309 تا 325 اور رِسالہ قومِ لوط کی تباہ کاریاں کا مُطالَعہ کیجئے۔

---

[1]... پردے کے بارے میں سُوال جواب، ص 301 بتغیر قلیل۔

(30): بے پردَگی

"بے پردَگی" کا معنی

شرعی پردہ نہ کرنا بے پردگی ہے۔

"بے پردگی" کی چند مثالیں

★ "اعضاءِ سَتر" یعنی جن اعضاء کا چھپانا شرعاً ضروری ہے ان کو نہ چُھپانا جیسے بعض لوگ ایسی چھوٹی نیکر پہنتے ہیں جس سے گھٹنے کھلے ہوتے ہیں، یاد رکھئے! مرد کے لئے ناف سے لے کر گھٹنوں تک کا حصہ عورت ہے یعنی اس کا چھپانا فَرض ہے، گھٹنے بھی اس میں داخِل ہیں لہٰذا مرد کو ایسا لباس پہننا جس سے گھٹنے کھلے ہوں یہ بے پردگی ہے ★ اور عورت کے لئے سر سے لے کر پاؤں کے گِٹوں کے نیچے تک جسم کا کوئی حصّہ بھی مثلاً سر کے بال یا بازو یا کلائی یا گلا یا پیٹ یا پنڈلی وغیرہ اجنبی مرد (یعنی جس سے شادی ہمیشہ کے لئے حرام نہ ہو) پر بلا اجازتِ شرعی ظاہِر کرنا یا ★ ایسا باریک لباس پہننا جس سے بدن کی رنگت جھلکے یا ★ ایسا چست لباس پہننا جس سے کسی عضو کی ہیئت (یعنی شکل وصورت یا اُبھار وغیرہ) ظاہِر ہو یا ★ دوپٹہ اتنا باریک اوڑھنا کہ بالوں کی سیاہی چمکے یہ سب بھی بے پردگی ہے۔

"بے پردَگی" کے متعلق مختلف احکام

(1): بے پردَگی حرام[1] اور جہنم میں لے جانے والا کام ہے۔ (2): سِرے سے پردے کی فرضیت ہی کا انکار کُفر ہے۔[2] (3): عورت کا ہر اجنبی بالغ مرد سے پردہ ہے[3]

---

[1]... حدیقہ ندیہ، الصنف التاسع فی عامۃ... الخ، 5/144۔

[2]... پردے کے بارے میں سوال جواب، ص185۔

[3]... پردے کے بارے میں سوال جواب، ص44۔

(4): اس میں استاد و غیر استاد، عالم و غیر عالم، پیر سب برابر ہیں۔[1]

آیتِ مُبارَکہ

وَ قَرْنَ فِیْ بُیُوْتِكُنَّ وَ لَا تَبَرَّجْنَ تَبَرُّجَ الْجَاهِلِیَّةِ الْاُوْلٰى (پ22، الاحزاب:33)

ترجمۂ کنز الایمان: اور اپنے گھروں میں ٹھہری رہو اور بے پردہ نہ رہو جیسے اگلی جاہلیت کی بے پردگی۔

فرمانِ مصطفٰے صلی اللہ علیہ والہٖ وسلم

جہنمیوں کی دو قسمیں ایسی ہیں جنہیں میں نے (اپنے زمانے میں) نہیں دیکھا (بلکہ وہ میرے بعد والے زمانے میں ہوں گی)، (1): وہ لوگ جن کے پاس گائے کی دُم کی طرح کوڑے ہوں گے جن سے وہ لوگوں کو (ناحق) ماریں گے۔ (2): وہ عورتیں جو لباس پہننے کے باوجود ننگی ہوں گی، مائل کرنے والی اور مائل ہونے والی ہوں گی، ان کے سر موٹی اونٹنیوں کے کوہانوں کی طرح ہوں گے (یعنی راہ چلتے وَقت شرم سے سر نیچا نہ کریں گی، اونٹ کی کوہان کی طرح ان کے سر بے حیائی سے اونچے رہا کریں گے)، یہ جنت میں نہ جائیں گی اور نہ اس کی خوشبو پائیں گی حالانکہ اس کی خُوشبو بہت دُور سے آتی ہو گی۔[2]

"بے پردَگی" کی آفت میں مبتلا ہونے کے بعض اسباب

★ عِلمِ دِین سے دوری (بعض لوگ اس وجہ سے بھی بے پردگی کرنے کے گُناہ میں مبتلا ہو جاتے ہیں کہ انہیں معلومات نہیں ہوتی کہ شرعاً کس سے اور کتنا پردہ ہے۔) ★ فیشن ایبل اور دین بیزار لوگوں کے ساتھ میل جول اور ان کے پاس اُٹھنا بیٹھنا (اس کی وجہ سے جہاں ایک طرف

---

[1]... فتاویٰ رضویہ، 23/639۔

[2]... مسلم، کتاب اللباس والزینۃ، باب النساء الکاسیات... الخ، ص846، حدیث:125(2128)۔
مرقاۃ المفاتیح، کتاب الدیات، باب مالا یضمن من الجنایات، الفصل الاول، 7/78، تحت الحدیث:3524، دار الکتب العلمیہ بیروت۔

آدمی بے عملی کا شکار ہوتا ہے وہیں ان دین بیزار لوگوں کے پاس اُٹھنے بیٹھنے کی نحوست سے عقائد بگڑنے کا بھی شدید خطرہ رہتا ہے) ★ پردہ کرنے میں ہچکچانا (یعنی جھجک محسوس کرنا) ★ مختلف حیلے بہانے (مثلاً خاندانی رواج کو بھی دیکھنا پڑتا ہے، سادہ اور باپردہ لڑکی کے لئے کوئی رشتہ نہیں بھیجتا وغیرہ) ★ جدید فیشن کا شوق اور مغربی تہذیب کو پسند کرنا ★ مخلوط تعلیم۔

"بے پردگی" کے گناہ سے بچنے کے لئے

★ عِلْمِ دِین حاصِل کیجئے بالخُصُوص پردے کے متعلق دُرُست اسلامی نظریہ اور بنیادی احکام سیکھئے، اِن شاءَ اللہ! بے شمار شکوک وشُبُہات کا بھی خاتمہ ہو جائے گا ★ جہاں ہچکچاہٹ ہو وہاں نَفْس پر جَبْر کر کے ضرور پردہ کیجئے کہ ایسی صورت میں زیادہ ثواب ملنے کی امید ہے۔ منقول ہے: افضل عِبادت وہ ہے جس میں مشقت زِیادہ ہو۔[1] ★ بے پردَگی کے سبب قبر و آخرت میں ہونے والے عذابات کا مُطَالَعَہ کیجئے۔ ★ جائز اور ضروری تعلیم کے لئے صرف انہی اِداروں کا انتخاب کیجئے جہاں شرعی پردے کی رِعایت کی جا سکے۔

نوٹ: پردے کے متعلق درست اسلامی نظریہ اور اس کے تفصیلی احکام جاننے کے لئے امیرِ اہلسنت علامہ محمد الیاس عطّار قادِری دامت بَرَکاتُہمُ العالیہ کی تصنیف پردے کے بارے میں سُوال جواب کا مُطَالَعَہ کیجئے۔

(31): دَیُّوثی

دَیُّوث کی تعریف

وہ شخص جو اپنی بیوی یا کسی مَحرَم (مثلاً ماں، بہن، بیٹی) پر غیرت نہ کھائے دَیُّوث ہے۔[2]

---

[1]... کشف الخفاء، 1 / 141، حدیث: 459، دار الکتب العلمیہ بیروت۔

[2]... در مختار، کتاب الحدود، باب التعزیر، ص 318۔

”دَیُّوثی“ کی چند مثالیں

٭ قدرت کے باوجود اپنی زوجہ، ماں، بہن اور جوان بیٹی کو غیر مَحرَموں سے پردہ نہ کروانا ٭ انہیں بے پردہ گلیوں، بازاروں اور شاپنگ سینٹروں میں جانے سے نہ روکنا ٭ غیر مَحرَم مُلازِموں، چوکیداروں، ڈرائیوروں وغیرہ سے بے تکلفی اور بے پردگی سے منع نہ کرنا وغیرہ۔

”دَیُّوث“ کے متعلق مختلف احکام

(1): اعلیٰ حضرت امام احمد رضا خان رحمۃُ اللہِ علیہ فرماتے ہیں: دَیُّوث سخت اَخبَث فاسِق (ہے) اور فاسِقِ مُعلِن کے پیچھے نماز مکروہِ تحریمی۔ اسے امام بنانا حلال نہیں اور اس کے پیچھے نماز پڑھنی گُناہ اور پڑھی تو پھیرنا (یعنی دوبارہ پڑھنا) واجب۔[1] (2): اگر مرد اپنی حیثیت کے مُطابِق منع کرتا ہے اور بے پردگی سے روکنے کے شرعی تقاضے اس نے پورے کئے ہیں اور وہ (یعنی عورتیں) نہیں مانتیں تو اس صورت میں مرد پر نہ کوئی الزام اور نہ وہ دَیُّوث (ہے)۔[2]

فرمانِ مصطفےٰ صلی اللہ علیہ والہٖ وسلم

تین شخص جنت میں نہیں جائیں گے: ماں باپ کو ستانے والا اور دَیُّوث اور مردانی وضع بنانے والی عورت۔[3]

”دَیُّوثی“ کے گُناہ میں مبتلا ہونے کے بعض اسباب

٭ عِلمِ دِین سے دوری ٭ دین بیزار لوگوں کے ساتھ میل جول اور ان کے پاس

---

[1]... فتاویٰ رضویہ، 6/583۔

[2]... پردے کے بارے میں سوال جواب، ص67۔

[3]... معجم اوسط، 2/43، حدیث: 2443 ملتقطا۔

اُٹھنا بیٹھنا (اس کی وجہ سے جہاں ایک طرف آدَمی بے عملی کا شکار ہوتا ہے وہیں ان دین بیزار لوگوں کے پاس اٹھنے بیٹھنے کی نحوست سے عقائد بگڑنے کا بھی شدید خطرہ رہتا ہے۔) ★ پردہ کروانے میں ہچکچانا (یعنی جھجک محسوس کرنا) ★ مختلف حیلے بہانے (مثلاً خاندانی رواج کو بھی دیکھنا پڑتا ہے، بیٹی اگر سادَہ اور باپردہ ہوگی تو کوئی رشتہ نہیں بھیجتا وغیرہ) ★ جدید فیشن کا شوق اور مغربی تہذیب کو پسند کرنا ★ اپنی بہن بیٹیوں وغیرہ کو ایسے تعلیمی اِداروں میں تعلیم دِلوانا جہاں مخلوط تعلیم (Co-education) رائج ہے۔ ★ فلمیں ڈرامے دیکھنا۔

"دَیُّوثی" کے گناہ سے بچنے کے لئے

★ عِلمِ دِین حاصِل کیجئے بالخُصُوص پردے کے متعلق درست اسلامی نظریہ اور بنیادی احکام سیکھئے ★ جہاں ہچکچاہٹ ہو وہاں نَفْس پر جَبْر کر کے ضرور پردہ کروایئے کہ ایسی صورت میں زیادہ ثواب ملنے کی امید ہے۔ منقول ہے: افضل عِبادت وہ ہے جس میں مشقت زیادہ ہو۔[1] ★ جائز اور ضروری تعلیم کے لئے صرف انہی اِداروں کا اِنتخاب کیجئے جہاں شرعی پردے کی رِعایت کی جاسکے ★ گُناہوں بھرے چینل دیکھنے، فلموں ڈِراموں کے ذریعے آنکھوں کو حرام سے پُر کرنے سے خود بھی بچئے اور گھر والوں کو بھی بچایئے ★ بری صحبت سے کنارہ کشی اختیار کیجئے۔

نوٹ: امیرِ اہلسنت دامت بَرَکاتُہُمُ العالیہ کی کِتاب پردے کے بارے میں سوال جواب کا تمام افراد مُطالَعَہ کرلیں تاکہ معلوم ہو کہ کس کا کس سے اور کتنا پردہ ہے اور پھر اپنی زوجہ اور مَحارِم کو اس کے مُطابِق پردہ کروائیں۔

---

[1]... کشف الخفاء، 1 / 141، حدیث: 459۔

(32) تجسس (عیب جوئی)

”تجسس“ کی تعریف

لوگوں کی خفیہ (چھپی ہوئی) باتیں اور عیب جاننے کی کوشش کرنا تجسس کہلاتا ہے۔[1]

”تجسس“ کی چند مثالیں

★ کسی سے یہ پوچھنا: رات دیر تک جاگتے رہتے ہو، فجر بھی پڑھتے ہو یا نہیں؟ ★ کسی نے نوکر رکھا تو اُس سے پوچھنا: آپ کا نیا نوکر برابر کام کرتا ہے یا نہیں؟ یہ بھی بلا اجازتِ شرعی پوچھنا عیب ڈھونڈنا ہے اور اس سوال کے جواب میں پورا خطرہ ہے کہ جس سے پوچھا گیا وہ نوکر کے بارے میں کام چور ہے، حرام خور ہے وغیرہ کہہ کر گنہگار ہو جائے۔[2] ★ اسی طرح بِلا اِجازتِ شرعی کسی کا کوئی عیب معلوم کرنے کے لئے اس کا پیچھا کرنا، اس کے گھر میں جھانکنا وغیرہ بھی تجسس میں داخل ہے۔

”تجسس“ کے متعلق مختلف احکام

(1): مسلمان کی عیب جُوئی (یعنی اس کے عیب تلاش کرنا) حرام ہے۔[3] (2): بے دین، مُفسِدین (فساد کرنے والوں) کے حالات چھپ کر دیکھنا سننا تاکہ ان کے فساد کی روک تھام ہو سکے، جائز ہے۔[4] (3): نوکر رکھنے، شراکت داری (یعنی پارٹنر شپ کرنے) یا کہیں شادی کا اِرادہ ہے تو حسبِ ضرورت معلومات کرنا گُناہ نہیں۔[5]

---

[1]... حدیقہ ندیہ، الخلق الرابع والعشرون، 3/160۔
[2]... نیکی کی دعوت، ص399، بتقدم وتاخر۔
[3]... فتاویٰ رضویہ، 14/271 بتغیر۔
[4]... مراٰۃ المناجیح، 7/326 بتغیر قلیل۔
[5]... نیکی کی دعوت، ص398۔

آیتِ مُبارَکہ

وَلَا تَجَسَّسُوْا (پ26، الحجرات:12) ترجمۂ کنز الایمان: اور عیب نہ ڈھونڈھو۔

یعنی مسلمانوں کی عیب جوئی نہ کرو اور ان کے چھپے حال کی جستجو میں نہ رہو جسے اللہ پاک نے اپنی ستاری سے چھپایا۔[1]

فرمانِ مصطفےٰ صلی اللہ علیہ واٰلہٖ وسلم

اے وہ لوگو جو زبان سے تو ایمان لے آئے ہو مگر تمہارے دل میں ابھی تک ایمان داخل نہیں ہوا! مسلمانوں کی غیبت مت کرو اور نہ ان کے عُیُوب کو تلاش کرو کیونکہ جو اپنے مسلمان بھائی کا عیب تلاش کرے گا اللہ پاک اُس کا عیب ظاہر فرما دے گا اور اللہ پاک جس کا عیب ظاہر فرمادے تو اسے رسوا کر دیتا ہے اگرچہ وہ اپنے گھر کے اندر (چھپ کر بیٹھا ہوا) ہو۔[2]

تجسس کے گُناہ میں مبتلا ہونے کے بعض اسباب

★ بغض و کینہ ★ حسد ★ چغل خوری کی عادت (ایسا شخص ایک دوسرے تک باتیں پہنچانے کے لئے لوگوں کے عیب تلاش کرنے میں لگا رہتا ہے)۔

تجسس سے بچنے کے لئے

★ اپنے عیبوں پر نظر رکھئے اور انہیں دُور کرنے میں لگ جائیے۔ ★ بے جا سوچنا چھوڑ دیجئے۔ ★ اللہ پاک کی رِضا کے لئے آپس میں محبت کیجئے اور دل سے مسلمانوں کا بغض و کینہ نکال دیجئے۔ ★ خود کو جہنّم کے عذاب سے ڈرائیے۔ رِوَایت میں ہے کہ جس کو

---

[1]... تفسیر خزائن العرفان، پ26، الحجرات، تحت الآیۃ:12۔

[2]... ابو داود، کتاب الادب، باب فی الغیبۃ، ص765، حدیث:4880۔

سب سے کم درجہ کا عذاب ہو گا اسے آگ کی جوتیاں پہنا دی جائیں گی جس سے اس کا دِمَاغ ایسا کھولے گا جیسے تانبے کی پتیلی کھولتی ہے، وہ سمجھے گا کہ سب سے زیادہ عذاب اس پر ہو رہاہے حالانکہ اس پر سب سے ہلکا ہے۔[1]

نوٹ: تجسس کے متعلق مزید معلومات کے لئے امیرِ اہلسنت علامہ محمد الیاس عطّار قادِری دامت بَرَکاتُہمُ العالیہ کی کتاب نیکی کی دعوت، صفحہ 397 تا 402 کا مُطالَعہ کیجئے۔

(33): ظلم

ظلم کی تعریف

ہر وہ نقصان اور آزار (تکلیف) جو بِلا اِجازتِ شرعی کسی کے دین، عزت، جان، جسم، مال یا دل کو پہنچایا جائے ظلم ہے چاہے وہ نقصان اور تکلیف قول کے ذریعے (یعنی کوئی بات کہہ کر) ہو یا فعل کے ذریعے (یعنی کسی عمل کی وجہ سے) ہو یا ترک کے ذریعے (مثلاً مزدور کو اس کی اجرت دینے میں بلاوجہ تاخیر کی)۔[2]

ظلم کی چند مِثالیں

★ کسی کو قتل کر دینا ★ مار پیٹ کرنا ★ قرض لے کر دبا لینا ★ گالی دینا ★ غیبت و چغلی کرنا ★ مزدور کی اجرت دبا لینا ★ چوری ★ ڈاکہ ★ امانت میں خیانت کرنا وغیرہ۔

”ظلم“ کے متعلق مختلف احکام

(1): ظلم شرعاً اور عقلاً حرام ہے، کسی حالت اور کسی صورت میں جائز نہیں۔[3]

---

[1]... مسلم، کتاب الایمان، باب اھون اہل النار عذابا، ص 102، حدیث: 364۔

[2]... فتاویٰ رضویہ، 24/459 مفصلا۔

[3]... الاختیار لتعلیل المختار، کتاب الاکراہ، 2/266، دار الرسالۃ العالمیہ بیروت۔

(2): جانور پر ظلم کرنا انسان پر ظلم کرنے سے زِیادہ گُناہ ہے کیونکہ انسان تو کسی سے اپنا دکھ درد کہہ سکتا ہے، بے زبان جانور کس سے کہے، اس کا اللہ کے سِوا فریاد سننے والا کون ہے![1]

(3): (اگر کسی پر ظلم کیا تو بارگاہِ الٰہی میں صِرف توبہ کرلینا کافی نہیں بلکہ بندوں کے جو حُقُوق پامال کئے ہوں وہ بھی ادا کرنے ہوں گے مثلاً) جس کا مال دبایا ہے فَرض ہے کہ اتنا مال اسے دے، وہ نہ رہا ہو تو اس کے وارِث کو دے، وہ بھی نہ ہو تو فقیر پر صدقہ کر دے، اس کے عِلاوہ کسی طرح اس مال سے سُبک دوش (یعنی بریُ الذِمّہ) نہیں ہو سکتا اور جسے مال کے عِلاوہ کوئی اور ایذاء دی ہو یا برا کہا ہو اس سے معافی مانگے یہاں تک کہ وہ معاف کر دے جس طرح ممکن ہو معافی لے، وہ نہ رہا ہو اور تھا مسلمان تو اس کے لئے صدقہ، تلاوت اور نوافل (وغیرہ نیک اعمال) کا ثواب پہنچاتا رہے اور کافِر تھا تو (اسے ایصالِ ثواب جائز نہیں، لہٰذا) اس کے عِلاوہ اور کوئی تدبیر نہیں کہ اپنے ربّ کی طرف رجوع اور توبہ واِستِغفار کرتا رہے، وہ مالِک و قادِر ہے۔[2]

آیتِ مُبارَکہ

اِنَّمَا السَّبِیۡلُ عَلَی الَّذِیۡنَ یَظۡلِمُوۡنَ النَّاسَ وَ یَبۡغُوۡنَ فِی الۡاَرۡضِ بِغَیۡرِ الۡحَقِّ ؕ اُولٰٓئِکَ لَہُمۡ عَذَابٌ اَلِیۡمٌ ﴿۴۲﴾ (پ25، الشوریٰ:42)

ترجمۂ کنزالایمان: مواخذہ تو انھیں پر ہے جو لوگوں پر ظلم کرتے ہیں اور زمین میں ناحق سرکشی پھیلاتے ہیں ان کے لئے دردناک عذاب ہے۔

فرمانِ مصطفےٰ صلی اللہ علیہ واٰلہٖ وسلم

میری امت میں مفلس وہ شخص ہے جو قیامت کے دن نماز، روزہ، زکوٰۃ تو لے کر آئے گا مگر ساتھ ہی کسی کو گالی بھی دی ہو گی، کسی کو تہمت لگائی ہو گی، اُس کا مالِ ناحق کھایا

[1]... مراٰۃ المناجیح، 5/162۔
[2]... فتاویٰ رضویہ، 24/379 بتغیر قلیل۔

ہو گا، اِس کا خون بہایا ہو گا، اُس کو مارا ہو گا تو اس کی نیکیوں میں سے کچھ اِس مظلوم کو دے دی جائیں گی اور کچھ اُس مظلوم کو پھر اگر اِس کے ذمے جو حقوق تھے ان کی ادائیگی سے پہلے اس کی نیکیاں ختم ہو جائیں تو ان (یعنی مظلوموں) کے گناہ لے کر اِس (یعنی ظالم) پر ڈالے جائیں گے پھر اس (ظالم) شخص کو جہنم میں ڈال دیا جائے گا۔[1]

”ظلم“ کے گناہ میں مبتلا ہونے کے بعض اسباب

★ غصہ ★ لڑائی جھگڑا ★ مال و دولت کی حِرص ★ جہالت ★ بغض و کینہ یعنی دل میں کسی کے خِلاف بغیر کسی شرعی وجہ کے نفرت اور دشمنی رکھنا وغیرہ۔

”ظلم“ کے گُناہ سے بچے رہنے کے لئے

★ قرآن و حدیث میں ذکر کئے گئے ظلم کے ہولناک عذابات کا مُطالَعہ کیجئے اور اپنے نازک بدن پر غور کیجئے کہ ظلم کے سبب اگر ان میں سے کوئی عذاب ہم پر مُسَلَّط کر دیا گیا تو ہمارا کیا بنے گا۔ ★ غصّے میں آکر کسی کی حق تلفی کرنے کو دل چاہے تو فوراً اپنے آپ کو یوں ڈرایئے کہ اگر میں غصّے میں آکر حق تلفی کروں گا تو گنہگار اور جہنم کا حق دار قرار پاؤں گا کہ یہ گُناہ کے ذریعے غصّہ ٹھنڈا کرنا ہوا اور فرمانِ مصطفٰے صلی اللہ علیہ واٰلہٖ وسلم ہے: جہنم میں ایک دروازہ ہے اس سے وہی داخِل ہوں گے جن کا غصّہ کسی گُناہ کے بعد ہی ٹھنڈا ہوتا ہے۔[2] ★ موت اور قبر و آخرت کو کثرت سے یاد کیجئے اس سے دِل نرم ہو گا اور دوسروں کی حق تلفی اور ظلم کرنے سے بچنے کا ذِہن بنے گا۔

نوٹ: ظلم کرنے کے دُنیَوی و اُخرَوی نقصانات اور اس بارے میں تفصیلی معلومات

---

[1]... مسلم، کتاب البر والصلۃ والآداب، باب تحریم الظلم، ص1000، حدیث:2581۔

[2]... مسند الفردوس، 1/205، حدیث:784۔

کے لئے کتاب تکلیف نہ دیجئے اور امیرِ اہلسنت دامت برکاتہم العالیہ کے رسالے ظلم کا انجام کا مُطالَعہ کیجئے۔

(34) قتلِ ناحق

"قتلِ ناحق" کے متعلق مختلف احکام

(1): کسی مسلمان کو جان بوجھ کر ناحق قتل کرنا سخت ترین کبیرہ گناہ ہے۔[1] (2): (شریعت میں) قتلِ عَمْد (یعنی اسلحہ کے ساتھ جان بوجھ کر قتل کرنے) کی سزا دنیا میں فقط قِصاص (یعنی قتل کا بدلہ قتل) ہے یعنی یہی متعین (مُقرَّر) ہے۔ ہاں! اگر اَوْلِیائے مقتول مُعاف کر دیں یا قاتل سے مال لے کر مُصالَحَت (صلح) کر لیں تو یہ بھی ہو سکتا ہے۔[2]

آیتِ مُبارَکہ

وَ مَنْ یَّقْتُلْ مُؤْمِنًا مُّتَعَمِّدًا فَجَزَآؤُهٗ جَهَنَّمُ خٰلِدًا فِیْهَا وَ غَضِبَ اللّٰهُ عَلَیْهِ وَ لَعَنَهٗ وَ اَعَدَّ لَهٗ عَذَابًا عَظِیْمًا ﴿۹۳﴾ (پ5، النساء:93)

ترجمۂ کنزالایمان: اور جو کوئی مسلمان کو جان بوجھ کر قتل کرے تو اس کا بدلہ جہنم ہے کہ مدتوں اس میں رہے اور اللہ نے اس پر غضب کیا اور اس پر لعنت کی اور اس کے لئے تیار رکھا بڑا عذاب۔

فرمانِ مصطفےٰ صلی اللہ علیہ والہٖ وسلم

اُس ذات کی قسم جس کے قبضۂ قدرت میں میری جان ہے! بے شک ایک مؤمن کا قتل کیا جانا اللہ کے نزدیک دُنیا کے تباہ ہو جانے سے زِیادہ بڑا ہے۔[3]

---

[1]... فتاویٰ رضویہ، 21/263 ملخصاً۔

[2]... بہارِ شریعت، 3/752، حصہ: 17۔

[3]... نسائی، کتاب تحریم الدم، تعظیم الدم، ص652، حدیث: 3992، دار الکتب العلمیہ بیروت۔

قتلِ ناحق کے بعض اسباب

★ مقصد کے حُصُول میں ناکامی پر شدید غم و غصّہ۔ ★ گھریلو ناچاقی مثلاً شوہر بیوی یا بھائی بھائی میں مسلسل جھگڑا ہو تو تنگ آکر ایک فریق دوسرے کو قتل کر دیتا ہے۔ ★ مال جمع کرنے کی حِرْص۔ ★ جائیداد (Property) کے جھگڑے، اس کے سبب قتل کرنا عموماً دیہاتوں میں زیادہ پایا جاتا ہے۔ ★ تکبُّر کہ متکبر آدمی بعض اوقات اپنے حق میں معمولی سی بے اَدَبی کرنے والے کو قتل کر دیتا ہے۔ ★ سیاسی مَحاذ آرائی، اس میں ایک فریق اپنے قائد کی حمایت میں دوسرے فریق کا بے دریغ خون بہا دیتا ہے۔[1]

قتلِ ناحق سے بچے رہنے کے لئے

★ غصّے کو قابو میں رکھئے، اس کے لئے امیرِ اہلسنت علامہ محمد الیاس عطّار قادِری دامت بَرَکاتُہمُ العالیہ کے رِسَالے غصّے کا علاج اور احترامِ مسلم کا مُطالَعہ مُفید ہے۔ ★ گھر میں مدنی ماحول بنائیے اور شریعت و سنت کے مُطابِق زندگی گزاریئے، اِن شاءَ اللہ! گھریلو ناچاقیوں اور لڑائی جھگڑوں کا خاتمہ ہو گا۔ ★ دل سے دنیا کی محبت نِکال دیجئے۔ حدیث شریف میں ہے: حُبُّ الدُّنیا رَأْسُ کُلِّ خَطِیْئَۃٍ دنیا کی محبت تمام گُناہوں کی جڑ ہے۔[2] ★ تَواضُع اختیار کیجئے اور تکبُّر کی آفت سے پیچھا چھڑایئے۔ ★ انجام کو پیشِ نظر رکھئے کہ یہ وقتی اور جذباتی قدم دنیا و آخرت میں کس قدر تباہی و بربادی کا باعِث بنتا ہے مثلاً یہ کہ قاتِل کو اپنے ملکی قانون کے مطابق طرح طرح کی تکلیف دہ سزاؤں اور عزیز واَقرِباء کے سامنے ذِلّت ورُسوائی کا سامنا کرنا پڑتا ہے، اس کے عِلاوہ قرآن وحدیث میں اس کے لئے جہنّم کے دردناک عذاب کی وعیدیں بھی آئی ہیں۔

---

[1]... رسائل قادریہ، قتل ناحق، ص 473،474 ملخصاً، مکتبہ اہلسنت فیصل آباد۔

[2]... موسوعۃ ابن ابی الدنیا، کتاب ذم الدنیا، 5/22، حدیث: 9۔

(35): خودکشی (Suicide)

خودکشی کا معنی

خودکشی کا معنی ہے: خود کو ہلاک کرنا۔

"خودکشی" کے متعلق مختلف احکام

(1): خودکشی گُناہِ کبیرہ[1] اور جہنّم میں لے جانے والا کام ہے۔ (2): جس نے خودکشی کی حالانکہ یہ بہت بڑا گُناہ ہے مگر اُس کے جنازہ کی نماز پڑھی جائے گی۔[2]

آیتِ مُبارکہ

وَ لَا تَقْتُلُوْۤا اَنْفُسَكُمْؕ اِنَّ اللّٰهَ كَانَ بِكُمْ رَحِیْمًا ﴿۲۹﴾ وَ مَنْ یَّفْعَلْ ذٰلِكَ عُدْوَانًا وَّ ظُلْمًا فَسَوْفَ نُصْلِیْهِ نَارًاؕ وَ كَانَ ذٰلِكَ عَلَى اللّٰهِ یَسِیْرًا ﴿۳۰﴾

ترجمۂ کنزالایمان: اور اپنی جانیں قتل نہ کرو بے شک اللہ تم پر مہربان ہے اور جو ظلم وزیادتی سے ایسا کرے گا تو عنقریب ہم اسے آگ میں داخل کریں گے اور یہ اللہ کو آسان ہے۔ (پ5، النساء:29، 30)

فرمانِ مصطفٰے صلی اللہ علیہ والہ وسلم

جس نے خود کو جس چیز سے ہلاک کیا، اُسے جہنّم کی آگ میں اُسی چیز کے ساتھ عذاب دیا جائے گا۔[3]

---

[1]... رسائل ابن نجیم، الرسالۃ الثالثۃ والثلاثون فی بیان الکبائر... الخ، ص354۔

[2]... بہارِ شریعت، 1/827، حصہ:4۔

درمختار، کتاب الصلاۃ، باب صلاۃ الجنازۃ، ص119 ملتقطا۔

[3]... بخاری، کتاب الایمان والنذور، باب من حلف بملۃ... الخ، ص1626، حدیث:6652۔

خود کشی کے گُناہ میں مبتلا ہونے کے بعض اسباب

★ رنج و مُصیبت ★ تنگ دستی، بے روز گاری ★ گھریلو جھگڑے ★ عشقِ مَجازی ★ مایوسی۔

خُود کشی کے عِلاج

★ مُصِیبت پر صَبْر کرنا سیکھئے۔ ★ بے جا سوچتے رہنے کی عادت ترک کر دیجئے۔ ★ خود کشی کے اسباب کا خاتمہ کیجئے۔ ★ سادَگی اور قناعَت اختیار کیجئے، کم آمدنی میں گزارہ کرنا آسان ہو گا۔ ★ شریعت وسنّت کے مُطابِق زندگی گزاریئے، اِن شاءَ اللہ! گھریلو جھگڑوں کا خاتمہ ہو کر گھر اَمْن کا گہوارہ بنے گا۔ ★ ذہنی دباؤ اور اعصابی کھچاؤ کم کرنے کے لئے ذہنی وَرزِش کے عِلاوہ روزانہ پون گھنٹہ (45منٹ) پیدل چلنے کا معمول بنالیجئے۔ ابتدائی 15 منٹ چال درمیانہ ہو، درمیانی 15 منٹ قدرے تیز تیز قدم اور آخری 15 منٹ اُسی طرح پھر درمیانہ۔ اِن شاءَ اللہ! دِماغ کو تازگی ملے گی اور جب ذِہْن تروتازہ رہے گا تو خودکشی کا خیال کبھی بھی قریب نہ آئے گا۔

نوٹ: خود کشی کے بارے میں تفصیلی معلومات اور اس کی تباہ کاریاں جاننے کے لئے امیرِ اہلسنت علامہ محمد الیاس عطّار قادِری دامت بَرَکاتُہمُ العالیہ کے رِسالے خود کشی کا عِلاج کا مُطالَعہ کیجئے۔

(36): شراب (Alcohol)

شراب کسے کہتے ہیں؟

جو مائع (Liquid) ہو کر نشہ لائے وہ شراب (Alcohol) ہے خواہ وہ اناج (غلّہ) سے بنائی گئی ہو یا پھلوں سے یا کسی اور شے سے۔[1]

[1]... فتاویٰ رضویہ، 25/205 ملخصاً۔

”شراب“ کے متعلق مختلف احکام

(1): شراب کسی قسم کی ہو مطلقاً حرام ہے۔[1] (2): شراب کا ہر قطرہ حرام بھی ہے اور پیشاب (Urine) کی طرح نجس وناپاک بھی۔[2] (3): شراب کا بنانا، بنوانا، چھونا، اُٹھانا، رکھنا، رکھوانا، بیچنا، بِکوانا، مَوْل لینا (Purchase)، دِلوانا سب حرام، حرام، حرام ہے اور جس نوکری (Job) میں یہ کام یا شراب کی نگہداشت، اس کے داموں (Charges) کا حِساب کِتاب کرنا ہو، سب شرعاً ناجائز ہیں۔[3] (4): شراب پینا سخت گُناہِ کبیرہ اور پینے والا فاسِق، فاجِر، ناپاک، بے باک، مَردُود وملعون ہے۔[4]

آیتِ مُبارکہ

یٰۤاَیُّهَا الَّذِیْنَ اٰمَنُوْۤا اِنَّمَا الْخَمْرُ وَ الْمَیْسِرُ وَ الْاَنْصَابُ وَ الْاَزْلَامُ رِجْسٌ مِّنْ عَمَلِ الشَّیْطٰنِ فَاجْتَنِبُوْهُ لَعَلَّكُمْ تُفْلِحُوْنَ ﴿۹۰﴾ (پ7، المآئدۃ:90)

ترجمۂ کنز الایمان: اے ایمان والو شراب اور جوا اور بت اور پانسے ناپاک ہی ہیں شیطانی کام تو اِن سے بچتے رہنا کہ تم فلاح پاؤ۔

فرمانِ مصطفےٰ صلی اللہ علیہ والہ وسلم

جس شخص نے شراب پی اللہ پاک 40 روز تک اس کی نماز قبول نہیں فرمائے گا، جو اس حالت میں مَرا کہ اس کے پیٹ میں تھوڑی سی بھی شراب ہے تو اِس کے سبب اُس پر جنّت حرام کر دی جائے گی اور جو شراب پینے سے 40 دن کے اندر مَر گیا وہ جاہلیت کی مَوت مَرا۔[5]

---

[1]... فتاویٰ رضویہ، 24/193۔
[2]... فتاویٰ رضویہ، 25/205۔
[3]... فتاویٰ رضویہ، 23/565۔
[4]... فتاویٰ رضویہ، 25/101۔
[5]... مستدرک، کتاب الاشربہ، باب ان اعظم الکبائر... الخ، 5/203، حدیث:7318، دار المعرفہ بیروت۔

شراب پینے کے گُناہ میں مبتلا ہونے کے بعض اسباب

☆ شراب پینے والے لوگوں کے پاس اُٹھنا بیٹھنا ☆ جہالت (جیسا کہ بعض لوگ یہ سمجھتے ہیں کہ شراب پینے سے غم دُور ہو جاتے ہیں) ☆ ناچ گانے کی تقریبات (Function,s) میں شرکت کرنا، خاص طور پر Dance club,s میں جانا (ایسی جگہوں پر شراب نوشی عام پائی جاتی ہے اور دوسروں کی دیکھا دیکھی خود بھی اس گُناہ میں مبتلا ہونے کا اِحتمال ہوتا ہے)۔

شراب پینے سے بچنے کے لئے

☆ بُرے لوگوں کے پاس اُٹھنے بیٹھنے سے بچتے رہئے اور سنتوں کے پابند ایسے نیک پرہیزگار لوگوں کی صحبت اختیار کیجئے جن کے پاس بیٹھنے سے فکرِ آخرت پیدا ہو، گُناہوں سے نفرت ہو اور نیکیاں کرنے کا ذِہن بنے۔ ☆ شراب پینے کے عذاب پر غور کیجئے کہ بروزِ قیامت شرابی کو جہنّم کا کھولتا ہوا پانی پلایا جائے گا[1] وغیرہ۔ ☆ شراب پینے کے طِبّی نقصانات پیشِ نظر رکھئے مثلاً شراب کی وجہ سے دل، جگر، گردوں اور ہڈیوں وغیرہ کے امراض پیدا ہوتے ہیں۔

نوٹ: شراب کے متعلق مزید احکام اور اس کی تباہ کاریاں جاننے کے لئے بہارِ شریعت، حصّہ 17، صفحہ 670 تا 675 اور رِسالہ بُرائیوں کی ماں کا مُطالَعہ کیجئے۔

(37) سُود (Usury)

سُود (Usury) کی تعریف

عقدِ مُعاوَضہ (یعنی لین دَین کے کسی مُعامَلے) میں جب دونوں طرف مال ہو اور ایک طرف زیادتی ہو کہ اس کے مُقابِل (یعنی بدلے) میں دوسری طرف کچھ نہ ہو یہ سُود ہے۔[2]

---

[1]... مسند امام احمد، مسند الانصار، 9/186، حدیث: 22854، دار الکتب العلمیہ بیروت۔
[2]... بہار شریعت، 2/769، حصہ: 11۔

اسی طرح قرض دینے والے کو قرض پر جو نفع، جو فائدہ حاصِل ہو وہ سب بھی سُود ہے۔[1]

سود کی مثال

جو چیز ماپ یا تول سے بکتی ہو جب اس کو اپنی جنس سے بدلا جائے مثلاً گیہوں (گندم) کے بدلے میں گیہوں (گندم)، جَو کے بدلے میں جَو لئے اور ایک طرف زیادہ ہو حرام ہے اور اگر وہ چیز ماپ یا تول کی نہ ہو یا ایک جنس کو دوسری جنس سے بدلا ہو تو سود نہیں۔ عمدہ اور خراب کا یہاں کوئی فرق نہیں یعنی تبادلۂ جنس میں ایک طرف کم ہے مگر یہ اچھی ہے دوسری طرف زیادہ ہے وہ خراب ہے جب بھی سود اور حرام ہے، لازِم ہے کہ دونوں ماپ یا تول میں برابر ہوں۔ جس چیز پر سود کی حرمت کا دار مدار ہے وہ قدر و جنس ہے۔ قدر سے مراد وزن یا ماپ ہے۔[2]

"سود" کے متعلق مختلف احکام

(1): سود حرامِ قطعی ہے، اس کی حرمت کا منکر (یعنی حرام ہونے کا اِنکار کرنے والا) کافِر ہے۔[3] (2): جس طرح سود لینا حرام ہے سود دینا بھی حرام ہے۔[4]

آیتِ مبارکہ

اَلَّذِیْنَ یَاْكُلُوْنَ الرِّبٰوا لَا یَقُوْمُوْنَ اِلَّا كَمَا یَقُوْمُ الَّذِیْ یَتَخَبَّطُهُ الشَّیْطٰنُ

ترجمۂ کنز الایمان: وہ جو سود کھاتے ہیں قیامت کے دن نہ کھڑے ہوں گے مگر جیسے کھڑا ہوتا ہے وہ

---

[1]... فتاویٰ رضویہ، 17/713۔

[2]... بہار شریعت، 2/769، حصہ:11۔

[3]... بہار شریعت، 2/768، حصہ:11۔
منح الروض الازہر، ص468، دار البشائر الاسلامیہ۔

[4]... بہار شریعت، 2/776، حصہ:11 بتغیر قلیل۔

مِنَ الۡمَسِّ ؕ (پ3، البقرۃ: 275) جسے آسیب نے چھو کر مخبوط بنا دیا ہو۔

فرمانِ مصطفےٰ صلی اللہ علیہ والہٖ وسلم

رات میں نے دیکھا کہ میرے پاس دو شخص آئے اور مجھے زمینِ مقدس (بیت المقدس) میں لے گئے پھر ہم چلے یہاں تک کہ خون کے دریا پر پہنچے، یہاں ایک شخص کنارے پر کھڑا ہے جس کے سامنے پتھر پڑے ہوئے ہیں اور ایک شخص بیچ دریا میں ہے، یہ کنارے کی طرف بڑھا اور نکلنا چاہتا تھا کہ کنارے والے شخص نے ایک پتھر ایسے زور سے اُس کے منہ پر مارا کہ جہاں تھا وہیں پہنچا دیا پھر جتنی بار وہ نکلنا چاہتا ہے کنارے والا منہ پر پتھر مار کر وہیں لوٹا دیتا ہے۔ میں نے پوچھا: یہ کون شخص ہے؟ کہا: یہ شخص جو نہر میں ہے، سود خوار (یعنی سود کھانے والا) ہے۔[1]

سودی لین دین کے بعض اسباب

★ مال کی حِرْص ★ فضول خرچی خاص طور پر شادی وغیرہ تقریبات (Function,s) میں فضول رسموں کی پابندی کہ ایسے افراد کم خرچ پر قناعَت نہ کرنے کی وجہ سے سود پر قَرض اُٹھا لیتے ہیں۔ ★ عِلمِ دین کی کمی کہ بعض اوقات سود سے بچنے کا ذِہن بھی ہوتا ہے مگر معلومات نہ ہونے کی وجہ سے آدمی اس کے لین دین میں مبتلا ہو جاتا ہے۔

سودی لین دین سے بچنے کے لئے

★ قناعَت اختیار کیجئے۔ ★ لمبی امیدوں سے کنارہ کشی کیجئے اور موت کو کثرت سے یاد کیجئے، اِن شاءَ اللہ! دل سے دنیا کی محبت نکلے گی اور آخرت کی تیاری کرنے کا ذِہن بنے گا۔ ★ سود کے عذابات اور اس کے دُنْیَوی نقصانات کو پڑھئے / سنئے اور غور کیجئے کہ یہ

[1]... بخاری، کتاب البیوع، باب آکل الربا وشاھدہ وکاتبہ، ص 543، حدیث: 2085۔

کس قدر تباہی وبربادی کا سبب بنتا ہے۔

نوٹ: سود کے بارے میں تفصیلی معلومات کے لئے کتاب سود اور اس کا عِلاج کا مُطالَعہ کیجئے۔

(38): رشوت (Bribery)

رشوت کی تعریف

جو پرایا حق دبانے کے لئے دیا جائے (وہ) رشوت ہے یونہی جو اپنا کام بنانے کے لئے حاکم کو (یا حاکم کے عِلاوہ کسی اور کو بھی) دیا جائے (وہ) رشوت ہے لیکن اپنے اوپر سے دفعِ ظلم (یعنی ظلم دور کرنے) کے لئے جو کچھ دیا جائے (وہ) دینے والے کے حق میں رشوت نہیں، یہ دے سکتا ہے (لیکن) لینے والے کے حق میں وہ بھی رشوت ہے اور اسے لینا حرام (ہے)۔[1]

رشوت کے لین دین کی مثالیں

★ زید نے کسی کی جائیداد پر ناجائز قبضہ کرنے کے لئے حاکم کو ایک لاکھ روپے دیئے تو یہ ایک لاکھ روپے رشوت ہیں۔ ★ اسی طرح بکر نے منصب پانے کے لئے افسر کو 50 ہزار روپے دیئے تو یہ 50 ہزار روپے بھی رشوت ہیں۔

”رشوت“ کے متعلق مختلف احکام

(1): رشوت کا لین دین قطعی حرام اور جہنّم میں لے جانے والا کام ہے۔[2]

(2): رشوت لینا دینا اور دونوں کے درمیان دَلّالی (Dealing) کرنا حرام وگناہ ہے۔[3]

(3): جس نے کوئی مال رشوت سے حاصِل کیا ہو تو اس پر فرض ہے کہ جس جس سے وہ مال

---

[1]... فتاویٰ رضویہ، 23/597۔

[2]... کفریہ کلمات کے بارے میں سوال جواب، ص 181۔

[3]... جہنم کے خطرات، ص 71، مکتبۃ المدینہ کراچی۔

لیا انہیں واپس کر دے، اگر وہ لوگ زندہ نہ رہے ہوں تو ان کے وارِثوں کو وہ مال دے دے، اگر دینے والوں کا یا ان کے وارِثوں کا پتا نہ چلے تو وہ مال فقیروں پر صدقہ کر دے، خرید و فروخت وغیرہ میں اس مال کو لگانا حرام ہے۔ اس کے عِلاوہ اور کوئی طریقہ مالِ رشوت کے وبال سے سبک دَوش ہونے (یعنی نجات پانے) کا نہیں ہے۔[1]

آیتِ مُبارکہ

وَ لَا تَاْكُلُوْۤا اَمْوَالَكُمْ بَیْنَكُمْ بِالْبَاطِلِ وَ تُدْلُوْا بِهَاۤ اِلَى الْحُكَّامِ لِتَاْكُلُوْا فَرِیْقًا مِّنْ اَمْوَالِ النَّاسِ بِالْاِثْمِ وَ اَنْتُمْ تَعْلَمُوْنَ۠ ﴿۱۸۸﴾ (پ2، البقرۃ:188)

ترجمۂ کنزالایمان: اور آپس میں ایک دوسرے کا مال ناحق نہ کھاؤ اور نہ حاکموں کے پاس ان کا مُقَدَّمہ اس لئے پہنچاؤ کہ لوگوں کا کچھ مال ناجائز طور پر کھالو جان بوجھ کر۔

اس آیت میں باطِل طور پر کسی کا مال کھانا حرام فرمایا گیا خواہ لوٹ کر ہو یا چھین کر، چوری سے یا جوئے سے یا حرام تماشوں یا حرام کاموں یا حرام چیزوں کے بدلے یا رشوت یا جھوٹی گواہی سے، یہ سب ممنوع و حرام ہے۔[2]

فرمانِ مصطفےٰ صلی اللہ علیہ واٰلہٖ وسلم

اَلرَّاشِیْ وَالْمُرْتَشِیْ فِی النَّارِ یعنی رشوت لینے والا اور دینے والا دونوں جہنمی ہیں۔[3]

رشوت کے لین دین میں مبتلا ہونے کے بعض اسباب

★ مال کی حِرْص، بہت سارے افراد منصب، عہدے یا نوکری حاصِل کرنے کی

---

[1]... فتاویٰ رضویہ، 23/551 بتغیر قلیل۔

[2]... تفسیر صراط الجنان، پ2، البقرہ، تحت الآیۃ:188، 1/302۔

[3]... معجم اوسط، 1/550، حدیث:2026۔

جستجو میں رشوت دیتے ہیں۔ ★ جلد بازی کہ کام جلد کروانے کے لئے بھی رشوت کا لین دَین پایا جاتا ہے۔ ★ ناجائز طور پر کام نکلوانا ★ ظلم کہ کسی کے ساتھ نااِنصافی کرنے کے لئے بھی رشوت دی اور لی جاتی ہے۔

رشوت کے لین دَین سے محفوظ رہنے کے لئے

★ موت کو کثرت سے یاد کیجئے تاکہ دل سے مال کی حرص نکلے، گُناہوں سے بچنے کا ذہن بنے اور نیکیاں کرنے کی رغبت ملے۔ ★ اپنی طبیعت میں اطمینان اور سکون پیدا کیجئے اور جلد بازی سے بچئے۔ ★ رشوت کی تباہ کاریوں پر غور کیجئے کہ یہ کس قدر دُنیوی واُخْرَوی نقصانات کا سبب ہے، اِن شاءَ اللہ! اس سے بچنے کا ذِہْن بنے گا۔

﴿39﴾: اسراف (Wasting)

"اِسراف" کی تعریف

غیر حق میں صَرْف (یعنی خرچ) کرنا اسراف ہے، اسے تبذیر بھی کہتے ہیں۔[1]

"اِسراف" کی مثالیں

★ بِلا ضرورت لائٹس، پنکھے، A.C اور دوسری بجلی پر چلنے والی چیزوں کو چلتا چھوڑ دینا ★ وُضو کے دوران نل کو حاجت سے زیادہ اور بِلا ضرورت کھلا چھوڑ دینا ★ شادی کے موقعے پر ناچ گانا وغیرہ گُناہوں بھری تقریبات (Function,s) پر مال خرچ کرنا وغیرہ

"اِسراف" کے متعلق مختلف احکام

(1): اِسراف شرع میں مذموم (بُرا) ہی ہو کر آیا ہے۔[2] (2): دو صورتوں میں

[1]... فتاویٰ رضویہ، 1/926، جز:ب۔
تفسیر طبری، پ ۱۵، الاسراء، تحت الآیۃ:26، 8/68، حدیث:22248، دار الکتب العلمیہ بیروت۔
[2]... فتاویٰ رضویہ، 1/984، جز:ب۔

اِسراف ناجائز و گُناہ ہے ایک (یہ) کہ کسی گُناہ کے کام میں خرچ واستعمال کریں، دوسرے بے کار مَحض مال ضائع کریں۔[1] (3): واضح رہے کہ بھلائی کے کاموں میں خرچ کرنا مثلاً عیدِ میلادُ النَّبی صلی اللہ علیہ واٰلہٖ وسلم کے موقع پر گھروں، گلیوں اور محلوں کو سجانا، چراغاں کرنا اِسراف نہیں۔ عُلَما فرماتے ہیں: لَا خَیْرَ فِی الْاِسْرَافِ وَلَا اِسْرَافَ فِی الْخَیْرِ یعنی اِسراف میں کوئی بھلائی نہیں اور بھلائی کے کاموں میں کوئی اِسراف نہیں۔[2]

آیتِ مُبارکہ

وَلَا تُسْرِفُوْا ؕ اِنَّهٗ لَا یُحِبُّ الْمُسْرِفِیْنَ ﴿۱۴۱﴾ ترجمۂ کنزالایمان: اور بے جا نہ خرچو بے شک بے جا خرچنے والے اسے پسند نہیں۔ (پ8، الانعام: 141)

فرمانِ مصطفےٰ صلی اللہ علیہ واٰلہٖ وسلم

قیامت کے دِن انسان کے قدم نہ ہٹیں گے حتی کہ اُس سے پانچ چیزوں کے بارے میں سُوال کیا جائے گا: (1): اس کی عُمْر کے بارے میں کہ کن کاموں میں بسر کی (2): اس کی جوانی کے متعلق کہ کس طرح گزاری (3-4): اس کے مال کے حوالے سے کہ کہاں سے کمایا اور کہاں خرچ کیا اور (5): اپنے عِلْم پر کتنا عمل کیا۔[3]

اِسراف کے گُناہ میں مبتلا ہونے کے بعض اسباب

☆ غُرور و تکبر (ایسا شخص دوسروں پر اپنی برتری جتانے کے لئے بے جا دولت خرچ کرتا ہے)۔ ☆ عِلْمِ دِین سے دُوری (مختلف کاموں میں اِسراف کے مختلف پہلو ہوتے ہیں لہٰذا جب آدمی

---

[1]... فتاویٰ رضویہ، 1/ 940، جز: ب بتغیر قلیل۔

[2]... ملفوظات اعلیٰ حضرت، ص174، مکتبۃ المدینہ کراچی۔

[3]... ترمذی، ابواب صفۃ القیامۃ والرقائق والورع، باب فی القیامۃ، ص574، حدیث: 2416۔

کسی کام کا اِرادہ کرتا ہے تو اس کام کے متعلق شرعی احکام کا علم نہ ہونے کی صورت میں اس کا اِسراف اور اس کے عِلاوہ دوسرے گُناہوں میں پڑنے کا قوی احتمال ہوتا ہے)۔ ★ اپنی واہ واہ کی خواہش (دوسروں سے داد وُصول کرنے کے لئے پیسے کا بے جا استعمال ہمارے مُعاشَرے میں عام ہے)۔ ★ غفلت ولا پرواہی (کئی بار آدمی محض اپنی غفلت اور لاپرواہی کے سبب اِسراف میں مبتلا ہو جاتا ہے جیسے وُضو کرتے ہوئے نل کُھلا چھوڑ دینا، گھر اور آفس وغیرہ میں بجلی پر چلنے والی اشیاء کو محض سستی کی وجہ سے چلتا چھوڑ دینا، خوشی غمی کے موقعے پر کھانے پینے والی چیزیں سستی کی وجہ سے ضائع کر دینا)۔ ★ شہرت کی خواہش (بے حَیائی پر مشتمل فنکشن اور اس طرح کی دیگر خرافات میں خرچ کی جانے والی رَقم کا اَصل سبب شہرت کی طلب ہی ہوتا ہے)۔

اِسراف سے بچنے کے لئے

★ اِسراف کے انجام پر غور کیجئے کہ نعمت کی بے قدری کرنے کی وجہ سے اگر وہ نعمت ہم سے چھین لی گئی تو کیسی مشکل پیش آئے گی۔ ★ عِلمِ دِین حاصِل کیجئے تا کہ جہالت کے سبب ہونے والے اِسراف سے محفوظ رہیں۔ ★ عاجزی اختیار کیجئے۔ ★ موت کو کثرت سے یاد کیجئے، اِن شاءَ اللہ! دل سے دنیا کی محبت دُور ہو گی اور گُناہوں سے بچنے اور نیکیاں کرنے کا ذِہن بنے گا۔

نوٹ: اِسراف کی بعض صورتوں کے متعلق معلومات حاصل کرنے کے لئے امیرِ اہلسنت علامہ محمد الیاس عطار قادِری دامت بَرَکاتُہمُ العالیہ کا رِسالہ وُضو کا طریقہ، صفحہ 37-48 اور بجلی استعمال کرنے کے مدنی پھول کا مُطالَعہ کیجئے۔

(40): ماں باپ کی نافرمانی

اعلیٰ حضرت امام احمد رضا خان رحمۃُ اللہِ علیہ فرماتے ہیں: جو بِلا وجہِ شرعی ماں باپ کو ایذا

دے، ان کی نافرمانی کرے شریعت میں اسے عاق کہتے ہیں۔[1]

"ماں باپ کی نافرمانی" کی مثالیں

★ ماں باپ سے قطع تعلق کرلینا ★ ان کے کسی کام کا حکم دینے پر ناگواری اور اکتاہٹ کا اظہار کرنا ★ ان کے ساتھ بد تمیزی سے بات کرنا ★ انہیں اولڈ ہاؤس (Old house) میں بھیج دینا ★ بِلا وجہِ شرعی کسی بات میں ان کی مخالفت کرکے انہیں ناراض کرنا وغیرہ۔

"ماں باپ کی نافرمانی" کے متعلق مختلف احکام

(1): ماں باپ کی نافرمانی حرام ہے۔[2] (2): ماں باپ نے واضح لفظوں میں حکم نہیں دیا لیکن پتا ہے کہ کس بات میں ان کی رضا ہے اور کس میں ناراضی تب بھی ان کی رضامندی اور ناراضی کا خیال رکھنا ضروری ہے چنانچہ اعلیٰ حضرت امام احمد رضا خان رحمۃ اللہِ علیہ فرماتے ہیں: ان (یعنی والِدَین) کی نافرمانی اور ناراض کرنا دونوں حرام ہیں اور یہ ناراض اور راضی کرنا ان کے واضح حکم کے ساتھ خاص نہیں (یعنی اگر والِدَین نے حکم نہ بھی دیا ہو لیکن معلوم ہو کہ فلاں کام کرنے سے وہ ناراض ہوں گے تب بھی اس کام سے بچنا ضروری ہو گا)۔[3]

(3): والِدَین اگر کسی ناجائز بات کا حکم کریں تو اس میں اُن کی اطاعت جائز نہیں۔[4]

آیتِ مُبارَکہ

وَ وَصَّیْنَا الْاِنْسَانَ بِوَالِدَیْهِۚ حَمَلَتْهُ اُمُّهٗ وَهْنًا عَلٰى وَهْنٍ وَّ فِصٰلُهٗ فِیْ عَامَیْنِ اَنِ

ترجمۂ کنز الایمان: اور ہم نے آدمی کو اس کے ماں باپ کے بارے میں تاکید فرمائی اس کی ماں نے

---

[1]... فتاویٰ رضویہ، 6/596۔

[2]... فتاویٰ رضویہ، 22/116۔

[3]... فتاویٰ رضویہ، 10/679۔

[4]... فتاویٰ رضویہ، 25/204 بتغیر قلیل۔

اشْكُرْ لِيْ وَ لِوَالِدَيْكَ ؕ اِلَیَّ الْمَصِيْرُ ﴿۱۴﴾ (پ 21، لقمٰن:14) اسے پیٹ میں رَکھا کمزوری پر کمزوری جھیلتی ہوئی اور اس کا دودھ چھوٹنا دو برس میں ہے یہ کہ حق مان میرا اور اپنے ماں باپ کا آخر مجھی تک آنا ہے۔

فرمانِ مصطفٰے صلی اللہ علیہ والہٖ وسلم

جس نے اس حال میں صبح کی کہ اپنے ماں باپ کا فرمانبردار ہے، اس کے لئے صبح ہی کو جنت کے دو دروازے کھل جاتے ہیں اور ماں باپ میں سے ایک ہی ہو تو ایک دروازہ کھلتا ہے اور جس نے اس حال میں شام کی کہ ماں باپ کے بارے میں اللہ پاک کی نافرمانی کرتا ہے اس کے لئے جہنّم کے دو دروازے کھل جاتے ہیں اور (ماں باپ میں سے) ایک ہو تو ایک دروازہ کھلتا ہے۔ ایک شخص نے عَرض کی: اگرچہ ماں باپ اس پر ظلم کریں؟ فرمایا: اگرچہ ظلم کریں، اگرچہ ظلم کریں، اگرچہ ظلم کریں۔[1]

ماں باپ کی نافرمانی میں پڑنے کے بعض اسباب

★ ماں باپ کے حُقُوق سے لاعلمی ★ مختلف گُناہ بالخُصُوص شراب نوشی، جوا، چوری وغیرہ (یہ مُعاشَرے میں والِدَین کے لئے سخت ذِلّت ورسوائی کا سبب بنتے ہیں)۔ ★ والِدَین کے درمیان کوئی ناراضی ہو تو ان میں سے کسی ایک کی طرف داری۔ ★ دوستوں کو والِدَین پر ترجیح دینا۔ ★ والِدَین کے حق کو ہلکا جاننا۔ ★ بری صحبت۔ ★ اچھی تربیت نہ ہونا۔

والِدَین کا فرمانبردار بننے کے لئے

★ عِلمِ دین حاصِل کیجئے تاکہ والِدَین کے حقوق کا پتا چلے اور ان کی اہمیت دل میں بیٹھے۔ ★ اچھی صحبت اختیار کیجئے اور بُرے لوگوں کے ساتھ میل جول اور ان کے پاس

[1]... شعب الایمان، فصل فی حفظ حق الوالدین... الخ، 6/206، حدیث: 7916۔

اُٹھنے بیٹھنے سے اِجتِناب (یعنی پرہیز) کیجئے۔ ★ ذاتی دوستیاں ترک کیجئے اور والِدَین کو زیادہ وَقت دیجئے۔ ★ ان کی ہر بات پر لبیک کہتے ہوئے فوراً عمل کیجئے۔ ★ والِدَین کی نافرمانی اور ان کو تکلیف پہنچانے کے نتائج پر غور کیجئے کہ والِدَین کا نافرمان دنیا میں بھی سزا پاتا ہے اور جہنّم کے دردناک عذاب کا حق دار بھی بنتا ہے۔

نوٹ: ماں باپ کی فرماں برداری کا ذِہن بنانے کے لئے امیرِ اہلسنت علامہ محمد الیاس عطّار قادِری دامت بَرَکاتُہم العالیہ کے رِسالے سمندری گنبد کا مُطالَعہ مفید ہے۔

(41): گناہوں پر مدد

"گناہوں پر مدد" کی چند صورتیں

★ کسی کو شراب پینے یا جوا کھیلنے کے لئے رقم دینا ★ پیشہ ور بھکاریوں کو کچھ دینا ★ جو فَرض ہونے کے باوجود بلا عذرِ شرعی رمضان کا روزہ نہ رکھے یا توڑ دے اس کو کچھ کھلانا پلانا ★ کسی کو گناہ کے آلات مثلاً میوزک سسٹم خریدنے کے لئے رقم دینا۔

گناہوں پر مدد کرنے کا شرعی حکم

گناہ پر مدد کرنا بھی گناہ ہے۔[1]

آیتِ مُبارکہ

وَلَا تَعَاوَنُوْا عَلَى الْاِثْمِ وَالْعُدْوَانِ ۠ وَاتَّقُوا اللّٰهَ ؕ اِنَّ اللّٰهَ شَدِیْدُ الْعِقَابِ ۝۲ (پ6، المآئدۃ:2)

ترجمہ کنزالایمان: اور گناہ اور زیادتی پر باہم مدد نہ دو اور اللہ سے ڈرتے رہو بے شک اللہ کا عذاب سخت ہے۔

---

[1]... رسائل ابن نجیم، الرسالۃ الثالثۃ والثلاثون فی بیان الکبائر۔۔۔الخ، ص353، 354 ملتقطاً۔

"گناہوں پر مدد" کے گناہ میں مبتلا ہونے کے بعض اسباب

★ عِلْمِ دین سے دوری (کئی صورتوں میں لوگوں کو پتا ہی نہیں ہوتا کہ یہ بھی گناہ پر مدد کرنا ہے) ★ برے لوگوں سے دوستی و میل جول (کہ بعض اوقات آدمی مُرَوَّت میں آکر گناہ کے کام میں ان کی مدد کر بیٹھتا ہے)۔

"گناہوں پر مدد" کے گناہ سے بچنے کے لئے

★ عِلْمِ دین حاصل کیجئے ★ بری صحبت سے بچئے اور پابندِ شریعت نیک پرہیزگار لوگوں کی صحبت اختیار کیجئے۔ ★ بے جا کی مُرَوَّت سے پیچھا چھڑائیے۔

(42): دھوکا دہی

"دھوکا دہی" کی تعریف

بُرائی کو دل میں چُھپا کر اچھائی ظاہِر کرنا دھوکا ہے۔[1]

"دھوکا دہی" کی چند مثالیں

★ کسی چیز کا عیب چھپا کر اس کو بیچنا ★ اَصْل بتا کر نقل دے دینا ★ خریدار سے چھپا کر صحیح چیز کے ساتھ کچھ خراب چیز بھی ڈال دینا جیسا کہ بعض پھل فروش ایسا کرتے ہیں ★ غلط بیانی کر کے کسی سے مال بٹورنا جیسا کہ پیشہ ور بھکاریوں کا طریقہ ہے ★ وہ کھیل تماشے جن میں محض ہاتھ کی صفائی دکھا کر دیکھنے والوں کو بے وقوف بنایا جاتا ہے وغیرہ۔

"دھوکا دہی" کے متعلق مختلف احکام

(1): مسلمانوں کے ساتھ مَکْر یعنی دھوکا بازی قطعاً حرام اور گُناہِ کبیرہ ہے جس کی سزا

---

[1]... تفسیر نعیمی، پ1، البقرۃ، تحت الآیۃ:9، 1/164۔

جہنم کا عذابِ عظیم ہے۔[1] (2): مکر و فریب اور ڈرا دھمکا کر کسی سے مال لینا قطعی حرام ہے۔[2] (3): حربی کافِر کا مال جو بغیر دھوکہ دہی کے ملے حلال ہے۔[3] (4): اعلیٰ حضرت امام احمد رضا خان رحمۃُ اللہِ علیہ ارشاد فرماتے ہیں: اعمال جس میں کچھ نہ ہوں جیسے آج کل کے بھانمتی (یعنی مداری) تماشے کرتے ہیں اس میں محض ہتھ پھیری ہوتی ہے۔ عُلَمائے کِرَام فرماتے ہیں: یہ بھی حرام ہے کہ اس میں دھوکا دینا ہے اور دھوکا دینا شریعت پسند نہیں فرماتی۔ حدیث میں ہے:[4] مَنْ غَشَّنَا فَلَيْسَ مِنَّا وہ ہم میں سے نہیں جو دھوکا دے۔[5]

آیتِ مُبارَکہ

اَفَاَمِنَ الَّذِيْنَ مَكَرُوا السَّيِّاٰتِ اَنْ يَّخْسِفَ اللّٰهُ بِهِمُ الْاَرْضَ اَوْ يَاْتِيَهُمُ الْعَذَابُ مِنْ حَيْثُ لَا يَشْعُرُوْنَ ۝۴۵ (پ14، النحل، 45)

ترجمۂ کنزالایمان: تو کیا جو لوگ برے مکر کرتے ہیں اس سے نہیں ڈرتے کہ اللہ انھیں زمین میں دھنسا دے یا انھیں وہاں سے عذاب آئے جہاں سے انھیں خبر نہ ہو۔

فرمانِ مصطفےٰ صلی اللہ علیہ والہٖ وسلم

ملعون (لعنت کیا گیا) ہے وہ شخص جس نے کسی مؤمن کو نقصان پہنچایا یا دھوکا دیا۔[6]

"دھوکا دہی" کے گناہ میں مبتلا ہونے کے بعض اسباب

★ مال جمع کرنے کا لالچ ★ دوسروں کو بے وقوف بنا کر خوش ہونا ★ بری صحبت

---

[1]... جہنم کے خطرات، ص171 ملتقطاً۔

[2]... فتاویٰ رضویہ، 19 / 653،

[3]... مراٰۃ المناجیح، 1 / 164۔

[4]... ملفوظاتِ اعلیٰ حضرت، ص476۔

[5]... مسلم، کتاب الایمان، باب قول النبی صَلَّی اللّٰہُ عَلَیْہِ وَسَلَّم: من غشنا فلیس منا، ص57، حدیث: 164(101)۔

[6]... ترمذی، کتاب البر والصلۃ، باب ماجاء فی الخیانۃ والغش، ص475، حدیث: 1941۔

★ خیانت کرنے کی عادت۔

”دھوکا دہی“ کے گناہ سے بچے رہنے کے لئے

★ اپنے دِل میں احترامِ مسلم کا جذبہ بیدار کیجئے، اس کے لئے امیرِ اہلسنت علامہ محمد الیاس عطّار قادِری دامت بَرَکاتُہُمُ العالیہ کے رسالے ”احترامِ مسلم“ کا مُطَالَعَہ مفید ہے۔ ★ مَکْر یعنی دھوکا بازی کے دُنیَوی واُخْرَوی نقصانات کو پیشِ نظر رکھئے، مثلاً دھوکے باز سے سب لوگ دور بھاگتے ہیں، کوئی ایسے شخص کے ساتھ میل جول اور خرید وفروخت وغیرہ مُعَاملات کرنا پسند نہیں کرتا مزید یہ کہ اس کام میں جہنم کی حق داری بھی ہے۔ ★ قناعَت اختیار کیجئے اور مال و دولت کا لالچ دِل سے دُور کر دیجئے کہ یہ بہت بُرا مرض ہے۔ ★ قبر کی تنگی و وَحشت اور قیامت کی ہولناکیوں کو کثرت کے ساتھ یاد کیجئے، اِن شاءَ اللہ! گناہوں سے بچنے اور نیکیاں کرنے کا ذہن بنے گا۔ ★ صِرف نیک، پرہیز گار عاشِقانِ رسول کی صحبت اختیار کیجئے اور برے لوگوں سے ہمیشہ دور رہیے۔

نوٹ: مکر یعنی دھوکہ بازی کے متعلق مزید جاننے کے لئے اِحیاءُ العُلُوم، جلد دُوم، صفحہ 289 تا 307 کا مُطَالَعَہ کیجئے۔

(43): جوا (Gambling)

”جوے (Gambling)“ کی تعریف

ہر وہ کھیل جس میں یہ شرط ہو کہ مغلوب (یعنی ناکام ہونے والے) کی کوئی چیز غالِب (یعنی کامیاب ہونے والے) کو دی جائے گی، وہ جوا ہے۔[1]

[1]... التعریفات، ص259، دار النفائس بیروت۔

”جوے“ کی مثالیں

★ مختلف کھیل مثلاً گھڑ دوڑ، کرکٹ، کیرم، بلیرڈ، تاش، شطرنج وغیرہ دو طرفہ شرط لگا کر کھیلے جاتے ہیں کہ ہارنے والا جیتنے والے کو اتنی رقم یا فلاں چیز دے گا یہ بھی جوا ہے ★ گھروں یا دفتروں میں چھوٹی موٹی باتوں پر جو اس طرح کی شرطیں لگتی ہیں کہ اگر میری بات درست نکلی تو تم کھانا کھلاؤ گے اور اگر تمہاری بات سچ نکلی تو میں کھانا کھلاؤں گا ★ آج کل موبائل پر کمپنی کو میسج (Message) کرنے پر ایک مخصوص رقم کٹتی ہے اور اس پر بھی انعامات رکھے جاتے ہیں یہ سب جوئے میں داخل ہیں۔

”جوے“ کے متعلق مختلف احکام

(1): جوا کھیلنا حرام ہے۔[1] (2): اسی طرح جوا کا اڈہ چلانا، جوے کے آلات بیچنا خریدنا سب حرام اور جہنم میں لے جانے والے کام ہیں۔[2] (3): جوا کھیلنے والا اگر نادِم ہوا تو اُس کو چاہئے کہ بارگاہِ الٰہی میں سچی توبہ کرے مگر جو کچھ مال جیتا ہے وہ بدستور حرام ہی رہے گا،[3] اس ضِمن میں رہنمائی کرتے ہوئے میرے آقا اعلیٰ حضرت رحمۃ اللہِ علیہ فرماتے ہیں: جس قدر مال جوے میں کمایا محض حرام ہے۔ اور اس سے براءَت (یعنی نجات) کی یہی صورت ہے کہ جس جس سے جتنا جتنا مال جیتا ہے اُسے واپس دے یا جیسے بنے اُسے راضی کر کے معاف کرالے۔ وہ نہ ہو تو اُس کے وارِثوں کو واپس دے، یا اُن میں جو عاقِل بالغ ہوں ان کا حصہ اُن کی رِضامندی سے معاف کرالے۔ باقیوں کا حصّہ ضرور انہیں دے کہ اِس کی معافی ممکن نہیں، اور جن لوگوں کا پتا کسی طرح نہ چلے، نہ اُن کا، نہ اُن کے وَرَثہ کا،

---

[1]... غیبت کی تباہ کاریاں، ص185 ملتقطا۔
[2]... غیبت کی تباہ کاریاں، ص185 ملتقطا۔
[3]... غیبت کی تباہ کاریاں، ص190۔

اُن سے جس قدر جیتا تھا اُن کی نیت سے خیرات کر دے۔[1]

آیتِ مُبارَکہ

یٰۤاَیُّهَا الَّذِیْنَ اٰمَنُوْۤا اِنَّمَا الْخَمْرُ وَ الْمَیْسِرُ وَ الْاَنْصَابُ وَ الْاَزْلَامُ رِجْسٌ مِّنْ عَمَلِ الشَّیْطٰنِ فَاجْتَنِبُوْهُ لَعَلَّكُمْ تُفْلِحُوْنَ ﴿۹۰﴾

(پ7، المآئدۃ:90)

ترجمۂ کنز الایمان: اے ایمان والو شراب اور جوا اور بت اور پانسے ناپاک ہی ہیں شیطانی کام تو اِن سے بچتے رہنا کہ تم فلاح پاؤ۔

فرمانِ مصطفٰے صلی اللہ علیہ والہ وسلم

جس نے نَرْدشِیر (جوا کھیلنے کا آلہ) سے کھیلا تو گویا اس نے اپنا ہاتھ خنزیر کے گوشت اور خون میں ڈبو دیا۔[2]

جوا کھیلنے کے گُناہ میں مبتلا ہونے کے بعض اسباب

★ جوا کھیلنے والے لوگوں کے پاس اُٹھنا بیٹھنا ★ جہالت (بعض اوقات معلومات نہ ہونے کی وجہ سے آدمی جوے کی کسی صورت میں مبتلا ہو جاتا ہے) ★ گیم کلب (Game club) میں جانا (ایسی جگہوں پر جوے بازی عام پائی جاتی ہے اور دوسروں کی دیکھا دیکھی خود بھی اس گُناہ میں مبتلا ہونے کا اِحتمال ہوتا ہے)۔

جوا کھیلنے سے بچنے کے لئے

★ برے لوگوں کے پاس اٹھنے بیٹھنے سے بچتے رہئے اور سنتوں کے پابند ایسے نیک پرہیز گار لوگوں کی صحبت اِختیار کیجئے جن کے پاس بیٹھنے سے فکرِ آخرت پیدا ہو، گناہوں

---

[1]... فتاویٰ رضویہ، 19 / 651، 652 ملتقطاً۔

[2]... ابن ماجہ، کتاب الادب، باب اللعب بالنرد، ص604، حدیث:3763۔

سے نفرت ہو اور نیکیاں کرنے کا ذِہن بنے۔ ★ جوا کھیلنے کے نقصانات پر غور کیجئے مثلاً اس کی وجہ سے قیمتی چیزیں اور جائیداد ہاتھ سے نکل جاتی ہیں، جواری کو اور اس کے گھر والوں کو محلے میں بہت ذلت اٹھانی پڑتی ہے۔

نوٹ: جوے کے متعلق مزید معلومات کے لئے امیرِ اہلسنت علامہ محمد الیاس عطّار قادِری کی کتاب غیبت کی تباہ کاریاں، صفحہ نمبر 184 تا 191 کا مُطالعہ کیجئے۔

(44): حرام مال

"حرام مال" کی تعریف

جو مال حرام ذریعے سے حاصِل کیا جائے وہ حرام مال ہے۔[1]

"حرام مال" کی چند مثالیں

★ غصب، چوری، ڈاکہ، رشوت اور جوئے کے ذریعے حاصِل کیا ہوا مال ★ سود ★ بھتہ خوری اور پرچیاں بھیج کر ہِراساں (خوفزدہ) کرکے وُصول کیا ہوا مال ★ ناچ گانا، زِنا اور شراب کی کمائی ★ داڑھی مونڈنا وغیرہ حرام کاموں کی اجرت وغیرہ۔

"حرام مال" کے متعلق مختلف احکام

(1): حرام ذریعے سے مال حاصِل کرنا گناہ اور جہنم میں لے جانے والا کام ہے۔ (2): جس کا لینا حرام ہے، دینا بھی حرام ہے (مثلاً سود لینا حرام ہے دینا بھی حرام ہے، رشوت لینا حرام ہے دینا بھی حرام ہے وغیرہ)۔[2] (3): مالِ حرام میں سے کوئی پیسہ اپنے کھانے، پہننے یا کسی

---

[1]... حدیقہ ندیہ، الصنف السادس فی آفات البطن و مفاسدہ، 5/16 ملخصاً۔
مرأۃ المناجیح، 4/233 بتغیر۔
[2]... ملفوظاتِ اعلیٰ حضرت، ص 114۔

اور مصرف (یعنی کام) میں لگانا حرام ہے۔[1] (4): حرام روپیہ کسی کام میں لگانا اصلاً (یعنی بالکل) جائز نہیں، نہ نیک کام (مثلاً مسجد و مدرسہ وغیرہ کی تعمیر) میں لگا سکتے ہیں نہ کسی اور کام (مثلاً خرید و فروخت وغیرہ) میں۔[2] (5): زبانی توبہ سے حرام مال پاک نہیں ہو سکتا بلکہ توبہ کے لئے شرط ہے کہ جس جس سے لیا ہے واپس دے وہ (زندہ) نہ رہے ہوں تو ان کے وارِثوں کو دے (اگر اَصل مالِک یا اس کے وارِثوں کا) پتانہ چلے تو اتنا مال (بلانیتِ ثواب) صدقہ کر دے اس کے عِلاوہ (کوئی طریقہ مالِ حرام کے) گُناہ سے براءَت (یعنی چھٹکارے) کا نہیں۔[3] (6): اسے (یعنی حرام مال کو) خیرات کر کے جیسا پاک مال پر ثواب ملتا ہے اس کی امید رکھے تو سخت حرام ہے بلکہ فُقَہا نے کُفر لکھا ہے، ہاں! وہ جو شرع نے حکم دیا کہ حق دار (یعنی جس کا مال ہے وہ یا وہ نہ رہا ہو تو اس کا وارِث اور وہ بھی) نہ ملے تو فقیر پر تَصَدُّق (خیرات) کر دے اس حکم کو مانا تو اس پر (یعنی حکمِ شریعت پر عمل کرنے پر) ثواب کی امید کر سکتا ہے۔[4]

آیتِ مُبارَکہ

يٰۤاَيُّهَا الَّذِيْنَ اٰمَنُوْا لَا تَاْكُلُوْۤا اَمْوَالَكُمْ بَيْنَكُمْ بِالْبَاطِلِ

ترجمۂ کنزالایمان: اے ایمان والو آپس میں ایک دوسرے کے مال ناحق نہ کھاؤ۔ (پ5، النساء:29)

اس آیت میں باطِل (یعنی ناحق) طریقے سے مراد (ہر) وہ طریقہ ہے جس سے مال حاصِل کرنا شریعت نے حرام قرار دیا ہے۔[5]

---

[1]... فتاویٰ رضویہ، 23/561 بتغیر قلیل۔

[2]... فتاویٰ رضویہ، 23/580 بتغیر قلیل۔

[3]... فتاویٰ رضویہ، 23/544 بتغیر قلیل۔

[4]... فتاویٰ رضویہ، 23/580۔

[5]... تفسیر صراط الجنان، پ5، النساء، تحت الآیۃ:29، 2/182۔

فرمانِ مصطفٰے صلی اللہ علیہ واٰلہٖ وسلم

بندہ حرام ذریعے سے جو مال کمائے اگر اسے خرچ کرے گا تو اُس میں برکت نہ ہو گی اور اگر صدقہ کرے گا تو وہ مقبول نہیں ہو گا اور اگر اُس کو اپنی پیٹھ پیچھے چھوڑ کر مر جائے گا تو وہ اس کے لئے جہنم میں جانے کا سامان ہے، بے شک اللہ پاک برائی سے برائی کو نہیں مِٹاتا، ہاں! نیکی سے برائی کو مِٹا دیتا ہے۔[1]

”حرام مال“ کے گُناہ میں مبتلا ہونے کے بعض اسباب

★عِلْمِ دین کی کمی (کہ خرید و فروخت کے شرعی احکام نہ جاننے کے سبب ایک تعداد ہے جو نہ چاہتے ہوئے بھی حرام میں جا پڑتی ہے) ★مال و دولت کی حِرْص ★دُنیا کی محبت ★راتوں رات امیر بننے کی خواہش ★مفت خوری کی عادت اور کام کاج سے دور بھاگنا ★بری صحبت (جیسے جوا کھیلنے والوں کے پاس اٹھنے بیٹھنے والا خود بھی جوا کھیلنے میں مبتلا ہو جاتا ہے)۔

”حرام مال“ کے گُناہ سے بچے رہنے کے لئے

★عِلْمِ دین حاصِل کیجئے، بالخُصُوص خرید و فروخت اور کسبِ مَعَاش کے متعلق ضروری احکام و مسائل سیکھ لیجئے۔ ★موت اور قبر و آخرت کو کثرت کے ساتھ یاد کیجئے، اِن شاءَ اللہ! دِل سے مال اور دنیا کی محبت نکلے گی اور نیکیاں کرنے کا ذہن بنے گا۔ ★جہنم کے ہولناک عذابات کا مطالعہ کیجئے اور اپنے نازک بدن پر غور کیجئے کہ اگر کسبِ حرام کے سبب ان میں سے کوئی عذاب ہم پر مُسَلَّط کر دیا گیا تو ہمارا کیا بنے گا۔ ★کسبِ حلال کے فضائل اور حرام مال کے نقصانات کو پیشِ نظر رکھئے۔ ★توکُّل اختیار کیجئے نیز یہ بات اچھی طرح ذہن میں بٹھا لیجئے کہ کسی کی قسمت میں جتنا رزق ملنا لکھا ہو وہ اسے مل کر رہتا ہے اور

[1]... مسند امام احمد، 2/505، حدیث:3744۔

نہ کبھی کسی کو مقدر سے کم ملتا ہے نہ زِیادہ، لٰہذا عقل مند وہی ہے جو اپنے حصے کا رزق حلال طریقے سے حاصِل کرے۔ ✯ نیک پرہیز گار لوگوں کی صحبت اختیار کیجئے اور برے لوگوں سے ہمیشہ دور رہیے۔

نوٹ: خرید و فروخت اور ملازمت کے متعلق تفصیلی احکام جاننے کے لئے کتاب بہارِ شریعت، حصہ 11 اور امیرِ اہلسنت علامہ محمد الیاس عطّار قادری دامت بَرَکاتُہمُ العالیہ کا رِسالہ حلال طریقے سے کمانے کے 50 مدنی پھول کا مُطالَعہ کیجئے۔

﴿45﴾: ناحق یتیم کا مال کھانا

”ناحق یتیم کا مال کھانے“ کا معنی

وہ نابالغ بچہ یا بچی جس کا والِد فوت ہو گیا ہے اس کے مال و جائید اد پر قبضہ کر لینا یا بغیر اجازتِ شرعیہ کے کسی طرح کے استعمال میں لانا ”ناحق یتیم کا مال کھانا“ کہلائے گا۔

”ناحق یتیم کا مال کھانے“ کی مختلف صورتیں اور مثالیں

✯ یتیم کا مال غصب کر لینا یعنی چھین لینا ✯ اپنا گھٹیا مال دے کر اس کا عمدہ مال لے لینا ✯ یتیم کے مال سے نیاز، فاتحہ خیرات کرنا وغیرہ۔

”ناحق یتیم کا مال کھانے“ کے متعلق مختلف احکام

(1): یتیموں کا مال ناحق لینا سخت تر کبیرہ (گناہ) ہے۔[1] (2): کوئی شخص فوت ہو اور اس کے وُرَثاء میں یتیم بچے بھی ہوں تو (یتیم کا حصہ الگ کرنے سے پہلے) اس ترکے سے تیجہ، چالیسواں، نیاز، فاتحہ اور خیرات کرنا سب حرام ہے اور لوگوں کا یتیموں کے مال والی اس

[1]... فتاویٰ رضویہ، 6/496۔

نیاز، فاتحہ کے کھانے کو کھانا بھی حرام ہے[1] (3): یتیم کو تحفہ دے سکتے ہیں مگر اس کا تحفہ لے نہیں سکتے۔[2] (4): جس نے یتیم کا مال کھایا وہ ظنِّ غالِب کا اعتبار کرتے ہوئے اتنا مال ان کو لوٹائے اور ساتھ میں ان سے معافی بھی مانگے۔ یاد رہے کہ "یتیموں کا حق کسی کے معاف کئے معاف نہیں ہو سکتا بلکہ خود یتیم بھی معاف نہیں کر سکتے نہ اُن کی معافی کا کچھ اعتبار ہے۔ ہاں! یتیم بالغ ہونے کے بعد معاف کرے تو اس وَقْت معاف ہو سکے گا۔"[3]

آیتِ مُبارَکہ

اِنَّ الَّذِیْنَ یَاْكُلُوْنَ اَمْوَالَ الْیَتٰمٰى ظُلْمًا اِنَّمَا یَاْكُلُوْنَ فِیْ بُطُوْنِهِمْ نَارًاؕ-وَ سَیَصْلَوْنَ سَعِیْرًا۠(۱۰) (پ4، النساء:10)

ترجمۂ کنزالایمان: وہ جو یتیموں کا مال ناحق کھاتے ہیں وہ تو اپنے پیٹ میں نری آگ بھرتے ہیں اور کوئی دَم جاتا ہے کہ بھڑکتے دھڑے (بھڑکتی آگ) میں جائیں گے۔

فرمانِ مصطفےٰ صلی اللہ علیہ واٰلہٖ وسلم

یتیم کا مال ظلماً کھانے والا قیامت کے روز اس طرح اٹھے گا کہ اس کے منہ، کان، ناک اور آنکھوں سے آگ کا شعلہ نکلتا ہو گا جو اسے دیکھے گا پہچان لے گا کہ یہ یتیم کا مال ناحق کھانے والا ہے۔[4]

"ناحق یتیم کا مال کھانے" کے گناہ میں مبتلا ہونے کے بعض اسباب

☆ لالچ ☆ عِلْمِ دین کی کمی (بعض اوقات یتیم کا مال کھانے سے بچنے کا ذہن بھی ہوتا ہے

---

[1]... تفسیر صراط الجنان، پ4، النساء، تحت الآیۃ:2، 2/143۔

[2]... تفسیر صراط الجنان، پ4، النساء، تحت الآیۃ:2، 2/142۔

[3]... فتاویٰ رضویہ، 6/496 ملتقطاً۔

[4]... تفسیرِ طبری، پ4، النساء، تحت الآیۃ:10، 3/615، حدیث:8724۔

لیکن شرعی معلومات نہ ہونے کی وجہ سے لوگ اس گُناہ میں مبتلا ہو جاتے ہیں جیسے یتیم وارث موجود ہو تو اس کے حصے سے میت کا تیجہ، چالیسواں کرنا وغیرہ)۔

"ناحق یتیم کا مال کھانے" کے گُناہ سے بچے رہنے کے لئے

★ موت اور قبر و آخرت کو یاد کیا کیجئے، اِن شاءَ اللہ! مال و دولت کی حِرْص خَتْم ہو گی اور آخرت کی تیاری کرنے کا ذِہْن بنے گا۔ ★ ہر مسلمان بالخُصُوص وہ شخص جس کی پرورش میں کوئی یتیم ہو وہ یتیم کے متعلق ضروری مسائل سیکھے تاکہ جہالت کی وجہ سے ناحق یتیم کا مال کھانے کے گُناہ میں مبتلا نہ ہو جائے۔ ★ "ناحق یتیم کا مال کھانے" کے عذابات پڑھئے اور سنئے، اِن شاءَ اللہ! دل میں خوفِ خدا پیدا ہو گا، گُناہوں سے بچنے اور نیکیاں کرنے کا ذہن بنے گا۔

نوٹ: ناحق یتیم کا مال کھانے کے متعلق مزید معلومات کے لئے رِسالہ یتیم کسے کہتے ہیں؟، صفحہ 2 تا 13 کا مطالعہ کیجئے۔

46: چوری

چوری کی تعریف

چوری یہ ہے کہ دوسرے کا مال چھپا کر ناحق لے لیا جائے۔[1]

"چوری" کے متعلق مختلف احکام

(1): چوری کرنا گُناہِ کبیرہ، حرام اور جہنم میں لے جانے والا کام ہے۔[2] (2): چوری

[1]... بہارِ شریعت، 2/413، حصہ 9۔

[2]... جہنم کے خطرات، ص 38 بتغیر قلیل۔

سے حاصِل کیئے ہوئے مال کو خرید و فروخت وغیرہ کے کسی کام میں لگانا حرامِ قطعی ہے۔[1]

(3): اس کو حاصِل کرنے والا اس کا بالکل مالِک نہیں بنتا اور اس مال کے لئے شرعاً فرض ہے کہ جس کا ہے اُسی کو لوٹا دیا جائے وہ نہ رہا ہو تو وارِثوں کو دے اور اِن کا بھی پتا نہ چلے تو بلانیتِ ثواب (یعنی ثواب کی نیت کئے بغیر) فقیر پر خیرات کر دے۔[2]

آیتِ مُبارَکہ

وَ السَّارِقُ وَ السَّارِقَةُ فَاقْطَعُوْۤا اَیْدِیَهُمَا جَزَآءًۢ بِمَا كَسَبَا نَكَالًا مِّنَ اللّٰهِؕ وَ اللّٰهُ عَزِیْزٌ حَكِیْمٌ(۳۸) فَمَنْ تَابَ مِنْۢ بَعْدِ ظُلْمِهٖ وَ اَصْلَحَ فَاِنَّ اللّٰهَ یَتُوْبُ عَلَیْهِؕ اِنَّ اللّٰهَ غَفُوْرٌ رَّحِیْمٌ(۳۹) (پ6، المآئدۃ: 38، 39)

ترجمۂ کنزالایمان: اور جو مرد یا عورت چور ہو تو ان کا ہاتھ کاٹو ان کے کیے کا بدلہ اللہ کی طرف سے سزا اور اللہ غالب حکمت والا ہے تو جو اپنے ظلم کے بعد توبہ کرے اور سنور جائے تو اللہ اپنی مِہر (رحمت) سے اس پر رجوع فرمائے گا بے شک اللہ بخشنے والا مہربان ہے۔

نوٹ: واضح رہے کہ حُدود و تعزیر کے مسائل میں عَوامُ النّاس کو قانون ہاتھ میں لینے کی شرعاً اجازت نہیں۔[3]

فرمانِ مصطفےٰ صلی اللہ علیہ واٰلہٖ وسلم

میں نے جہنم میں ایک شخص کو دیکھا جو اپنی ٹیڑھی لاٹھی کے ذریعے حاجیوں کی چیزیں چراتا، جب لوگ اسے چوری کرتا دیکھ لیتے تو کہتا: میں چور نہیں ہوں، یہ سامان میری ٹیڑھی لاٹھی میں اٹک گیا تھا۔ وہ آگ میں اپنی ٹیڑھی لاٹھی پر ٹیک لگائے یہ کہہ رہا

[1]... فتاویٰ رضویہ، 23/551 ماخوذاً۔
[2]... فتاویٰ رضویہ، 23/551 ماخوذاً۔
[3]... تفسیر صراط الجنان، پ6، المائدہ، تحت الآیۃ: 38، 2/429۔

تھا: میں ٹیڑھی لاٹھی والا چور ہوں۔[1]

”چوری“ کے گناہ میں مبتلا ہونے کے بعض اسباب

★ اچھی تربیت نہ ہونا (شروع سے ہی اگر بچوں کی اچھی تربیت پر توجہ نہ دی جائے تو اُن کے چوری وغیرہ برائیوں میں مبتلا ہونے کا اندیشہ ہوتا ہے)۔ ★ لالچ ★ نشے کی عادت (اس بری عادت کے شکار لوگ بھی اپنا نشہ پورا کرنے کے لئے جب اور کوئی صورت نظر نہیں آتی تو چوریاں کرنے لگتے ہیں)۔

”چوری“ کے گناہ میں پڑنے سے بچنے کے لئے

★ انجام کو پیشِ نظر رکھئے کہ چوری دنیا و آخرت میں کس قدر تباہی و بربادی کا سبب بنتی ہے مثلاً چوری کرنے والے کو ملکی قانون کے مطابق تکلیف دہ سزا بھگتنا پڑتی ہے، محلے والوں اور رشتے داروں میں اسے اور اس کے گھر والوں کو سخت ذلت و رسوائی کا سامنا ہوتا ہے اور چوری کرنے والا خود کو جہنم کے دردناک عذاب کا حق دار بناتا ہے۔ ★ رزقِ حلال کمانے کے فضائل اور حرام روزی کی تباہ کاریوں پر غور کیجئے، مکاشفۃ القلوب میں ہے: آدمی کے پیٹ میں جب لقمۂ حرام پڑا تو زمین و آسمان کا ہر فرشتہ اُس پر لعنت کرے گا جب تک اس کے پیٹ میں رہے گا اور اگر اسی حالت میں (یعنی پیٹ میں حرام لقمے کی موجودگی میں) موت آگئی تو داخلِ جہنم ہو گا۔[2] ★ موت اور قبر و آخرت کو کثرت سے یاد کیجئے، اِن شاءَ اللہ! دل سے دنیا کی محبت نکلے گی اور گناہوں سے بچنے کا ذہن بنے گا۔

نوٹ: چوری کی شرعی سزا اور اس کے متعلق دیگر مسائل جاننے کے لئے بہارِ شریعت، حصہ 9، صفحہ 411 تا 422 کا مُطالَعَہ کیجئے۔

---

[1]... جمع الجوامع، 3/ 27، حدیث: 7076۔

[2]... مکاشفۃ القلوب، باب فی بیان الخوف، ص 12، کوئٹہ۔

47: غصب

غصب کی تعریف

مالِ متقوّم (یعنی جسے شریعت نے مال قرار دیا ہو) محترم (یعنی جسے شریعت نے قابلِ حرمت قرار دیا ہے) کو اُس کے مالِک کی اِجازت کے بغیر لے لینا غصب ہے جبکہ یہ لینا خفیۃً (یعنی پوشیدہ طور پر) نہ ہو۔[1]

"غصب" کے متعلق مختلف احکام

(1): غصب حرام[2] اور جہنم میں لے جانے والا کام ہے۔ (2): غصب کی حرمت (یعنی حرام ہونا) ضروریاتِ دین میں سے ہے لہٰذا اگر واقعی کسی نے غصب کو حلال قرار دیا تو اس پر حکمِ کفر ہے۔[3] (3): غصب کی ہوئی چیز کا (غاصِب یعنی غصب کرنے والا بالکل مالِک نہیں بنتا بلکہ اس کو) یہ حکم ہے کہ اگر چیز موجود ہو تو اس کے مالِک کو واپس کرے اور اگر موجود نہ ہو تو مالِک کو اس کا تاوان دے۔[4]

آیتِ مُبارَکہ

يٰۤاَيُّهَا الَّذِيْنَ اٰمَنُوْا لَا تَاْكُلُوْۤا اَمْوَالَكُمْ بَيْنَكُمْ بِالْبَاطِلِ (پ5، النساء:29) ترجمۂ کنزالایمان: اے ایمان والو آپس میں ایک دُوسرے کے مال ناحق نہ کھاؤ۔

غصب کے ذریعے مال حاصِل کرنا بھی ناحق مال کھانے میں داخل اور حرام ہے۔[5]

---

[1]... التعریفات، ص240۔
[2]... البحر الرائق، کتاب الغصب، 8/196۔
[3]... کفریہ کلمات کے بارے میں سوال جواب، ص414بتغیر قلیل۔
[4]... بہارِ شریعت، غصب کا بیان، 3/210، حصہ:15بتغیر قلیل۔
[5]... تفسیر صراط الجنان، پ5، النساء، تحت الآیۃ:29، 2/182بتغیر قلیل۔

فرمانِ مصطفےٰ صلی اللہ علیہ واٰلہٖ وسلم

جو شخص پرایا مال لے لے گا وہ قیامت کے دِن اللہ پاک سے کوڑھی (یعنی برص کا مریض) ہو کر ملے گا۔[1]

"غصب" کے گناہ میں مبتلا ہونے کے بعض اسباب

★ مال ودَولت کی محبت ★ خاندانی دشمنیاں۔ ★ حسد ★ تکبر۔

"غصب" کے گناہ سے بچنے کے لئے

★ قبر کی تنگی ووحشت اور قیامت کی ہولناکیوں سے خود کو ڈرایئے اور دل میں خوفِ خدا پیدا کیجئے، اِن شاءَ اللہ! دل سے مال ودولت کی محبت دور ہو گی اور شریعت وسنت کے مطابق زندگی گزارنے کا مدنی ذہن بنے گا۔ ★ اللہ پاک کی رِضا کے لئے ایک دوسرے کو معاف کرنے کی عادت اپنایئے اور آپس میں نفرتیں ختم کر کے محبتوں کو عام کیجئے۔ ★ اس بات پر غور کیجئے کہ کسی کا مال ناحق دبالینا آخرت میں کس قدر نقصان کا سبب ہے چنانچہ منقول ہے کہ جو دنیا میں کسی کے تقریباً تین پیسے دَین (یعنی قرض) دبا لے گا بروزِ قیامت اس کے بدلے 700 باجماعت نمازیں دینی پڑ جائیں گی۔[2]

(48): ناپ تول میں خیانت

ناپ تول میں خیانت کا معنی

یعنی ناپ تول میں کمی اور خیانت کر کے خریدار (Buyer) کو اُس کا پورا حق نہ دینا، اس کو عربی میں تطفیف کہا جاتا ہے۔[3]

---

[1]... معجم کبیر، 1/179، حدیث:636۔
[2]... فتاویٰ رضویہ، 25/69 بتغیر قلیل۔
[3]... تفسیر روح البیان، پ30، المطففین، تحت الآیۃ:1، 10/369، دار الکتب العلمیہ بیروت۔

”ناپ تول میں خیانت“ کے متعلق مختلف احکام

(1): ناپ تول میں کمی کرنا حرام[1] اور جہنم میں لے جانے والا کام ہے۔ (2): کم ناپ تول کر کسی کو دینا یا تاجِر سے جبراً نیچا تُلانا حرام ہے اگر تاجِر خود ہی کچھ نیچا تول دے تو اس کا قبول کرنا جائز ہے کہ زیادتی اس کی طرف سے ہدیہ ہے جو قبول کیا جا سکتا ہے۔[2] (3): وزن وناپ میں غیر محسوس سی زیادتی کمی جو قصداً نہ ہو، معاف ہے۔[3] (4): سودے میں مِلاوٹ کر کے فروخت کرنا حرام ہے کہ اس میں بھی گاہک کا حق مارا جاتا ہے مثلاً اگر سیر دودھ میں چھٹانک پانی کی ملاوٹ ہے یا سیر دیسی گھی میں چھٹانک ولایتی گھی کی ملاوٹ ہے تو گاہک کو ایک چھٹانک دودھ و گھی کم پہنچا۔[4] (5): پاسنگ والی ترازو (یعنی جس کے دونوں پلڑے برابر نہ ہوں ایسا ترازو) رکھنا، تول میں ڈنڈی مار کر چیز فروخت کرنا، خریدتے وقت زِیادہ تول لینا یہ سب کچھ حرام ہے۔[5] (6): دھوکہ دے کر خریدار کو بری چیز دے دینا فریب وچالاکی سے اس کے کھرے سکّے کھوٹوں سے تبدیل کر دینا حرام ہے۔[6]

آیتِ مُبارَکہ

وَیۡلٌ لِّلۡمُطَفِّفِیۡنَ ۙ﴿۱﴾ الَّذِیۡنَ اِذَا اکۡتَالُوۡا عَلَی النَّاسِ یَسۡتَوۡفُوۡنَ ۫﴿۲﴾ وَ اِذَا کَالُوۡہُمۡ

ترجمۂ کنزالایمان: کم تولنے والوں کی خرابی ہے وہ کہ جب اوروں سے ماپ (ناپ کر) لیں پورا لیں

[1]... تفسیر صراط الجنان، پ8، الانعام، تحت الآیۃ:152، 3/241 ملخصاً۔
[2]... تفسیر نعیمی، پ8، الانعام، تحت الآیۃ:152، 8/239
[3]... تفسیر نعیمی، پ8، الانعام، تحت الآیۃ:152، 8/240۔
[4]... تفسیر نعیمی، پ8، الانعام، تحت الآیۃ:152، 8/240۔
[5]... تفسیر نعیمی، پ8، الاعراف، تحت الآیۃ:85، 8/654۔
[6]... تفسیر نعیمی، پ8، الاعراف، تحت الآیۃ:85، 8/654۔

اَوْ وَّزَنُوْهُمْ يُخْسِرُوْنَ ۝٣ اَلَا يَظُنُّ اُولٰٓئِكَ اَنَّهُمْ مَّبْعُوْثُوْنَ ۝٤ لِيَوْمٍ عَظِيْمٍ ۝٥ يَّوْمَ يَقُوْمُ النَّاسُ لِرَبِّ الْعٰلَمِيْنَ ۝٦ (پ30، المطففین:1-6)

اور جب انھیں ماپ یا تول کر دیں کم کر دیں کیا ان لوگوں کو گمان نہیں کہ انھیں اٹھنا ہے ایک عظمت والے دن کے لئے جس دن سب لوگ ربُّ العالمین کے حضور کھڑے ہوں گے۔

فرمانِ مصطفےٰ صلی اللہ علیہ والہٖ وسلم

جو لوگ ناپ تول میں کمی کرتے ہیں وہ قحط اور شدید تنگی اور بادشاہ کے ظلم میں گرفتار ہوتے ہیں۔[1]

"ناپ تول میں خیانت کرنے" کے گُناہ میں مبتلا ہونے کے اسباب

★ حِرص ★ غفلت (یعنی دنیا میں مشغول ہو کر موت اور قبر و آخرت کو بھول جانا) ★ مکر و فریب (یعنی دھوکہ دینے) کی عادَت ★ دُنیا کی محبت ★ راتوں رات امیر بننے کی خواہش ★ بری صحبت۔

"ناپ تول میں خیانت" کرنے سے بچنے کے لئے

★ جہنم کے ہولناک عذابات کا مطالعہ کیجئے اور اپنے نازک بدن پر غور کیجئے کہ ناپ تول میں کمی کرنے کے سبب ان میں سے کوئی عذاب ہم پر مُسَلّط کر دیا گیا تو ہمارا کیا بنے گا۔ ★ قناعَت اختیار کیجئے اور حرص ولالچ سے بچتے رہئے۔ ★ موت اور قبر و آخرت کو کثرت کے ساتھ یاد کیجئے، اِن شاءَ الله! دِل سے دُنیا اور مال و دولت کی محبت نکلے گی، غفلت دُور ہو گی اور دِل میں احترامِ مسلم کا جذبہ بھی بیدار ہو گا جس سے ناپ تول میں خیانت کے گُناہ سے بچے رہنے میں مدد ملے گی۔ ★ یہ بات اپنے ذہن میں اچھی طرح بٹھا لیجئے کہ کسی کی

[1]... ابن ماجہ، کتاب الفتن، باب العقوبات، ص648، حدیث:4019۔

قسمت میں جتنا رزق ملنا لکھا ہو وہ اسے مِل کر رہتا ہے اور نہ کبھی کسی کو مقدر سے کم ملتا ہے نہ زِیادہ، لہٰذا عقل مندو ہی ہے جو اپنے حصے کا رزق حلال طریقے سے حاصِل کرے۔ ★ نیک پرہیز گار اور دیانت دار لوگوں کی صحبت اختیار کیجئے اور برے لوگوں سے ہمیشہ دور رہیے۔

نوٹ: روزگار، کام کاج کے آداب اور اس بارے میں مفید معلومات کے لئے اِحیاءُ العلوم، جلد دوم، صفحہ 227 تا 559 اور رِسالہ اللہ والوں کا اندازِ تجارت کا مُطالَعہ کیجئے۔

﴿49﴾: مرد و عورت کا ایک دوسرے کی مُشابہَت کرنا

ایک دوسرے کی مُشابہَت کا مطلب

وہ باتیں جن میں مَردوں اور عورَتوں کا امتیاز (فرق) ہوتا ہے، ان میں عورت کو مرد کی اور مرد کو عورت کی وضع (یعنی طور طریقہ) اختیار کرنا۔

"مرد و عورت کا ایک دوسرے کی مُشَابہَت" کی چند مثالیں

★ عورت کا مردانہ اور مرد کا زنانہ کپڑے یا جوتے پہننا ★ مرد کا کندھوں سے نیچے ★ عورت کا مردانہ طرز کے بال رکھنا ★ عورت کا عمامہ باندھنا وغیرہ۔

"مرد و عورت کا ایک دوسرے کی مُشَابہت" کے متعلق مختلف احکام

(1): عورت کو مرد، مرد کو عورت سے تَشَبُّہ (مُشَابہت) حرام ہے۔[1] (2): اور تَشَبُّہ (مُشَابہت) کے لئے ہر بات میں پوری وضع بنانا ضرور نہیں (صِرف) ایک ہی بات میں مُشَابہَت کافی ہے۔[2] (3): کسی ایک بات میں بھی مرد کو عورت، عورت کو مرد کی وضع لینی حرام و موجبِ لعنت (یعنی لعنت کا باعث) ہے۔[3] (4): بچوں (یعنی لڑکوں) کے ہاتھ پاؤں میں

---

[1]... فتاویٰ رضویہ، 24/536۔
[2]... ملفوظاتِ اعلیٰ حضرت، ص 297۔
[3]... فتاویٰ رضویہ، 21/602۔

بلا ضرورت مہندی لگانا ناجائز ہے، عورت خود اپنے ہاتھ پاؤں میں لگا سکتی ہے مگر لڑکے کو لگائے گی تو گنہگار ہو گی۔[1]

آیتِ مُبارَکہ

وَلَاُضِلَّنَّهُمْ وَلَاُمَنِّيَنَّهُمْ وَلَاٰمُرَنَّهُمْ فَلَيُبَتِّكُنَّ اٰذَانَ الْاَنْعَامِ وَلَاٰمُرَنَّهُمْ فَلَيُغَيِّرُنَّ خَلْقَ اللّٰهِ ؕ (پ5، النساء:119)

ترجمۂ کنزالایمان: (شیطان نے کہا:) قسم ہے میں ضرور انہیں بہکا دوں گا اور ضرور انہیں آرزوئیں دِلاؤں گا اور ضرور انہیں کہوں گا کہ وہ چوپایوں کے کان چیریں گے اور ضرور انہیں کہوں گا کہ وہ اللہ کی پیدا کی ہوئی چیز بدل دیں گے۔

تفسیر خزائن العرفان میں ہے: مَردوں کا عورَتوں کی شکل میں زنانہ لِباس پہننا، عورَتوں کی طرح بات چیت اور حرکات کرنا، جسم کو گُود کر سرمہ یا سیندور وغیرہ جِلد میں پیوست کر کے نقش و نگار بنانا، بالوں میں بال جوڑ کر بڑی بڑی جٹیں بنانا بھی اس میں داخِل ہے۔[2]

فرمانِ مصطفےٰ صلی اللہ علیہ والہٖ وسلم

چار قسم کے لوگ صبح اللہ پاک کے غضب اور شام اس کی ناراضی میں کرتے ہیں: (1): عورَتوں سے مُشابَہت اختیار کرنے والے مرد (2): مَردوں سے مُشابہت اختیار کرنے والی عورَتیں (3): جانور یا (4): لڑکوں کے ساتھ بد فعلی کرنے والا۔[3]

"مُشابہت اختیار کرنے" کے گُناہ میں مبتلا ہونے کے بعض اسباب

★ نِت نئے فیشن کا دلدادہ ہونا۔ ★ جہالت (مثلاً لاعلمی کے سبب مرد اپنے ہاتھوں،

---

[1]... ردالمحتار، کتاب الحظر والاباحۃ، فصل فی اللبس، 9/599، دارالمعرفہ بیروت۔
بہارِ شریعت، 3/428، حصہ 16:۔
[2]... خزائن العرفان، پ5، النساء، تحت الآیۃ:119۔
[3]... شعب الایمان، السابع والثلاثون من شعب الایمان، 4/356، حدیث:5385 ملتقطا۔

پیروں پر مہندی لگالیتے ہیں، بعض کندھوں سے نیچے تک بال رکھتے ہیں، اسی طرح مرد ہو کر کانوں میں مُندریاں، ہاتھوں میں کڑے اور گلے میں لاکٹ پہننا وغیرہ)۔ ★ فلمیں ڈرامے دیکھنا۔ ★ فیشن ایبل اور ماڈرن لوگوں کی صحبت۔

”مُشابہت اختیار کرنے“ کے گناہ سے بچنے کے لئے

★ لِباس، وضع قطع اور رَہن سہن کے متعلق شرعی احکام و مسائل سیکھ لیجئے۔ ★ قبر کی تنگی و وحشت اور قِیامت کی ہولناکیوں کو کثرت کے ساتھ یاد کیجئے، اِن شاءَ اللہ! سنتوں پر عمل کرنے اور ناجائز فیشن سے بچنے کا ذہن بنے گا۔ ★ فلمیں ڈرامے وغیرہ دیکھنے سے بچتے رہئے۔ ★ پابندِ سنت لوگوں کی صحبت اختیار کیجئے اور بری صحبت سے ہمیشہ دور رہیے۔

(50): بخل (کنجوسی)

”بخل“ کی تعریف

جہاں شرعاً یا عرف و عادت کے اعتبار سے خرچ کرنا واجب ہو وہاں خرچ نہ کرنا بخل (کنجوسی) ہے۔[1]

”بخل“ کی چند مثالیں

★ زکوٰۃ فَرض ہونے کے باوجود نہ دینا ★ فطرہ واجب ہونے کے باوُجود نہ دینا ★ مہمان کی مہمان نوازی میں بلاوجہ تنگی کرنا۔

”بخل“ کے متعلق مختلف احکام

(1): بخل مہلک (یعنی ہلاک کرنے والا) مرض ہے۔[2] بخل بعض اوقات کئی گناہوں کا

---

[1]... احیاء العلوم، کتاب ذم البخل وذم حب المال، بیان حد السخاء والبخل و حقیقتھما، 3/320 ملخصاً۔
[2]... تبیین المحارم، الباب الثالث والثلثون: فی البخل، ص190۔

سبب بن جاتا ہے لہٰذا ہر مسلمان کو اس سے بچنا لازِم ہے۔ (2): جہاں مال خرچ کرنا شرعاً ضروری ہے مثلاً فرض ہونے کی صورت میں زکوٰۃ ادا کرنا، واجب ہونے کی صورت میں صدقۂ فطر ادا کرنا، اسی طرح قسم وغیرہ کا کفارہ دینا، ان کاموں میں بخل کرنا گُناہ اور جہنم میں لے جانے والا کام ہے۔

آیتِ مُبارَکہ

وَلَا یَحْسَبَنَّ الَّذِیْنَ یَبْخَلُوْنَ بِمَاۤ اٰتٰىهُمُ اللّٰهُ مِنْ فَضْلِهٖ هُوَ خَیْرًا لَّهُمْؕ-بَلْ هُوَ شَرٌّ لَّهُمْؕ-سَیُطَوَّقُوْنَ مَا بَخِلُوْا بِهٖ یَوْمَ الْقِیٰمَةِؕ (پ4، آل عمران:180)

ترجمۂ کنزالایمان: اور جو بخل کرتے ہیں اس چیز میں جو اللہ نے انہیں اپنے فضل سے دی ہرگز اسے اپنے لئے اچھا نہ سمجھیں بلکہ وہ ان کے لئے بُرا ہے عنقریب وہ جس میں بخل کیا تھا قیامت کے دِن ان کے گلے کا طوق ہو گا۔

فرمانِ مصطفےٰ صلی اللہ علیہ واٰلہٖ وسلم

اللہ پاک نے بخل کو اپنے غضب سے پیدا کیا اور اس کی جڑ کو زقّوم (جہنم کے ایک درخت) کی جڑ میں راسخ کیا اور اس کی بعض شاخیں زمین کی طرف جھکا دیں تو جو شخص بخل کی کسی ٹہنی کو پکڑ لیتا ہے اللہ پاک اسے جہنم میں داخل فرما دیتا ہے۔ سن لو! بے شک بخل ناشکری ہے اور ناشکری جہنم میں ہے۔[1]

"بخل" کی آفت میں مبتلا ہونے کے بعض اسباب

★ مال کی محبت ★ لمبی امید (امام محمد غزالی رحمۃُ اللہِ علیہ فرماتے ہیں: لمبی امیدوں کے سبب مال جمع کرنے کی حِرص بڑھ جاتی ہے اور انسان آخرت سے غافل ہو کر دُنیا میں مشغول ہو جاتا ہے تو

[1]... کتاب البخلاء، وصف رسول اللہ صلی اللہ علیہ واٰلہٖ وسلم السخاء والبخل، ص48، حدیث:17، الجفان والجابی

دنیوی کل سنوارنے کی فکریں اسے بخل پر اُبھارتی ہیں[1]) ★ تنگ دستی کا خوف ★ نفسانی خواہشات کا غلبہ (کہ ان کو پورا کرنے کے لئے شرعی واجبات اور دوسرے حقوق ادا کرنے کے مُعامَلے میں سُستی ہونے لگ جاتی ہے) ★ بچوں کے روشن مستقبل کی فِکر۔

”بخل“ سے چھٹکارا پانے کے لئے

★ قبر و آخرت کو یاد کیجئے کہ میرا یہ مال قبر میں میرے کسی کام نہ آئے گا، اِن شاءَ اللہ! دل سے مال و دولت کی محبت دور ہو گی اور قبر و آخرت کی تیاری کرنے کا ذہن بنے گا۔ ★ موت اور قبر و آخرت کی یاد سے لمبی امیدوں سے بھی چھٹکارا ملے گا۔ ★ یہ بات ذِہن میں بٹھا لیجئے کہ راہِ خدا میں مال خرچ کرنے سے کمی نہیں آتی بلکہ اِضافہ ہی ہوتا ہے۔ تنگ دستی بخل کی وجہ سے آتی ہے۔ فرمانِ مصطفےٰ صلی اللہ علیہ واٰلہٖ وسلم: ”بخل مت کرو! ورنہ تم پر تنگی کر دی جائے گی۔“[2] ★ نفسانی خواہشات کے نقصانات اور اس کے اخروی انجام کا بار بار مُطالَعَہ کیجئے۔ اس سلسلے میں امیرِ اہلسنت کا رِسالہ گناہوں کا علاج پڑھنا مفید ہے۔ ★ اللہ پاک پر بھروسہ رکھنے میں اپنے یقین کو مزید پختہ کرے کہ جس رب نے میرا مستقبل بہتر بنایا ہے وہی رب میرے بچوں کے مستقبل کو بھی بہتر بنانے پر قادِر ہے۔

نوٹ: بخل کے بارے میں تفصیلی معلومات کے لئے اِحیاءُ العُلُوم، جلد سِوُم، صفحہ 698 تا 819 کا مُطالَعَہ کیجئے۔

---

[1]... منہاج العابدین، العقبۃ الثالثۃ: عقبۃ العوائق... الخ، ص181 ملتقطا، دار البشائر الاسلامیہ۔

[2]... بخاری، کتاب الزکاۃ، باب التحریض علی الصدقۃ... الخ، ص400، حدیث: 1433۔

51: قطع تعلقی

”قطع تعلقی“ کی تعریف

شریعت میں جن سے صلہ (نیک سلوک) کا حکم دیا گیا ہے ان سے تعلق توڑنا قطع تعلقی ہے۔[1]

”قطع تعلقی“ کی چند مثالیں

★ بلا اجازتِ شرعی اپنے کسی رشتے دار سے بات چیت اور ملنا جلنا ختم کر دینا ★ با قادِر ہونے کے باوجود اس کی حاجت پوری نہ کرنا ★ کسی مسلمان سے بلاوجہِ شرعی تعلق ختم کر دینا وغیرہ۔

قطع تعلقی کے متعلق مختلف احکام

(1): بلاوجہِ شرعی تین دن سے زیادہ مسلمانوں سے قطعِ تعلق حرام ہے۔[2] (2): قطع تعلقی کو مطلقاً حلال سمجھنا کُفر ہے۔[3] (3): بدمذہب بے دین سے ہر قسم کا قطع تعلق فَرض ہے۔[4]

آیتِ مُبارَکہ

اَلَّذِیْنَ یَنْقُضُوْنَ عَهْدَ اللّٰهِ مِنْۢ بَعْدِ مِیْثَاقِهٖ۪ وَ یَقْطَعُوْنَ مَاۤ اَمَرَ اللّٰهُ بِهٖۤ اَنْ یُّوْصَلَ وَ یُفْسِدُوْنَ فِی الْاَرْضِؕ اُولٰٓىٕكَ هُمُ الْخٰسِرُوْنَ ۝۲۷ (پ1، البقرۃ:27)

ترجمۂ کنز الایمان: وہ جو اللہ کے عہد کو توڑ دیتے ہیں پکا ہونے کے بعد اور کاٹتے ہیں اس چیز کو جس کے جوڑنے کا خدا نے حکم دیا اور زمین میں فساد پھیلاتے ہیں وہی نقصان میں ہیں۔

---

[1]... صلہ رحمی اور قطع تعلقی کے احکام، ص226، بتغیر قلیل، مکتبہ فیضان شریعت لاہور۔

[2]... فتاویٰ رضویہ، 6/599۔

[3]... صلہ رحمی اور قطع تعلقی کے احکام، ص228۔

[4]... فتاویٰ رضویہ، 14/594 ملخصاً۔

فرمانِ مصطفٰے صلی اللہ علیہ واٰلہٖ وسلم

کسی مسلمان کے لئے جائز نہیں کہ تین دن سے زیادہ اپنے مسلمان بھائی سے تعلق توڑے، جو تین دن سے زیادہ تعلق توڑے اور اسی حال میں مر جائے تو جہنم میں جائے گا۔[1]

"قطع تعلقی" کے گُناہ میں مبتلا ہونے کے بعض اسباب

★ دنیا کی محبت ★ بخل (ایسا آدمی دوسروں کے ساتھ حسنِ سلوک سے کتراتا ہے کہ کہیں مجھے اُن پر خرچ نہ کرنا پڑ جائے۔) ★ لڑائی جھگڑے ★ حسد ★ تکبر (یہ مرض مال داروں میں زیادہ پایا جاتا ہے کہ وہ غریبوں کو اپنے Status کا نہ سمجھ کر ملنا جلنا کم بلکہ بعض اوقات ختم کر دیتے ہیں۔) ★ دوسرے کی عزّتِ نفس کا خیال نہ کرنا مثلاً جھاڑتے رہنا یا طنز کرنا۔ ★ عِلمِ دین کی کمی (کہ رشتے داروں اور دیگر مسلمانوں کے حُقُوق کا عِلْم نہ ہو، یہ بھی قطع تعلقی کا سبب بنتا ہے۔)

"قطع تعلقی" سے بچنے کے لئے

★ موت کو کثرت سے یاد کیجئے، اِن شاءَ اللہ! دل سے دُنیا کی محبت نکلے گی اور گُناہوں سے بچنے کا ذِہن بنے گا۔ ★ صلہ رحمی کے فضائل پڑھئے اور سنئے۔ ★ قطع تعلقی کی تباہ کاریوں کے بارے میں غور کیجئے۔ ★ احترامِ مسلم کا جذبہ بیدار کیجئے، طنز اور تنقید کرنے کی عادت سے پیچھا چھڑا لیجئے۔ ★ اللہ پاک کی عطا پر نظر رکھئے اور مال کے حقوق ادا کیجئے مثلاً زکوٰۃ ادا کرنا، صدقۂ فطر دینا، اِن شاءَ اللہ! بخل کے مرض کا خاتمہ ہو گا۔ ★ عِلمِ دین حاصِل کیجئے تاکہ جہالت کی وجہ سے قطع تعلقی کے گُناہ میں مبتلا نہ ہو جائیں۔ ★ تواضع اختیار کیجئے اور فخر و غرور کی بری عادت ختم کیجئے۔

نوٹ: احترامِ مسلم کا جذبہ پانے اور قطع تعلقی کے متعلق مفید معلومات کے لئے امیر اہلِ

[1]...ابو داود، کتاب الادب، باب فیمن یھجر اخاہ المسلم، ص770، حدیث:4914۔

سنت علامہ محمد الیاس عطّار قادِری دامت بَرَکاتُہمُ العالیہ کے رِسالے اِحترامِ مسلم کا مُطالَعہ کیجئے۔

52: مُدَاہَنَت

"مُدَاہَنَت" کی تعریف

برائی (یعنی شریعت کے خِلاف کوئی کام) دیکھے اور اس کو روکنے پر قادِر ہو لیکن کسی کا لحاظ کرتے ہوئے نہ روکے یا دین کے مُعاملے کی زیادہ پرواہ نہ کرنے کی وجہ سے اس کو نہ روکے تو یہ مُدَاہَنَت ہے۔[1]

"مُدَاہَنَت" کے متعلق مختلف احکام

(1): مُدَاہَنَت حرام[2] اور جہنم میں لے جانے والا کام ہے۔ (2): اگر غالب گمان یہ ہے کہ یہ اُن (یعنی شریعت کے خلاف کام کرنے والوں) سے کہے گا تو وہ اِس کی بات مان لیں گے اور بری بات سے باز آجائیں گے تو امر بالمعروف (یعنی نیکی کی دعوت دینا) واجب ہے اس کو (برائی روکنے سے) باز رہنا جائز نہیں اور اگر گمانِ غالب یہ ہے کہ وہ طرح طرح کی تہمت باندھیں گے اور گالیاں دیں گے یا معلوم ہے کہ وہ اسے ماریں گے اور یہ صبر نہ کرسکے گا یا اس کی وجہ سے فتنہ وفساد پیدا ہو گا، آپس میں لڑائی ٹھن جائے گی تو ترک کرنا (یعنی برائی سے منع نہ کرنا) افضل ہے۔[3] (3): جو برائی روکنے پر قادِر نہ ہو اسے چاہیے کہ بُرائی کو کم از کم دل میں ضرور بُرا جانے۔[4]

---

[1]... التعریفات، ص290۔

[2]... حدیقہ ندیہ، الخلق التاسع والاربعون، المداہنۃ، 3/446۔

[3]... بہار شریعت، 3/615، حصہ 16: ملخصاً۔

[4]... نیکی کی دعوت، ص537 بتغیر قلیل۔

آیتِ مُبارکہ

كَانُوۡا لَا يَتَنَاهَوۡنَ عَنۡ مُّنۡكَرٍ فَعَلُوۡهُ ؕ لَبِئۡسَ مَا كَانُوۡا يَفۡعَلُوۡنَ ﴿۷۹﴾

ترجمۂ کنزالایمان: جو بری بات کرتے آپس میں ایک دوسرے کو نہ روکتے ضرور بہت ہی بُرے کام کرتے تھے۔ (پ6، المآئدۃ:79)

حدیث شریف میں ہے کہ جب بنی اسرائیل گُناہوں میں مبتلا ہوئے تو اُن کے عُلَما نے پہلے تو انہیں منع کیا، جب وہ باز نہ آئے تو پھر وہ عُلَما بھی اُن سے مِل گئے اور کھانے پینے اُٹھنے بیٹھنے میں اُن کے ساتھ شامِل ہوگئے اُن کی اسی نافرمانی اور سرکشی کا یہ نتیجہ ہوا کہ اللہ نے حضرت داوٗد اور حضرت عیسیٰ علیہما السّلام کی زبان سے ان پر لعنت اُتاری۔[1] اس سے معلوم ہوا کہ بُرائی سے لوگوں کو روکنا واجب ہے اور (قدرت کے باوجود) گُناہ سے منع کرنے سے باز رہنا سخت گُناہ ہے۔[2]

فرمانِ مصطفٰے صلی اللہ علیہ واٰلہٖ وسلم

اُس ذات کی قسم جس کے قبضۂ قدرت میں میری جان ہے! میری امت میں سے بعض لوگ اپنی قبروں سے بندر اور خنزیر کی شکل میں اٹھیں گے، یہ وہ لوگ ہوں گے جنہوں نے گنہگاروں کے ساتھ تعلّقات رکھے اور قدرت رکھنے کے باوجود انہیں گُناہوں سے منع نہ کیا۔[3]

"مُداہَنَت" کے گُناہ میں مبتلا ہونے کے بعض اسباب

☆ جہالت ☆ مال کی طمع (مثلاً کسی سیٹھ صاحب یا امیر آدمی کی جانب سے نذرانے آتے

[1]... ترمذی، کتاب تفسیر القرآن، باب و من سورۃ المائدۃ، ص705، حدیث:3047 ملتقطا۔
[2]... تفسیر صراط الجنان، پ6، المائدۃ، تحت الآیۃ:79، 2/479۔
[3]... الامالی الخمیسیہ، الحدیث الثالث والثلاثون، 2/319، حدیث:2593، دار الکتب العلمیہ بیروت۔

ہوں تو اسے گُناہ کرتے دیکھ کر قدرت کے باوجود محض اس لئے منع نہ کرنا کہ اس کی طرف سے عِنایات بند ہو جائیں گی) ★ مُرَوَّت (بعض اوقات ذاتی دوستی یا کسی اور وجہ سے برائی کرنے والے کا لحاظ کرتے ہوئے قدرت کے باوجود اسے برائی سے منع نہیں کیا جاتا) ★ سُستی ★ بری صحبت ★ دنیوی اغراض (جیسے بعض دفعہ کسی حکومتی عہدیدار یا کسی بڑی شخصیت سے ذاتی کام نکلوانا مثلاً اس کے ذریعے بیٹے کو نوکری لگوانا ہوتا ہے تو اسے گُناہوں میں ملوث دیکھ کر باوجودِ قدرت چشم پوشی سے کام لینا تاکہ یہ ناراض نہ ہو جائے ورنہ مطلوبہ کام رُک جائے گا) ★ خوشامد (کیونکہ خوشامد کرنے والا دوسروں کی جھوٹی تعریفیں کرتا رہتا ہے اور گناہ سے روکنے پر قدرت کے باوجود اس سے منع نہیں کرتا بلکہ بعض دفعہ گُناہ والے کام کو ہی مَعاذَ الله اچھائیوں میں شمار کر ڈالتا ہے) ★ حُبِّ جاہ (یعنی شہرت و عزت کی خواہش، ایسا شخص شہرت و عزت میں کمی آنے کے خوف سے مُداہنت میں مبتلا ہو جاتا ہے)۔

"مُداہنت" کے گُناہ سے بچے رہنے کے لئے

★ بزرگانِ دین کے واقعات پڑھئے اور دیکھئے کہ وہ حضرات نیکی کی دعوت دینے اور برائی سے منع کرنے میں کسی ملامت کرنے والی کی ملامت کی پرواہ نہیں کرتے تھے، اِن شاءَ الله! نیکی کی دعوت دینے اور برائی سے منع کرنے کا جذبہ پیدا ہوگا۔ ★ نیکی کی دعوت دینے اور برائی سے منع کرنے کے فضائل و فوائد اور اس کام کو ترک کر دینے کے نقصانات کا مُطالَعہ کیجئے اور اس کے احکام و مسائل بھی سیکھ لیجئے۔ ★ قناعت اختیار کیجئے اور دوسروں کی جیب پر نظر رکھنے کے بجائے توَکُّل اختیار کیجئے۔ ★ قیامت کی ہولناکیوں اور جہنم کے خوفناک عذابات کا مُطالَعہ کیجئے اور اپنے نازک بدن پر غور کیجئے کہ مُداہنَت کے سبب ان میں سے کوئی عذاب ہم پر مُسلَّط کر دیا گیا تو ہمارا کیا بنے گا۔

نوٹ: نیکی کی دعوت کے فضائل و فوائد اور اس بارے میں تفصیلی معلومات کے لئے امیرِ اہلسنت دامت بَرَکاتُہمُ العالیہ کی مایہ ناز تصنیف نیکی کی دعوت کا مُطالَعہ کیجئے۔

باطنی گناہوں کی تعریفات، اَحکام، اَسباب اور علاج پر مشتمل

(حصہ دُوُم)

باطنی گناہوں کی معلومات

مؤلف: سید بہرام حسین شاہ عطاری مدنی

پیشکش

المدینۃ العلمیۃ
Islamic Research Center

ناشر

مکتبۃ المدینہ کراچی

اَلْحَمْدُ لِلّٰہِ رَبِّ الْعٰلَمِیْنَ وَالصَّلٰوۃُ وَالسَّلَامُ علٰی سَیِّدِ الْمُرْسَلِیْنَ
اَمَّا بَعْدُ فَاَعُوْذُ بِاللّٰہِ مِنَ الشَّیْطٰنِ الرَّجِیْم بِسْمِ اللّٰہِ الرَّحْمٰنِ الرَّحِیْم

باطنی گناہوں کی معلومات

دُرُود شریف کی فضیلت

رَسُولِ کریم صلی اللہ علیہ واٰلہٖ وسلم نے اِرشاد فرمایا: جس نے مجھ پر ایک مَرتبہ دُرُودِ پاک پڑھا اللہ پاک اُس پر 10 رَحمتیں بھیجتا اور اُس کے نامۂ اعمال میں 10 نیکیاں لکھتا ہے۔[1]

صَلُّوْا عَلَی الْحَبِیْب ! صَلَّی اللّٰہُ عَلٰی مُحَمَّد

(1): رِیاکاری

رِیاکاری کی تعریف

رِیا کا لغوی معنٰی ہے دِکھاوا۔ اللہ پاک کی عبادت کے ذَرِیعے بندوں کا اِرادہ کرنا رِیا کہلاتا ہے۔[2] یا کسی عمل میں اللہ پاک کے علاوہ کسی اور کا لحاظ رکھتے ہوئے عمل کرنا اور اِخلاص کو چھوڑ دینا رِیا کہلاتا ہے۔[3]

رِیاکاری کا حکم

رِیا کے بہت دَرَجے ہیں، ہر دَرَجے کا حکم علیٰحدہ ہے، بعض رِیا شرکِ اَصغر ہیں، بعض رِیا حرام، بعض رِیا مکروہ، بعض ثواب، مگر جب رِیا مطلقاً یعنی بغیر کسی قید کے بولی جاتی ہے تو

---

[1]... ترمذی، کتاب الوتر، باب ماجاء فی فضل الصلاۃ علی النبی صلی اللہ علیہ واٰلہٖ وسلم، 2/28، حدیث:484، دار الفکر بیروت۔

[2]... احیاء العلوم، کتاب ذم الجاہ والریاء، 3/365، دار صادر بیروت۔ بہار شریعت، 3/629، حصہ:16، مکتبۃ المدینہ کراچی۔

[3]... التعریفات للجرجانی، ص82۔

اُس سے ممنوع رِیا مُراد ہوتی ہے۔[1]

آیتِ مبارکہ

يٰۤاَيُّهَا الَّذِيْنَ اٰمَنُوْا لَا تُبْطِلُوْا صَدَقٰتِكُمْ بِالْمَنِّ وَالْاَذٰى كَالَّذِيْ يُنْفِقُ مَالَهٗ رِئَآءَ النَّاسِ

ترجمۂ کنزالایمان: اے ایمان والو اپنے صدقے باطل نہ کر دو احسان رکھ کر اور ایذا دے کر اس کی طرح جو اپنا مال لوگوں کے دکھاوے کے لیے خرچ کرے۔ (پ3، البقرۃ:264)

فرمانِ مصطفےٰ صلی اللہ علیہ والہٖ وسلم

مجھے تم پر سب سے زیادہ شرکِ اصغر رِیا (یعنی دِکھاوے) میں مبتلا ہونے کا خوف ہے، اللہ پاک قیامت کے دِن کچھ لوگوں کو اُن کے اَعمال کی جزا دیتے وقت اِرشاد فرمائے گا کہ اُن لوگوں کے پاس جاؤ جن کے لئے دُنیا میں تم دِکھاوا کرتے تھے اور دیکھو کہ کیا تم اُن کے پاس کوئی بدلہ پاتے ہو؟[2]

رِیاکاری کے بعض اَسباب

★ علمِ نیت سے واقف نہ ہونا۔ ★ دُنیاوی مال داروں اور متکبرین کی بُری صحبت۔ ★ اپنی ذات یا عمل کی تعریف پسند کرنے کا شوق۔ ★ دُنیا کی محبت کا ہونا اور فکرِ آخرت سے بے رغبتی۔ ★ رِیاکاری کی تباہ کاریوں کا عِلم نہ ہونا۔ ★ دُنیاوی نعمتوں میں مگن ہو کر موت کو بھول جانا۔

رِیاکاری سے بچنے کے لیے

★ اللہ پاک سے مدد طلب کیجئے۔ ★ رِیاکاری کے نقصانات پیشِ نظر رکھئے۔

---

[1] ... مراٰۃ المناجیح، 7/127، ضیاء القرآن پبلی کیشنز لاہور۔

[2] ... مسند امام احمد، حدیث محمود بن لبید، 9/160، حدیث:23692، دار الفکر بیروت۔

★ رِیاکاری کے اَسباب کا خاتمہ کیجئے۔ ★ اِخلاص اپنا لیجئے۔ ★ نیّت کی حفاظت کیجئے۔ ★ دَورانِ عبادت شیطانی وَسوسوں سے بچئے۔ ★ تنہائی ہو یا ہجوم یکساں عمل کیجئے۔ ★ نیکیاں چھپائیے۔ ★ اچھی صحبت اِختیار کیجئے۔ ★ اَوراد و وَظائِف کا معمول بنا لیجئے۔

نوٹ: رِیاکاری کی تباہ کاریوں سے بچنے کے لئے مکتبۃ المدینہ کی 166 صفحات پر مشتمل کتاب ''رِیاکاری'' کا مُطالعہ کیجیے۔

(2): عُجُب (خود پسندی)

عجب (خود پسندی) کی تعریف

عجب (خود پسندی) کا معنٰی ہے اپنے آپ کو نیک سمجھنا۔ کسی نعمت کو بڑا جاننا، اس پر مطمئن ہونا اور اِس بات کو بھول جانا کہ اس کی نسبت منعمِ حقیقی یعنی اللہ پاک کی طرف ہے۔[1]

عجب (خود پسندی) کا حکم

عُجُب یعنی خود پسندی ناجائز وممنوع و گناہ ہے۔ فرمانِ مصطفٰے صلی اللہ علیہ واٰلہٖ وسلم ہے: ''اگرچہ تم سے کوئی گناہ سرزد نہ ہو لیکن مجھے تم پر گناہ سے بھی بڑے جُرم کا خوف ہے اور وہ عُجُب یعنی خود پسندی ہے۔'' اِس فرمانِ مبارک میں آپ صلی اللہ علیہ واٰلہٖ وسلم نے عُجُب کو بہت بڑا گناہ قرار دیا۔[2]

آیتِ مبارکہ

فَلَا تُزَكُّوْۤا اَنْفُسَكُمْؕ-هُوَ اَعْلَمُ بِمَنِ اتَّقٰى۠(۳۲) ترجمۂ کنزالایمان: تو آپ اپنی جانوں کو ستھرا نہ بتاؤ

---

[1] ... احیاء العلوم، کتاب ذم الکبر والعجب، 3/454۔ الزواجر، الکبیرۃ الرابعۃ، 1/154، دار المعرفۃ بیروت۔

[2] ... احیاء العلوم، کتاب ذم الکبر والعجب، باب ذم العجب... الخ، 3/453۔

وہ خوب جانتا ہے جو پرہیز گار ہیں۔ (پ27، النجم:32)

حضرت اِبنِ جُرَیج رحمۃُ اللہِ علیہ فرماتے ہیں: اِس آیتِ مبارکہ کا معنٰی یہ ہے کہ ”جب تم کوئی اچھا عمل کرو تو یہ نہ کہو کہ یہ کام میں نے کیا ہے۔“ حضرت زَید بن اَسلم رحمۃُ اللہِ علیہ فرماتے ہیں: اپنے آپ کو نیکوکار قرار نہ دو یعنی یہ نہ کہو کہ میں نیک ہوں کیونکہ یہ تو عُجُب (خود پسندی) ہے۔[1]

فرمانِ مصطفٰے صلی اللہ علیہ واٰلہٖ وسلم

گناہوں پر نادِم ہونے والا اللہ پاک کی رَحمت کا مُنْتَظِر ہوتا ہے جبکہ خود پسندی کرنے والا اللہ پاک کی ناراضی کا مُنْتَظِر ہوتا ہے۔[2]

خود پسندی کے بعض اَسباب

★ اپنی جسمانی خوبصورتی۔ ★ اپنی طاقت و قوت پر ناز کرنا۔ ★ عَقْل اور ذہانت۔ ★ عالی نسب ہونے پر فخر کرنا۔ ★ ظالم کی حمایت پر اِترانا اور فخر کرنا۔ ★ اپنے نوکر چاکر وغیرہ پر اِترانا۔ ★ مال پر اِترانا۔ ★ اپنی غلط رائے پر اِترانا۔[3]

خود پسندی سے بچنے کے لیے

★ اپنی باطنی گندگیوں پر غور کیجیے اور اپنے آغاز و انجام کے بارے میں سوچ و بچار کیجیے۔ ★ یہ سوچئے کہ اللہ پاک معمولی سی آزمائش میں مبتلا فرما کر یہ قوت واپس لے سکتا ہے۔ ★ یہ سوچئے کہ کسی مرض یا حادثے کے سبب یہ نعمت چھینی جا سکتی ہے۔ ★ یہ

[1] ... احیاء العلوم، کتاب ذم الکبر والعجب، 3/454۔

[2] ... شعب الایمان، باب فی معالجۃ کل ذنب بالتوبۃ، 5/436، حدیث:7178، دار الکتب العلمیۃ بیروت۔

[3] ... احیاء العلوم، 3/458تا462 ملخصاً۔

سوچئے کہ اپنے آباء واَجداد کی مخالفت کے باوجود ان کے دَرجے تک پہنچ جانا کیسے ممکن ہے؟ ★ ظالم لوگوں کے اُخروی اَنجام پر نظر رکھئے۔ ★ اپنی کمزوری پر نظر رکھئے اور یہ ذہن نشین کرلیجیے کہ تمام لوگ اللہ پاک کے عاجز بندے ہیں۔ ★ مال کی آفات، اس کے حقوق اور اس سے پیدا ہونے والے فتنوں کو پیشِ نظر رکھئے۔ ★ اپنی رائے کے صحیح ہونے پر ہرگز ہرگز بھروسا نہ کیجیے۔[1]

(3): حسد

حسد کی تعریف

کسی کی دِینی یا دُنیاوی ایسی نعمت کے زَوال (یعنی چھن جانے) کی تمنا کرنا جس میں صاحبِ نعمت کا کوئی دِینی یا دُنیاوی فائدہ ہو، آخرت میں نقصان نہ ہو۔ یا یہ خواہش کرنا کہ فلاں شخص کو یہ نعمت نہ ملے، حسد کہلاتا ہے۔[2]

حسد کا حکم

اگر اپنے اِختیار و اِرادے سے بندے کے دِل میں حسد کا خیال آئے اور یہ اس پر عمل بھی کرتا ہے یا بعض اَعضا سے اُس کا اِظہار کرتا ہے تو یہ حرام اور جہنم میں لے جانے والا کام ہے۔[3] دُنیاوی نعمتوں میں غِبطہ کرنا یعنی کسی کی دولت وغیرہ پر اس کے زوال کی خواہش کے بغیر رَشک کرنا اور اس میں برابری کی تمنا کرنا بھی اس صورت میں منع ہے جب کہ دنیا یا مال کی محبت کے طور پر ہو، اگر ایسا نہیں تو یہ تمنا جائز ہے، البتہ حسد یعنی یہ

---

[1] ... احیاء العلوم، 3/ 458 تا 462 ملخصاً۔

[2] ... الحدیقۃ الندیہ، المبحث الاول، فی تفسیر الحسد، 3/ 34، پشاور پاکستان۔

[3] ... الحدیقۃ الندیہ، المبحث الاول، فی تفسیر الحسد، 3/ 34-35۔

تمنا کرنا کہ دوسرے سے نعمت زائل ہو کر اسے مل جائے، یہ مُطْلَقاً (یعنی ہر صورت میں) حرام ہے۔[1]

آیتِ مبارکہ

يَحْسُدُوْنَ النَّاسَ عَلٰى مَاۤ اٰتٰىهُمُ اللّٰهُ مِنْ فَضْلِهٖ ۚ (پ5، النساء:54)

ترجمۂ کنز الایمان: لوگوں سے حسد کرتے ہیں اس پر جو اللہ نے انہیں اپنے فضل سے دیا۔

فرمانِ مصطفٰے صلی اللہ علیہ واٰلہٖ وسلم

حسد سے دور رہو کیونکہ حسد نیکیوں کو اِس طرح کھا جاتا ہے جس طرح آگ خشک لکڑی کو۔[2]

حسد کے بعض اَسباب

★ بغض و عداوت ★ تعزّز یعنی اپنے اوپر دوسرے کی برتری برداشت نہ کرنا ★ تکبر ★ تعجب ★ مقاصد کا فوت ہونا ★ حکومت کی خواہش اور منصب کی چاہت ★ باطنی خباثت اور بھلائی کے کاموں میں بخیل ہونا۔[3]

حسد سے بچنے کے لیے

★ اللہ پاک کی بارگاہ میں توبہ و اِستغفار کیجئے۔ ★ حسد سے بچنے کی دُعا کیجئے۔ ★ رضائے اِلٰہی پر راضی رہیے۔ ★ حسد کے دِینی و دُنیاوی نقصانات اور تباہ کاریوں کی معلومات حاصل کیجئے۔ ★ حسد سے بچنے کے فضائل پر نظر رکھیے۔ ★ موت کو یاد کیجئے۔

---

[1] ... تفسیر صراط الجنان، 7/327، مکتبۃ المدینہ کراچی۔

[2] ... ابو داود، کتاب الادب، باب فی الحسد، 4/360، حدیث: 4903، دار احیاء التراث العربی بیروت۔

[3] ... احیاء العلوم، کتاب ذم الغضب والحقد والحسد، 3/237 تا 239۔

★ حسد کا سبب بننے والی دُنیاوی نعمتوں کے عارضی (Temporary) ہونے اور دِینی شرف کے اللہ پاک کے فضل و عطا ہونے کو پیشِ نظر رکھیے۔ ★ لوگوں کی نعمتوں سے بے پرواہو جائیے۔ ★ ہر چھوٹی بڑی خوشی میں خوش رہنے کی عادت بنائیے۔ ★ روحانی علاج بھی کیجیے۔

نوٹ: حسد کی تباہ کاریوں سے بچنے کے لئے مکتبۃ المدینہ کی 97 صفحات پر مشتمل کتاب "حسد" کا مُطالعہ کیجیے۔

﴿4﴾: بغض و کینہ

بغض و کینہ کی تعریف

کینہ یہ ہے کہ اِنسان اپنے دِل میں کسی کو بوجھ جانے، اُس سے غیر شرعی دُشمنی و بغض رکھے، نفرت کرے اور یہ کیفیت ہمیشہ باقی رہے۔[1]

بغض و کینہ کا حکم

کسی بھی مسلمان کے متعلق بِلا وجہ شرعی اپنے دِل میں بغض و کینہ رکھنا ناجائز و گناہ ہے۔ امام عبد الغنی نابلسی رحمۃُ اللہِ علیہ فرماتے ہیں: حق بات بتانے یا عدل و اِنصاف کرنے والے سے بغض و کینہ رکھنا حرام ہے۔[2]

آیتِ مبارکہ

اِنَّمَا یُرِیْدُ الشَّیْطٰنُ اَنْ یُّوْقِعَ بَیْنَكُمُ الْعَدَاوَةَ وَ الْبَغْضَآءَ فِی الْخَمْرِ وَ الْمَیْسِرِ وَ یَصُدَّكُمْ عَنْ ذِكْرِ

ترجمۂ کنز الایمان: شیطان یہی چاہتا ہے کہ تم میں بیر اور دشمنی ڈلوا دے شراب اور جوئے میں اور

---

[1]... احیاء العلوم، کتاب ذم الغضب والحقد والحسد، 3/223۔

[2]... الحدیقۃ الندیۃ، المقالۃ الاولی فی تفسیر الحقد وحکمہ، 3/86۔

اللہِ وَعَنِ الصَّلٰوۃِ ۚ فَهَلْ اَنْتُمْ مُّنْتَهُوْنَ ﴿۹۱﴾ تمہیں اللہ کی یاد اور نماز سے روکے تو کیا تم باز آئے۔ (پ7، المائدۃ:91)

اِس آیتِ مبارکہ میں شراب خوری اور جوئے بازی کا ایک وبال (نقصان) یہ بیان کیا گیا ہے کہ ان سے آپس میں بغض اور عداوتیں پیدا ہوتی ہیں اور ان میں مبتلا شخص ذِکرِ الٰہی اور نماز کے اوقات کی پابندی سے محروم ہو جاتا ہے۔[1]

فرمانِ مصطفٰے صلی اللہ علیہ والہٖ وسلم

آپس کے بغض وعداوت سے بچو کیونکہ یہ (دِین کو) مونڈنے والی (یعنی تباہ کر دینے والی) ہے۔[2]

بغض وکینہ کے بعض اَسباب

★ علمِ دِین کی کمی ★ بُرے لوگوں کی صحبت اِختیار کرنا ★ خواہ مخواہ لوگوں کے عیوب تلاش کرنا ★ بِلاوجہ لڑائی جھگڑے کرنا ★ فضول ولایعنی بحث مباحثہ کرنا ★ چغل خوروں وشکایتی لوگوں کی باتوں پر یقین کرنا ★ تحقیق کیے بغیر ہر سنی سنائی بات پر یقین کرلینا ★ اپنی غلطی سننے یا قبول کرنے کا حوصلہ نہ ہونا۔

بغض وکینہ سے بچنے کے لیے

★ اِیمان والوں کے کینہ سے بچنے کی دُعا کیجئے۔ ★ بغض وکینہ کے اَسباب دور کیجئے۔ ★ بغض وکینہ سے پیدا ہونے والی بُرائیوں اور اُن کے نقصانات پر غور کیجئے۔ ★ سلام و مُصافحہ کی عادت بنالیجئے۔ ★ لوگوں سے اچھے تعلقات رکھیے اور بِلاوجہ لڑائی جھگڑے سے

---

[1]... تفسیر خزائن العرفان، پ7، المائدۃ، تحت الآیۃ:91، ص236، مکتبۃ المدینہ کراچی۔

[2]... ترمذی، کتاب صفۃ القیامۃ، 4/228، حدیث:2516۔

اِجتناب کیجیے۔ ★ بے جا سوچنا چھوڑ دیجئے، ہمیشہ اچھی اور مثبت سوچ رکھئے۔ ★ مُعاف کرنے کی عادت پیدا کیجئے۔ ★ مسلمانوں سے اللہ پاک کی رضا کے لیے محبت کیجئے۔

نوٹ: اپنے سینے کو مسلمانوں کے کینے سے بچانے کے لئے مکتبۃ المدینہ کی 83 صفحات پر مشتمل کتاب ''بغض و کینہ'' کا مُطالعہ کیجیے۔

(5): حُبِّ مَدح

حُبِّ مَدح کی تعریف

کسی کام پر لوگوں کی طرف سے کی جانے والی تعریف کو پسند کرنا یا یہ خواہش کرنا کہ فلاں کام پر لوگ میری تعریف کریں، مجھے عزت دیں حُبِّ مَدح کہلاتا ہے۔

حُبِّ مُدح کا حکم

اگر کوئی آدمی اپنی جھوٹی تعریف کو پسند کرے کہ لوگ اُن فضائل سے اُس کی تعریف کریں جو اُس میں نہیں تو یہ صریح حرامِ قطعی ہے اور اگر سچی تعریف مسلمانوں کو دِینی نفع پہنچنے کی نیت سے پسند کرے تو یہ ناجائز نہیں بلکہ محض اِیمان (یعنی خالص ایمان) ہے۔[1]

آیتِ مبارکہ

لَا تَحْسَبَنَّ الَّذِیْنَ یَفْرَحُوْنَ بِمَاۤ اَتَوْا وَّ یُحِبُّوْنَ اَنْ یُّحْمَدُوْا بِمَا لَمْ یَفْعَلُوْا فَلَا تَحْسَبَنَّهُمْ بِمَفَازَةٍ مِّنَ الْعَذَابِۚ وَ لَهُمْ عَذَابٌ اَلِیْمٌ (۱۸۸)

ترجمۂ کنزالایمان: ہرگز نہ سمجھنا انہیں جو خوش ہوتے ہیں اپنے کیے پر اور چاہتے ہیں کہ بے کیے اُن کی تعریف ہو، ایسوں کو ہرگز عذاب سے دور

[1] ... فتاویٰ رضویہ، 21/597 ملخصاً، رضا فاؤنڈیشن لاہور۔

نہ جاننا اور اُن کے لیے دردناک عذاب ہے۔ (پ4، آلِ عمران:188)

اِس آیت میں وعید ہے خود پسندی کرنے والے کے لئے اور اس کے لئے جو لوگوں سے اپنی جھوٹی تعریف چاہے جو لوگ بغیر عِلم اپنے آپ کو عالِم کہلواتے ہیں یا اسی طرح اور کوئی غلط وَصف اپنے لئے پسند کرتے ہیں انہیں اِس سے سبق حاصل کرنا چاہیے۔[1]

فرمانِ مصطفٰے صلی اللہ علیہ واٰلہٖ وسلم

حُبِّ مَدح آدمی کو اَندھا اور بہرا کر دیتی ہے۔[2]

حُبِّ مَدح کے بعض اَسباب

★ خود کو باکمال سمجھنا۔ ★ دوسروں کو اپنا عقیدت مند بنانا۔ ★ لوگوں کے دِلوں میں مقام بنانے کی خواہش۔ ★ شہرت کی خواہش ★ لوگوں پر اپنی برتری اور رُعب و دَبدبہ قائم کرنا۔

حُبِّ مَدح سے بچنے کے لیے

★ خود کو اللہ پاک کی خفیہ تَدبیر سے ڈرائیے۔ ★ فکرِ آخرت پیدا کیجئے۔ ★ لوگوں کی تعریفوں سے بے نیاز ہو جائیے۔ ★ یہ ذہن بنائیے کہ دُنیا کی فانی نعمتوں پر اِترانے کا کوئی فائدہ نہیں۔ ★ اِس بات سے ڈریئے کہ لوگوں کے دِلوں میں مقام بنانے کی خواہش کہیں اللہ پاک کی بارگاہ میں مقام گھٹانے کا سبب نہ بن جائے۔ ★ یہ ذہن بنائیے کہ کئی لوگ اپنے ذاتی مقاصد کے لیے سامنے والے کی تعریفوں کے پُل باندھ دیتے ہیں۔ ★ یہ ذہن بنائیے کہ حقیقی عزت اور ذِلّت دینے والی ذات صِرف اللہ پاک کی ہے۔

---

[1]... تفسیر خزائن العرفان، پ4، آلِ عمران، تحت الآیۃ:188، ص149۔

[2]... مسند الفردوس، باب الحاء، 1/347، حدیث:2548، دارالفکر بیروت۔

(6): حُبِّ جاہ

حُبِّ جاہ کی تعریف

لوگوں میں شہرت اور ناموری چاہنا حُبِّ جاہ کہلاتا ہے۔ شُہرت کا مقصد لوگوں کے دِلوں میں مقام بنانا ہے اور یہ خواہش ہر فَساد کی جڑ ہے۔[1]

حُبِّ جاہ کا حکم

حُبِّ جاہ (لوگوں میں ناموری اور شہرت چاہنا) ایک بہت بُرا اور نہایت ہی قابلِ مذمت اَمر ہے، جبکہ گمنامی یعنی اپنے آپ کو لوگوں میں مشہور و معروف نہ کروانا قابلِ تعریف ہے۔ البتہ اللہ پاک اگر کسی شخص کو اپنا دِین پھیلانے کے لیے مشہور کر دے اور اُس میں اُس کا کوئی دَخل نہ ہو تو کوئی حرج نہیں۔[2]

حُبِّ جاہ کی محمود و مذموم صورتیں

★ اُن اوصاف کے ساتھ حُبِّ جاہ کی طلب کرنا جو بندے کی ذات میں موجود ہوں اور اُن کی طلب کی ضَرورت بھی ہو تو یہ حُبِّ جاہ جائز ہے جیسے کسی بادشاہ کو امین و عِلم والے شخص کی ضَرورت ہو تو خود کو اُس کے سامنے امین اور عِلم والا کہہ کر جگہ بنانا۔ ★ لوگوں کی نظر میں مقام و منصب گر جانے کے خوف سے اپنے عیوب اور گناہوں کے چھپے رہنے کی چاہت کرنا بھی جائز ہے کیونکہ گناہوں کو چھپانا جائز ہے۔ ★ زندگی گزارنے کے لیے ضروریاتِ بدنی کی حد تک حُبِّ جاہ بُری نہیں جیسے خادم سے خدمت لینے کے لیے اُس کے دِل میں اپنی محبت کی چاہت کرنا، دوست سے دوستی و محبت قائم رہنے کے لیے اس کے دِل

[1] ... احیاء العلوم، کتاب ذم الجاہ والریاء، 3/339-342۔ [2] ... احیاء العلوم، کتاب ذم الجاہ والریاء، 3/339۔

میں اپنی محبت کی چاہت کرنا، اُستاد کی عنایت اور راہ نمائی کے لیے ان کے دِل میں اپنی محبت کی چاہت کرنا۔ ★ حُبِّ جاہ کی اُن اوصاف کے ساتھ قول یا فعل کے ذَریعے خواہش کرنا جو بندے میں موجود نہیں ہیں یہ حرام ہے کیونکہ یہ جھوٹ اور دھوکا دہی ہے۔ ★ کسی بھی گناہ جیسے رِیاکاری، دھوکا دہی وغیرہ کے ذَریعے حُبِّ جاہ طلب کرنا حرام ہے۔ ★ ضروریاتِ بدنی سے تجاوز کرنے والی حُبِّ جاہ بُری ہے لیکن گناہ نہیں جب تک اُس کے سبب کسی گناہ کا مُرتکب نہ ہو جائے۔ ★ اپنی عبادت کو حُبِّ جاہ کا ذَریعہ بنانا دِینی جُرم اور ناجائز وحرام ہے۔[1]

آیتِ مبارکہ

مَنْ كَانَ يُرِيْدُ الْحَيٰوةَ الدُّنْيَا وَ زِيْنَتَهَا نُوَفِّ اِلَيْهِمْ اَعْمَالَهُمْ فِيْهَا وَ هُمْ فِيْهَا لَا يُبْخَسُوْنَ ﴿۱۵﴾ اُولٰٓئِكَ الَّذِيْنَ لَيْسَ لَهُمْ فِي الْاٰخِرَةِ اِلَّا النَّارُ ۖ وَ حَبِطَ مَا صَنَعُوْا فِيْهَا وَ بٰطِلٌ مَّا كَانُوْا يَعْمَلُوْنَ ﴿۱۶﴾

ترجمۂ کنزالایمان: جو دنیا کی زندگی اور آرائش چاہتا ہو ہم اس میں ان کا پورا پھل دے دیں گے اور اس میں کمی نہ دیں گے یہ ہیں وہ جن کے لیے آخرت میں کچھ نہیں مگر آگ اور اَکارت گیا جو کچھ وہاں کرتے تھے اور نابود (برباد) ہوئے جو ان کے عمل تھے۔ (پ12، ھود:15-16)

یہ آیت اپنے عموم کے ساتھ طلبِ شہرت کو شامل ہے کیونکہ شہرت کی چاہت دُنیاوی زندگی کی لذّتوں اور زینتوں میں سے ایک بہت بڑی لذّت اور زینت ہے۔[2]

فرمانِ مصطفٰے صلی اللہ علیہ والہ وسلم

دو بھوکے بھیڑیے بکریوں کے ریوڑ میں اتنا نقصان نہیں کرتے جتنا جاہ ومال کی محبت

[1]... احیاء العلوم، کتاب ذم الجاہ والریاء، الشطر الاول فی حب الجاہ والشھرۃ، 3/350-351 ملخصاً۔
[2]... احیاء العلوم، کتاب ذم الجاہ والریاء، الشطر الاول فی حب الجاہ والشھرۃ، 3/342۔

ایک مسلمان کے دِین میں بگاڑ پیدا کرتی ہے۔[1]

حُبِّ جاہ کے بعض اَسباب

★ خود کو باکمال سمجھنا، بہت دفعہ ایسا شخص لوگوں کی طرف سے اپنی قدر کا طالب ہوتا ہے۔ ★ مال و دولت کی حرص، کہ لوگوں کے دلوں میں میرا مقام ہو گا، مجھے قابلِ اِعتماد سمجھیں گے تو مجھ سے خریداری کریں گے، میری پروڈکٹ زیادہ عام ہوں گی۔

حُبِّ جاہ سے بچنے کے لیے

★ اِس کے نقصانات کو پیشِ نظر رکھئے۔ ★ بُری صحبت سے بچئے۔ ★ عُلَمائے کرام و اَولیائے عظام کی صحبت اِختیار کیجئے۔ ★ دِینی کتب کا مُطالعہ کیجئے اور عِلم حاصل کیجئے۔ ★ شہرت وناموری کے عارضی ہونے کو پیشِ نظر رکھئے۔ ★ لوگوں کو چھوڑ کر اللہ پاک کی رَحمت سے لَو لگا لیجئے۔ ★ خود کو کامل واکمل سمجھنے کے بجائے عاجزی اِختیار کیجئے۔ ★ سابقہ اُمتوں اور اِس اُمَّت کے بڑے بڑے نامور و مشہور لوگوں کے اَنجام پر غور کیجئے۔ ★ اپنے اچھے اَعمال کی تشہیر نہ کیجئے۔ ★ توبہ و اِستغفار کے ساتھ ساتھ اپنے گناہ کو یاد رکھئے۔ ★ لوگوں سے علیحدگی اختیار کرتے ہوئے ایسی جگہ چلے جایئے جہاں کوئی نہ جانتا ہو۔

(7): محبتِ دُنیا

محبتِ دُنیا کی تعریف

محبتِ دُنیا یہ ہے کہ اِنسان ہر ذَریعہ سے دُنیا حاصل کرتا رہے، ضَرورت پڑے تو دِین دُنیا پر قربان کر دے۔[2]

---

[1] ... ترمذی، کتاب الزھد، باب ماجاء فی اخذ المال، 4/166، حدیث: 2383۔ [2] ... مراٰۃ المناجیح، 7/43۔

دُنیادار کی تعریف

جب بندہ آخرت کی بہتری کی غَرَض سے دُنیا میں سے کچھ لے گا تو اُسے دُنیادار نہیں کہیں گے بلکہ اس کے حق میں دُنیا آخرت کی کھیتی ہو گی اور اگر ذاتی خواہش اور حصولِ لذّت کے طور پر یہ چیزیں حاصل کرتا ہے تو وہ دُنیادار ہے۔[1]

محبتِ دُنیا کے بارے میں حکم

دُنیا کی وہ محبت جو اُخروی نقصان کا باعث ہو شرعاً مذموم و قابلِ مذمت ہے۔ تفسیر صراط الجنان میں ہے: جب دِین کو چھوڑ کر دُنیا سے محبت کی جائے تو یہ بُری ہے اور کفار کا طریقہ ہے اور اگر دُنیا کو دِین کے لئے وَسیلہ بنایا جائے تو اس سے محبت اچھی ہے۔[2]

دُنیاوی اَشیا کی تین اَقسام مع اَحکام

دُنیاوی اَشیا کی تین قسمیں ہیں: (1) آخرت کا ساتھ دینے والی اور بعدِ موت نفع دینے والی دُنیاوی اَشیا جیسے عِلم و اِخلاص کے ساتھ اللہ پاک کی عبادت کرنا یہ دُنیا محمود یعنی بہت عمدہ ہے۔ (2) فقط دُنیا میں مفید اَشیا جن کا آخرت میں کوئی پھل نہیں جیسے زمین، جائیداد، سونا، چاندی عمدہ کپڑے، اچھے اچھے کھانے یہ دُنیا قابلِ مذمت ہے۔ (3) نیکیوں و عبادت پر مددگار اَشیا جیسے ضَروری غذا، کپڑے وغیرہ یہ دُنیا اچھی ہے جبکہ ان سے دُنیاوی فائدہ و لذّت مقصود نہ ہو ورنہ بُری۔[3]

آیتِ مبارکہ

اِعْلَمُوْۤا اَنَّمَا الْحَیٰوةُ الدُّنْیَا لَعِبٌ وَّ لَهْوٌ وَّ زِیْنَةٌ ترجمۂ کنزالایمان: جان لو کہ دنیا کی زندگی تو نہیں

[1] ... احیاء العلوم، کتاب ذم الدنیا، بیان حقیقۃ الدنیا... الخ، 3/272۔

[2] ... تفسیر صراط الجنان، 10/485۔ [3] ... احیاء العلوم، کتاب ذم الدنیا، 3/270 تا 271 ملخصاً۔

وَّ تَفَاخُرٌۢ بَیْنَكُمْ وَ تَكَاثُرٌ فِی الْاَمْوَالِ وَ الْاَوْلَادِؕ كَمَثَلِ غَیْثٍ اَعْجَبَ الْكُفَّارَ نَبَاتُهٗ ثُمَّ یَهِیْجُ فَتَرٰىهُ مُصْفَرًّا ثُمَّ یَكُوْنُ حُطٰمًاؕ وَ فِی الْاٰخِرَةِ عَذَابٌ شَدِیْدٌۙ وَّ مَغْفِرَةٌ مِّنَ اللّٰهِ وَ رِضْوَانٌؕ وَ مَا الْحَیٰوةُ الدُّنْیَاۤ اِلَّا مَتَاعُ الْغُرُوْرِ۝۲۰

(پ27، الحدید: 20)

مگر کھیل کود اور آرائش اور تمہارا آپس میں بڑائی مارنا اور مال اور اولاد میں ایک دوسرے پر زیادتی چاہنا اس مینھ کی طرح جس کا اگایا سبزہ کسانوں کو بھایا پھر سوکھا کہ تو اسے زرد دیکھے پھر روندن (پامال کیا ہوا) ہو گیا اور آخرت میں سخت عذاب ہے اور اللہ کی طرف سے بخشش اور اس کی رضا اور دنیا کا جینا تو نہیں مگر دھوکے کا مال۔

فرمانِ مصطفٰے صلی اللہ علیہ واٰلہٖ وسلم

دُنیا کی محبت تمام بُرائیوں کی جڑ ہے۔[1]

محبتِ دُنیا کے بعض اَسباب

★ غفلت ★ جہالت ★ دُنیاداروں کی صحبت ★ فکرِ آخرت کا نہ ہونا ★ اپنی موت کو بھول جانا۔

مذموم محبتِ دُنیا سے بچنے کے لیے

دَرج ذیل حقائق کو پیشِ نظر رکھیے: ★ دُنیا سائے کی طرح ہے اور سائے سے دھوکا کھانا حماقت ہے۔ ★ دُنیا خواب کی طرح ہے اور خوابوں سے محبت کرنا دانش مندی نہیں۔ ★ دُنیا ظاہری زیب و زینت سے آراستہ بدصورت بوڑھی عورت کی طرح ہے لہٰذا دُنیا کا پیچھا کرنے والے کو ندامت و پشیمانی ہی ہوتی ہے۔ ★ دُنیا میں اِنسان کی حیثیت دَرخت کی چھاؤں میں کچھ دیر آرام کرنے کے بعد اسے وہیں چھوڑ کر اپنا سفر شروع کر دینے والے

[1] ... شعب الایمان، باب فی الزھد وقصر الامل، 7/338، حدیث: 10501۔

مُسافر کی طرح ہے۔ ★ دُنیا میں داخل ہونا آسان اور نکلنا مشکل ہے۔ ★ دُنیا سانپ کی طرح ہے جو چھونے میں نرم و ملائم ہے لیکن اس کا زہر جان لیوا ہوتا ہے۔ ★ دُنیاوی آفتوں سے محفوظ رہنا مشکل ہے۔ ★ جس طرح پانی میں چلنے والے کے قدم سوکھے نہیں رہ سکتے اسی طرح دُنیا سے اُلفت رکھنے والا مصیبت و آفت سے چھٹکارا نہیں پا سکتا۔ ★ دُنیاوی محبت کی دِیمک دِل سے عبادت کی لذّت و مٹھاس کو آہستہ آہستہ ختم کر دیتی ہے۔ ★ دُنیا کی ایک چیز دوسری کی طرف لے جا کر ہلاکت کا باعث بنتی ہے۔ ★ جس طرح عمدہ اور لذیذ غذا کا انجام غلاظت اور گندگی ہے اسی طرح خوش نما دُنیا کا انجام بھی تکلیف دہ موت پر ختم ہوتا ہے۔ دُنیا لوگوں کو دھوکا دیتی ہے اور اِیمان کمزور کرتی ہے۔ ★ دُنیا کا اول و آخر یکساں نہیں، اِبتدا اچھی اور اِنتہا خراب ہے۔ ★ دُنیا میں حد سے زیادہ مشغولیت، آخرت سے غافل ہونے کا سبب ہے۔ ★ دُنیا ایک مہمان خانہ ہے لہٰذا اِس میں پُرسکون رہنے کے لیے خود کو مُسافر رکھنا ضَروری ہے، اگر دُنیا کو مستقل ٹھکانا سمجھ کر اس سے دِل لگا بیٹھے تو جدائی کے وقت بہت زیادہ غم اور تکلیف کا سامنا ہوتا ہے۔[1]

نوٹ: مزید معلومات کے لئے مکتبۃ المدینہ کی 85 صفحات پر مشتمل کتاب ”اَلزُّھْد وَ قَصْرُ الْاَمَل“ ترجمہ بنام ”دُنیا سے بے رغبتی اور اُمیدوں کی کمی“ کا مُطالعہ کیجیے۔

(8): طلبِ شہرت

طلبِ شہرت کی تعریف

اپنی شہرت کی کوشش کرنا (یعنی ایسے اَفعال کرنا کہ مشہور ہو جاؤں) طلبِ شہرت

[1]... احیاء العلوم، کتاب ذم الدنیا، 3/264-270 ملخصاً۔

کہلاتا ہے۔[1]

طلبِ شہرت کا حکم

طلبِ شہرت نہایت ہی بُرا اور قابلِ مذمّت کام ہے، طلبِ شہرت بسا اَوقات کئی گناہوں میں مبتلا ہونے کا سبب بن جاتا ہے لہٰذا ہر مسلمان کو اِس سے بچنا لازم ہے۔ امام محمد غزالی رحمۃُ اللہِ علیہ فرماتے ہیں: جاہ و منصب کا مطلب شہرت اور ناموری ہے اور یہ قابلِ مذمت ہے، قابلِ تعریف صرف گمنامی ہے، ہاں یہ الگ بات ہے کہ بغیر شہرت و ناموری کی مشقت اُٹھائے محض دِین پھیلانے کے سبب اللہ پاک کسی کو مشہور کر دے تو یہ شہرت و ناموری قابلِ مذمت نہیں۔[2]

آیتِ مبارکہ

وَ الَّذِیْنَ یُنْفِقُوْنَ اَمْوَالَهُمْ رِئَآءَ النَّاسِ وَ لَا یُؤْمِنُوْنَ بِاللّٰهِ وَ لَا بِالْیَوْمِ الْاٰخِرِؕ وَ مَنْ یَّكُنِ الشَّیْطٰنُ لَهٗ قَرِیْنًا فَسَآءَ قَرِیْنًا(۳۸)

ترجمۂ کنزالایمان: اور وہ جو اپنے مال لوگوں کے دکھاوے کو خرچ کرتے ہیں اور ایمان نہیں لاتے اللہ اور نہ قیامت پر اور جس کا مُصاحب (ساتھی و مشیر) شیطان ہو اتو کتنا برا مصاحب ہے۔ (پ5، النساء:38)

اِس آیتِ مبارکہ کے تحت "خزائنُ العرفان" میں ہے: بخل کے بعد صَرفِ بیجا (یعنی بُری جگہ پر خرچ کرنے) کی بُرائی بیان فرمائی کہ جو لوگ محض نمود و نمائش اور نام آوری (یعنی طلبِ شہرت) کے لئے خرچ کرتے ہیں اور رِضائے الٰہی اِنہیں مقصود نہیں ہوتی جیسے کہ مشرکین و منافقین یہ بھی اُنہیں کے حکم میں ہیں جن کا حکم اُوپر گزر گیا۔[3]

---

[1]... مراٰۃ المناجیح، 7/26 ماخوذاً [2]... احیاء العلوم، کتاب ذم الجاہ و الریاء، الشطر الاول فی حب الجاہ و الشھرۃ، 3/339۔

[3]... تفسیر خزائن العرفان، پ5، النساء، تحت الآیۃ:38، ص166۔

فرمانِ مصطفےٰ صلی اللہ علیہ واٰلہٖ وسلم

جو شہرت کے لئے عمل کرے گا اللہ پاک اُسے رُسوا کرے گا، جو دِکھاوے کے لئے عمل کرے گا اللہ پاک (بروزِ قیامت اُس کے عیوب) لوگوں پر ظاہر فرمادے گا۔[1]

طلبِ شہرت کے بعض اَسباب

★ اپنی نیک نامی کی فکر ★ لوگوں سے اپنی تعریف سننا نفس کے سکون کا باعث ★ خوشامد پسند طبیعت ★ بسااَوقات دِینی و دُنیاوی ناجائز مفادات کا حصول ★ اپنی خامیوں کو چھپانا ★ لوگوں کو دھوکا دینا۔ ★ سوشل میڈیا کا عادی ہو جانا، بہت سے لوگ راتوں رات مشہور ہونے کے شوق میں الٹی سیدھی حرکتیں کر کے سوشل میڈیا پر وائرل کرتے ہیں۔

طلبِ شہرت سے بچنے کے لیے

★ طلبِ شہرت کے نقصانات پر غور کیجیے۔ ★ بزرگانِ دِین کے طلبِ شہرت سے بچنے کے واقعات کا مُطالعہ کیجیے۔ ★ اپنی خامیوں پر نظر رکھیے۔ ★ خوشامد کرنے والوں سے دور رہیے۔ ★ حُسنِ نیت کے ساتھ عیوب کی نشاندہی کرنے والوں کی صحبت اِختیار کیجیے۔ ★ کامیابی کے حصول کے لیے خفیہ اور چور دَروازوں کو تلاش نہ کیجیے، محنت کیجیے اور اللہ پاک پر توکل کیجیے۔ ★ اپنی خامیوں کو خوبیوں میں بدلنے کی کوشش کیجیے۔ ★ اپنے دِل میں مسلمانوں کی خیر خواہی یعنی ان کا بھلا چاہنے کا جذبہ پیدا کیجیے، انہیں دھوکا نہ دیجیے۔ ★ وقتی نفع کے حصول کے بجائے اُخروی وبال کو ہمیشہ اپنے پیشِ نظر رکھیے۔

---

[1] ... بخاری، کتاب الرقاق، باب الریاء والسمعۃ، 4/247، حدیث: 6499، دار الکتب العلمیۃ بیروت۔

9: تعظیم اُمَرا

تعظیم اُمَرا کی تعریف

تعظیم اُمَرا یعنی حکمرانوں اور دولت مندوں کی تعظیم کرنا۔ امیر و کبیر لوگوں کی وہ تعظیم جو محض اُن کی دولت و امارت کی وجہ سے ہو تعظیم اُمَرا کہلاتی ہے۔

تعظیم اُمَرا کا حکم

امیر لوگوں کے مال و دولت اور ان کی امارت کی وجہ سے اُن کی تعظیم کرنا نہایت ہی قابلِ مذمت اور بُرا کام ہے، ہر مسلمان کو اُس بُرے فعل سے بچنا لازم ہے۔

آیتِ مبارکہ

وَ اصْبِرْ نَفْسَكَ مَعَ الَّذِیْنَ یَدْعُوْنَ رَبَّهُمْ بِالْغَدٰوةِ وَ الْعَشِیِّ یُرِیْدُوْنَ وَجْهَهٗ وَ لَا تَعْدُ عَیْنٰكَ عَنْهُمْ ۚ تُرِیْدُ زِیْنَةَ الْحَیٰوةِ الدُّنْیَا ۚ وَ لَا تُطِعْ مَنْ اَغْفَلْنَا قَلْبَهٗ عَنْ ذِكْرِنَا وَ اتَّبَعَ هَوٰىهُ وَ كَانَ اَمْرُهٗ فُرُطًا ﴿۲۸﴾

ترجمۂ کنزالایمان: اور اپنی جان ان سے مانوس رکھو جو صبح و شام اپنے رب کو پکارتے ہیں اس کی رضا چاہتے اور تمہاری آنکھیں انھیں چھوڑ کر اور پر نہ پڑیں کیا تم دنیا کی زندگی کا سنگار (زینت) چاہو گے اور اس کا کہنا مانو جس کا دل ہم نے اپنی یاد سے غافل کر دیا اور وہ اپنی خواہش کے پیچھے چلا اور اس کا کام حد سے گزر گیا۔ (پ15، الکہف:28)

مشہور مفسرِ قرآن حکیمُ الاُمَّت مفتی احمد یار خان رحمۃُ اللہِ علیہ اِس آیتِ مبارکہ کے تحت فرماتے ہیں: اِس میں قیامت تک کے مسلمانوں کو ہدایت ہے کہ غافِلوں، متکبروں، رِیاکاروں، مال داروں کی نہ مانا کریں، مُخْلِص صالِح غُرَبا و مَساکین مسلمانوں کی اِطاعت کیا کریں۔ اِن مال داروں کی بات ماننا دُنیا و دِین بَرباد کر دیتا ہے۔ اِسی لیے اکثر اَنبیا اَولیا غُرَبا

میں ہوئے۔[1]

فرمانِ مصطفٰے صلی اللہ علیہ والہ وسلم

جُبُّ الْحُزْن سے پناہ مانگو، یہ جہنم کی ایک وادی ہے جس سے خود جہنم بھی دِن میں چار سو (400) مرتبہ پناہ مانگتا ہے۔ اِس میں رِیاکار قُرّا (اہلِ علم) کو ڈالا جائے گا اور اللہ پاک کے ہاں بہت مَبْغُوض (قابلِ نفرت) قُرّا (اہلِ علم) وہ ہیں جو امیر لوگوں سے (ان کی امیری اور طلبِ مال کے لیے) ملاقات کرتے ہیں۔[2]

تعظیم اُمرا کے بعض اَسباب

★ مال و دولت کی حرص ★ منصب و مقام و مرتبہ کی حرص ★ ناجائز سفارشات کا حصول ★ عیش کرنے کی خواہشیں ★ حُبِّ جاہ و طلبِ شہرت ★ خوشامد و چاپلوسی ★ ناجائز خواہشات کی تکمیل ★ شاہانہ طرزِ زندگی کا حُصول۔

تعظیم اُمرا سے بچنے کے لیے

★ مال و دولت کی غیر ضروری محبت کی تباہ کاریوں پر غور کیجئے۔ ★ حُبِّ جاہ کی تباہ کاریوں پر غور کیجئے۔ ★ طلبِ شہرت کی تباہ کاریوں پر غور کیجئے۔ ★ یہ ذہن بنایئے کہ ناجائز خواہشات کی تکمیل آخرت کی بَربادی کا سبب ہے۔ ★ امیروں کی تعظیم، چاپلوسی و خوشامد میں کوئی خیر نہیں۔ ★ دُنیا میں عیش و عشرت کی زندگی بسر کرنے والے کے لیے آخرت میں آزمائش ہو سکتی ہے۔ ★ قارون جیسے دولت مندوں، بادشاہوں اور ایسے امیر

---

[1] ... تفسیر نور العرفان، پ 15، الکہف، تحت الآیۃ: 28، ص 473، پیر بھائی کمپنی کراچی۔

[2] ... ابن ماجہ، کتاب السنۃ، باب الانتفاع بالعلم والعمل بہ، 1/166، حدیث: 256، دار المعرفۃ بیروت۔ مرقاۃ المفاتیح، کتاب العلم، الفصل الثالث، 1/530، تحت الحدیث: 275، دار الفکر بیروت۔

وکبیر لوگوں کے انجام پر غور وفکر کرے جو زمین پر اکڑ کر چلتے تھے مگر اُن کا انجام بہت بھیانک ہوا۔ ★ شاہانہ طرزِ زندگی بسا اَوقات گناہوں میں مبتلا ہونے کا سبب بن جاتی ہے۔ ★ ناجائز سفارش آخرت میں سخت پکڑ کا باعث بن سکتی ہے۔

(10): تحقیرِ مَساکین

تحقیرِ مَساکین کی تعریف

تحقیرِ مَساکین یعنی غریبوں اور مسکینوں کو گھٹیا جاننا اور ان کی توہین کرنا۔ غریبوں اور مسکینوں کی وہ تحقیر جو اُن کی غُربت یا مسکینی کی وجہ سے ہو تحقیرِ مَساکین کہلاتی ہے۔

تحقیرِ مَساکین کا حکم

فقیروں اور مَساکین سے اُن کے فقر ومسکینی کے سبب نفرت کرنا یا انہیں حقیر جاننا نہایت ہی قابلِ مذمت وبُرا، حرام، جہنم میں لے جانے والا اور اللہ پاک کے غضب کو دعوت دینے والا کام ہے، ہر مسلمان کو اِس بُرے فعل سے بچنا لازم ہے۔ تفسیر صراط الجنان میں ہے: دیندار غریبوں کو حقیر سمجھنا کفار کا طریقہ ہے جیسے غریب علماءِ کرام، طُلباءِ دین، مُبلّغین وغیرہ کو مالدار، سیٹھ صاحبان دو کوڑی کی عزت دینے کو تیار نہیں ہوتے، چندہ بھی دینا ہو تو دس چکر لگوا کر دیں گے اور ماتھے پر تیوری چڑھا کر دیں گے اور دینے کے بعد انہیں اپنا نوکر سمجھیں گے۔[1]

آیتِ مبارکہ

یٰۤاَیُّهَا الَّذِیْنَ اٰمَنُوْا لَا یَسْخَرْ قَوْمٌ مِّنْ قَوْمٍ ترجمۂ کنزالایمان: اے ایمان والو نہ مرد مردوں

[1]... تفسیر صراط الجنان، 4/428۔

عَسٰۤی اَنۡ یَّکُوۡنُوۡا خَیۡرًا مِّنۡہُمۡ وَ لَا نِسَآءٌ مِّنۡ نِّسَآءٍ عَسٰۤی اَنۡ یَّکُنَّ خَیۡرًا مِّنۡہُنَّ ۚ وَ لَا تَلۡمِزُوۡۤا اَنۡفُسَکُمۡ وَ لَا تَنَابَزُوۡا بِالۡاَلۡقَابِ ؕ بِئۡسَ الِاسۡمُ الۡفُسُوۡقُ بَعۡدَ الۡاِیۡمَانِ ۚ وَ مَنۡ لَّمۡ یَتُبۡ فَاُولٰٓئِکَ ہُمُ الظّٰلِمُوۡنَ ﴿۱۱﴾ (پ26، الحجرات:11)

سے ہنسیں عجب نہیں کہ وہ ان ہنسنے والوں سے بہتر ہوں اور نہ عورتیں عورتوں سے دُور نہیں کہ وہ ان ہنسنے والیوں سے بہتر ہوں اور آپس میں طعنہ نہ کرو اور ایک دوسرے کے بُرے نام نہ رکھو کیا ہی بُرا نام ہے مسلمان ہو کر فاسق کہلانا اور جو توبہ نہ کریں تو وہی ظالم ہیں۔

فرمانِ مصطفےٰ صلی اللہ علیہ والہ وسلم

ایک مسلمان دوسرے مسلمان کا بھائی ہے، نہ تو وہ اُس پر ظلم کرتا ہے نہ ہی اُسے رُسوا کرتا ہے اور نہ ہی اُسے حقارت سے دیکھتا ہے۔ کسی مسلمان کے بُرا ہونے کے لیے صِرف اتنا ہی کافی ہے کہ وہ اپنے مسلمان بھائی کو حقارت سے دیکھے۔[1]

تحقیرِ مَساکین کے بعض اَسباب

★ غرور و تکبر ★ ظلم کرنا ★ غربت و مسکینی کو عیب سمجھنا ★ دُنیاوی آسائشوں کا عادی ہونا ★ خود کو بہت زیادہ اعلیٰ اور بہتر سمجھنا ★ غریبوں اور مسکینوں کے متعلق بدشگونی میں مبتلا ہونا۔

تحقیرِ مَساکین سے بچنے کے لیے

★ یہ ذہن بنائیے کہ یہ اللہ پاک کی مشیت یعنی قدرت ہے کہ اُس نے مختلف لوگوں کو مختلف اَحوال عطا کیے ہیں، کوئی امیر و کبیر تو کوئی غریب و مسکین۔ ★ یہ ذہن بنائیے کہ

---

[1] ... مسلم، کتاب البر والصلة والآداب، تحریم ظلم المسلم...الخ، ص1386، حدیث:2564، دار المغنی عرب۔

یہ تو اللہ پاک کی مشیت اور اس کی جانب سے اس غریب شخص کے لیے ایک آزمائش ہے۔ اگر خدانخواستہ مجھے بھی غربت و تنگدستی کی آزمائش میں مبتلا کر دیا جائے اور دِیگر لوگ میرے ساتھ بھی یہ رَویہ رکھیں تو میری کیفیت کیا ہو گی؟ ★ ہر غریب و مسکین کے ساتھ ظلم و تشدد سے بچتے ہوئے اچھا برتاؤ کیجیے۔ ★ یہ ذہن میں رکھیے کہ ”مظلوم کی بد دعا رَد نہیں کی جاتی۔“ لہٰذا اِن کی دِل جوئی و خیر خواہی کر کے اِن کی دُعائیں حاصل کیجیے۔ ★ اللہ پاک کی نعمتوں کے اِظہار کے ساتھ سادہ زندگی گزارنے کی عادت بنائیے تاکہ غُربا و مَساکین حضرات کے طرزِ زندگی سے بھی لگاؤ رہے۔

﴿11﴾: اِتّباعِ شَہَوات (خواہشات کی پیروی)

اِتباعِ شہوات کی تعریف

جائز و ناجائز کی پَروا کیے بغیر نفس کی ہر خواہش پوری کرنے میں لگ جانا اِتباعِ شہوات کہلاتا ہے۔

اِتباعِ شہوات کا حکم

اِتباعِ خواہشات یعنی جائز و ناجائز کی پَروا کیے بغیر نفس کی ہر خواہش پوری کرنے میں لگ جانا قابلِ مذمت اور ہلاکت میں ڈالنے والا کام ہے لہٰذا ہر مسلمان کو اِس سے بچنا لازم ہے۔ ”نفسانی خواہشات کی پیروی دنیا اور آخرت دونوں کے لئے بہت نقصان دہ ہے۔“[1]

آیتِ مبارکہ

وَ لَا تَتَّبِعِ الْهَوٰى فَيُضِلَّكَ عَنْ سَبِيْلِ اللّٰهِؕ ترجمۂ کنزالایمان: اور خواہش کے پیچھے نہ جانا کہ

[1]... تفسیر صراط الجنان، 9/226۔

اِنَّ الَّذِیۡنَ یَضِلُّوۡنَ عَنۡ سَبِیۡلِ اللّٰہِ لَہُمۡ عَذَابٌ شَدِیۡدٌۢ بِمَا نَسُوۡا یَوۡمَ الۡحِسَابِ ﴿۲۶﴾ تجھے اللہ کی راہ سے بہکا دے گی بے شک وہ جو اللہ کی راہ سے بہکتے ہیں ان کے لیے سخت عذاب ہے اس پر کہ وہ حساب کے دن کو بھول بیٹھے۔ (پ23، ص:26)

فرمانِ مصطفٰے صلی اللہ علیہ واٰلہٖ وسلم

تین چیزیں ہلاکت میں ڈال دیتی ہیں: (1) حرص و طمع میں گم رہنا (یعنی لالچ میں رہنا) (2) نفسانی خواہشات کی پیروی کرنا اور (3) اپنے آپ پر فخر کرنا۔[1]

اِتباعِ شہوات کے بعض اَسباب

★ نفس و شیطان کا غلبہ ★ نفس کی شرارتوں کا عِلم نہ ہونا ★ جلد اثر قبول کرنے کی عادت ★ نیک لوگوں کی صحبت سے دوری ★ قناعت کی دولت کا نہ ہونا ★ فضول خرچی کی عادت ★ لاپرواہی ★ اپنے سے نیچے والوں کو دیکھ کر شکر ادا نہ کرنا ★ بے جا آسائش کے ساتھ زندگی گزارنے کا ذہن ★ بِلاوجہ دوسروں کے اَحوال میں غور و فکر۔

اِتباعِ شہوات سے بچنے کے لیے

★ نفس و شیطان کی مکاریوں اور شرارتوں کی معلومات حاصل کیجئے۔ ★ نفس کی ہر خواہش پوری کرنے کے بجائے صبر کی عادت ڈالیے۔ ★ جلد اثر قبول کرنے کی عادت ختم کیجئے۔ ★ نیک لوگوں کی صحبت اِختیار کیجئے۔ ★ قناعت اِختیار کیجئے۔ ★ فضول خرچی سے پرہیز کیجئے۔ ★ مال خرچ کرتے ہوئے صِرف اپنی ضَرورت کو پیشِ نظر رکھیے۔ ★ دُنیاوی لوگوں کی عیش بھری زندگی کے بجائے نیک لوگوں کی سادہ زندگی پر غور کیجئے۔ ★ بِلاوجہ

[1] ... معجم اوسط، 4/212، حدیث: 5754 ملتقطاً، دار الکتب العلمیۃ بیروت۔

لوگوں کے اَحوال میں غور و فکر کے بجائے اللہ پاک کی دی ہوئی نعمتوں پر صبر و شکر کیجئے۔
★ آخرت کے حساب و کتاب کو پیشِ نظر رکھیے۔

﴿12﴾: کُفرانِ نِعَم (نعمتوں کی ناشکری)

کُفرانِ نِعَم کی تعریف

کسی بندے کا اللہ پاک کی عطا کردہ نعمتوں کو اِس طرح چھپانا اور اُن سے صَرفِ نظر کرنا کہ نہ تو وہ اُن نعمتوں کے عطا کرنے پر اللہ پاک کا شکر ادا کرے اور نہ ہی اُن نعمتوں پر اُس کی حمد و ثنا کرے کُفرانِ نِعَم کہلاتا ہے۔[1]

کُفرانِ نِعَم کا حکم

کُفرانِ نِعَم یعنی اللہ پاک کی نعمتوں پر اُس کا شکر ادا نہ کرنا اور اُن سے غفلت برتنا حرام اور جہنم میں لے جانے والا کام ہے۔ کُفرانِ نِعَم نعمتوں کے چھن جانے کا بھی ایک سبب ہے لہٰذا ہر مسلمان کو اِس سے بچنا لازم ہے۔

آیتِ مبارکہ

وَ اِذْ تَاَذَّنَ رَبُّكُمْ لَىٕنْ شَكَرْتُمْ لَاَزِیْدَنَّكُمْ وَ لَىٕنْ كَفَرْتُمْ اِنَّ عَذَابِیْ لَشَدِیْدٌ ۝۷

ترجمۂ کنزالایمان: اور یاد کرو جب تمہارے رب نے سنا دیا کہ اگر احسان مانو گے تو میں تمہیں اور دوں گا اور اگر ناشکری کرو تو میرا عذاب سخت ہے۔ (پ13، ابراھیم:7)

فرمانِ مصطفےٰ صلی اللہ علیہ واٰلہٖ وسلم

جو تھوڑی چیز کا شکر ادا نہ کرے وہ زیادہ کا بھی شکر ادا نہیں کر سکتا اور جو لوگوں کا

[1]... الحدیقۃ الندیۃ، الخلق الثامن والثلاثون، کفران النعمۃ، 3/348 ملخصاً۔

شکریہ ادا نہیں کرتا وہ اللہ پاک کا بھی شکر ادا نہیں کر سکتا۔ اللہ پاک کی نعمتوں کا تذکرہ کرنا بھی اس کا شکر ادا کرنا ہی ہے جبکہ اُس کی نعمتوں کا اِظہار نہ کرنا کُفرانِ نِعَم (یعنی نعمتوں کی ناشکری) ہے۔[1]

کُفرانِ نِعَم کے بعض اَسباب

★ عِلمِ دِین حاصل نہ کرنا ★ بے صبری کی عادت ★ تکلیف پر واویلا کرنا ★ توکل کی کمی ★ جرأت علی اللہ ★ محاسبۂ نفس نہ کرنا۔

کُفرانِ نِعَم سے بچنے کے لیے

★ کُفرانِ نِعَم سے متعلق عِلم حاصل کیجئے۔ ★ کُفرانِ نِعَم کے نقصانات پر غور کیجئے۔ ★ کُفرانِ نِعَم کے اَسباب کو دور کیجئے۔ ★ مصیبتوں اور تکلیفوں پر صبر کی عادت بنایئے۔ ★ ہر خوشی اور غمی میں اللہ پاک پر بھروسا رکھیے۔ ★ ہر چھوٹے بڑے گناہ سے بچنے کی کوشش کیجئے تاکہ نفس بے باک نہ ہو۔ ★ محاسبۂ نفس کیجئے۔ ★ تکلیف کے مُعاملے میں اپنے سے اوپر والے کو اور نعمت کے مُعاملے میں اپنے سے نیچے والے کو دیکھیے۔

نوٹ: شکر بجالانے اور ناشکری سے خود کو بچانے کے لئے مکتبۃ المدینہ کی 125 صفحات پر مشتمل کتاب "شکر کے فضائل" کا مُطالعہ کیجیے۔

﴿13﴾: حرص

حرص کی تعریف

خواہشات کی زیادتی کے اِرادے کا نام حرص ہے اور بُری حرص یہ ہے کہ اپنا حصہ

[1] ... مسند امام احمد، حدیث نعمان بن بشیر، 6/394، حدیث: 18477۔

حاصل کر لینے کے باوجود دوسرے کے حصے کی لالچ رکھے۔[1] یا کسی چیز سے جی نہ بھرنے اور ہمیشہ زیادتی کی خواہش رکھنے کو حرص[2] اور حرص رکھنے والے کو حریص کہتے ہیں۔

حرص کا تعلق فقط مال و دولت سے نہیں

حرص کسی شے کی مزید خواہش کرنے کا نام ہے۔ چنانچہ مزید مال کی خواہش رکھنے والے کو "مال کا حریص"، مزید کھانے کی خواہش رکھنے والے کو "کھانے کا حریص"، نیکیوں میں اِضافے کے تمنائی کو "نیکیوں کا حریص" جبکہ گناہوں کا بوجھ بڑھانے والے کو "گناہوں کا حریص" کہیں گے۔ لالچ اور حرص خوراک، لباس، مکان، سامان، دولت، عزت، شہرت اَلغرض ہر نعمت میں ہو سکتی ہے۔[3]

حرص کے اَحکام

حرص کی تین قسمیں ہیں: (1) حرصِ محمود یعنی اچھی حرص (2) حرصِ مذموم یعنی بُری اور قابلِ مذمت حرص (3) حرصِ مباح یعنی جائز حرص۔ اچھی چیز کی حرص اچھی اور بُری چیز کی حرص بُری ہے۔ ★ لہٰذا نیکیوں مثلاً نماز، روزہ، حج، زکوٰۃ، صدقہ و خیرات، تلاوت، ذِکرُ اللہ، دُرُود پاک، حصولِ عِلمِ دِین، صِلہ رحمی، خیر خواہی اور نیکی کی دعوت عام کرنے کی حرص محمود یعنی اچھی ہے۔ ★ گناہوں مثلاً رِشوت، چوری، بد نگاہی، زِنا، اِغلام بازی، اَمرَد پسندی، حُبِّ جاہ، فلمیں ڈرامے دیکھنے، گانے باجے سننے، نشے، جُوئے کی حرص، غیبت، تہمت، چُغلی، گالی دینے، بدگمانی، لوگوں کے عیب ڈھونڈنے اور انہیں

---

[1] ... مرقاۃ المفاتیح، کتاب الرقاق، باب الامل والحرص، 9/119، تحت الباب: 2۔

[2] ... مراٰۃ المناجیح، 7/86۔

[3] ... باطنی بیماریوں کی معلومات، ص116، مکتبۃ المدینہ کراچی۔ جنتی زیور، ص111 ماخوذاً، مکتبۃ المدینہ کراچی۔

اُچھالنے و دِیگر گناہوں کی حرص مذموم یعنی بُری اور اس سے بچنا لازم۔ ★ کھانا پینا، سونا، دولت اِکٹھی کرنا، مکان بنانا، تحفہ دینا، عمدہ یا زائد لباس پہننا و دِیگر کئی کام مُباح یعنی جائز کہ اِن کے کرنے میں نہ گناہ نہ ثواب، لٰہذا اِن کی حرص میں بھی نہ گناہ نہ ثواب، البتہ اچھی نیّت سے کیا جائے تو اچھا، اِس کی حرص بھی اچھی اور بُری نیّت سے بُرا اور اس کی حرص بھی بُری اور اِس سے بچنا لازم۔[1]

آیتِ مبارکہ

وَ لَتَجِدَنَّهُمْ اَحْرَصَ النَّاسِ عَلٰى حَيٰوةٍ ۚ وَ مِنَ الَّذِيْنَ اَشْرَكُوْا ۚ يَوَدُّ اَحَدُهُمْ لَوْ يُعَمَّرُ اَلْفَ سَنَةٍ ۚ وَ مَا هُوَ بِمُزَحْزِحِهٖ مِنَ الْعَذَابِ اَنْ يُّعَمَّرَ ؕ وَ اللّٰهُ بَصِيْرٌۢ بِمَا يَعْمَلُوْنَ ﴿۹۶﴾

ترجمۂ کنزالایمان: اور بے شک تم ضرور انھیں پاؤ گے کہ سب لوگوں سے زیادہ جینے کی ہَوس رکھتے ہیں اور مشرکوں سے ایک کو تمنا ہے کہ کہیں ہزار برس جیے اور وہ اسے عذاب سے دور نہ کرے گا اتنی عمر دیا جانا اور اللہ ان کے کوتک (بُرے عمل) دیکھ رہا ہے۔ (پ 1، البقرۃ:96)

فرمانِ مصطفٰے صلی اللہ علیہ واٰلہٖ وسلم

اگر ابنِ آدم کے پاس سونے کی دو وادیاں بھی ہوں تب بھی وہ تیسری کی خواہش کرے گا اور ابنِ آدم کا پیٹ قبر کی مٹّی ہی بھر سکتی ہے۔[2]

نیکیوں کی حرص بڑھانے کے لیے

★ نیکیوں کے فضائل کا مُطالعہ کیجئے۔ ★ نیک لوگوں کی صحبت اِختیار کیجئے۔ ★ رضائے الٰہی پانے کی نیت سے راہِ عمل پر قدم رکھ دیجئے۔ ★ بزرگانِ دِین کے شوقِ عبادت

[1] ... حرص، ص13 تا15 ملخصاً، مکتبۃ المدینہ کراچی۔ باطنی بیماریوں کی معلومات، ص118 تا120 ملخصاً۔
[2] ... مسلم، کتاب الزکاۃ، باب لو ان لابن آدم... الخ، ص521، حدیث:116۔

کے واقعات کا مُطالعہ کیجئے۔

گناہوں کی حرص سے بچنے کے لیے

★ گناہوں کی پہچان حاصل کیجئے۔ ★ گناہوں کے نقصانات و عذابات پر غور کیجئے۔ ★ نیک لوگوں کی صحبت اِختیار کیجئے۔ ★ دِینی کتب و رَسائل کا مُطالعہ کیجئے۔ ★ بُرے خاتمے سے ڈریئے اور حُسنِ خاتمہ کی دُعا کیجئے۔ ★ اللہ پاک کی خفیہ تدبیر سے ڈرتے رہیے۔

نوٹ: حرص کی تباہ کاریوں سے بچنے کے لئے مکتبۃ المدینہ کی 232 صفحات پر مشتمل کتاب ''حرص'' کا مُطالعہ کیجیے۔

(14): طُولِ اَمَل

طولِ اَمل کی تعریف

''طولِ اَمل'' کا لغوی معنٰی لمبی اُمید ہے۔ لمبے عرصے کے لیے حکمِ الٰہی (یعنی دُنیا میں جتنا رہنا مقدر ہے) کے ساتھ بِلا اِستثناء (ان شاء اللہ کہے بغیر) اور صلاح (مستقبل میں اچھے کاموں کی نیت کئے بغیر) جینے کی خواہش کرنا یا کسی عمل کو آخری عمر تک ٹال دینا یا مؤخر کر دینا طولِ اَمل کہلاتا ہے۔[1]

طولِ اَمل کے اَحکام

★ طولِ اَمل فطری چیز ہے اِس لیے ہر حال میں منع نہیں، اگر طولِ اَمل نہ ہو تو بندہ کوئی دُنیاوی کام نہ کر سکے۔ ★ طولِ اَمل میں بندہ ہمیشہ بہت زیادہ مصروف رہے اور آخرت کی تیاری نہ کرے تو قابلِ مذمت ہے۔ ★ عام لوگوں کے لیے طولِ اَمل بُری ہے

[1]... الحدیقۃ الندیہ، الخلق العاشر، ارادۃ الحیاۃ، 2/383۔ مرقاۃ المفاتیح، کتاب الرقاق، 9/66، تحت الحدیث: 5214۔

اَلبتہ عُلَما کے لیے تصنیف و تالیف کی وجہ سے بُری نہیں۔[1] ★ طولِ اَمل اگر حرام چیزوں مثلاً زنا، شراب خوری اور لہو و لعب میں ہو تو حرام ہے۔ ★ اگر مُباح چیزوں سے لذت پانے کے لیے ہے تو حرام نہیں مگر اپنے نقصانات کی وجہ سے اِنتہائی قابلِ مذمت ہے۔[2] ★ (طولِ اَمل یعنی) لمبی اُمیدیں نیکی و طاعت کی راہ میں رُکاوٹ ہیں، نیز ہر فتنے اور شر کا باعث ہیں، لمبی اُمیدوں میں مبتلا ہو جانا ایک لاعلاج مرض ہے جو لوگوں کو اور بہت سے اَمراض میں مبتلا کرتا ہے لہٰذا ہر مسلمان کو اس سے بچنا چاہیے۔

آیتِ مبارکہ

ذَرْهُمْ يَأْكُلُوْا وَيَتَمَتَّعُوْا وَيُلْهِهِمُ الْاَمَلُ فَسَوْفَ يَعْلَمُوْنَ ۝۳ (پ14، الحجر:3)

ترجمۂ کنزالایمان: انھیں چھوڑو کہ کھائیں اور برتیں اور امید انھیں کھیل میں ڈالے تو اب جانا چاہتے ہیں۔

مشہور مفسرِ قرآن مولانا سید محمد نعیم الدین مُراد آبادی رحمۃُ اللہِ علیہ فرماتے ہیں: اِس میں تنبیہ ہے کہ لمبی اُمیدوں میں گرفتار ہونا اور لذاتِ دُنیا کی طلب میں غرق ہو جانا اِیماندار کی شان نہیں۔ حضرتِ علی المرتضیٰ رضی اللہُ عنہ نے فرمایا: لمبی اُمیدیں آخرت کو بھلاتی ہیں اور خواہشات کا اِتباع حق سے روکتا ہے۔[3]

فرمانِ مصطفےٰ صلی اللہ علیہ واٰلہٖ وسلم

مجھے تم پر دو باتوں کا بہت زیادہ خوف ہے، خواہش کی پیروی کرنا اور لمبی لمبی اُمیدیں رکھنا۔ خواہش کی پیروی تو حق بات سے روکتی ہے اور لمبی لمبی اُمیدیں دُنیا کی محبت میں

[1] ... فتح الباری لابن حجر، کتاب الرقاق، باب فی الامل وطولہ، 12/200 ملخصاً دار الکتب العلمیۃ بیروت۔

[2] ... الحدیقۃ الندیہ، الخلق العاشر، ارادۃ الحیاۃ، 2/402۔

[3] ... تفسیر خزائن العرفان، پ14، الحجر، تحت الآیۃ: 3، ص490۔

مبتلا کر دیتی ہیں۔[1]

طولِ اَمل کے بعض اسباب

★ دُنیا کی محبت ★ مال و دولت سے محبت ★ دُنیا کی عیش کوشیوں میں مگن ہونا ★ جہالت ★ موت کو بھول جانا ★ اللہ پاک کو بھول جانا۔

طولِ اَمل سے بچنے کے لیے

★ طولِ اَمل کے نقصانات پر غور کیجئے۔ ★ چھوٹی اُمیدوں کے فضائل کا مُطالعہ کیجئے۔ ★ لمبی اُمیدوں کی مذمت سے متعلق بزرگانِ دِین کے اَقوال و واقعات کا مُطالعہ کیجئے۔ ★ موت کو یاد کیجئے کہ یہ لذتوں کو ختم کرنے والی ہے۔ ★ خوفِ خدا رکھنے والوں کی صحبت اِختیار کیجئے۔ ★ علم دِین حاصل کیجئے۔ ★ ہر وقت اللہ پاک کی یاد میں مگن رہیے۔ ★ دُنیاوی عیش و عشرت کے اَنجام پر غور کیجئے۔ ★ یہ ذہن بنائیے کہ دُنیاوی مال و دولت ہمیشہ باقی رہنے والے نہیں۔

نوٹ: مزید معلومات کے لئے مکتبۃ المدینہ کی 85 صفحات پر مشتمل کتاب ''اَلزُّھْد وَ قَصْرُ الْاَمَل'' ترجمہ بنام ''دُنیا سے بے رغبتی اور اُمیدوں کی کمی'' کا مُطالعہ کیجیے۔

(15): سُوءِ ظن (یعنی بدگمانی)

بدگمانی کی تعریف

بدگمانی کا لغوی معنیٰ بُرا خیال رکھنا ہے۔ بِلا دَلیل کسی کے بارے میں دِل میں کوئی بُرا خیال اِس طرح واقع ہو کہ اُس کی طرف نفس جھک جائے اور دِل مائل ہو جائے (یعنی وہ بُرا

[1] ... موسوعۃ ابن ابی الدنیا، قصر الامل، 3/303، رقم: 3 مختصراً، المکتبۃ العصریہ بیروت۔

خیال پختہ اور پکا ہو جائے) بدگمانی کہلاتا ہے۔[1]

گمان کی اَقسام اور ان کا شرعی حکم

گمان کی کئی اَقسام ہیں، ان میں سے چار یہ ہیں: (1) واجب، جیسے اللہ تعالیٰ کے ساتھ اچھا گمان رکھنا۔ (2) مستحب، جیسے صالح مومن کے ساتھ نیک گمان رکھنا۔ (3) ممنوع حرام۔ جیسے اللہ تعالیٰ کے ساتھ برا گمان کرنا اور یونہی مومن کے ساتھ برا گمان کرنا۔ (4) جائز، جیسے فاسقِ مُعْلِن کے ساتھ ایسا گمان کرنا جیسے افعال اس سے ظہور میں آتے ہوں (یعنی جیسے کام وہ کرتا رہتا ہو)۔[2]

بدگمانی کے شرعی حکم کی تفصیل

تفسیر صراط الجنان جلد 9 صفحہ 434 پر ہے: "اعلیٰ حضرت امام احمد رضا خان رحمۃُ اللہِ تعالیٰ علیہ فرماتے ہیں: مسلمان پر بدگمانی خود حرام ہے جب تک ثبوتِ شرعی نہ ہو۔[3] دوسرے مقام پر فرماتے ہیں: مسلمانوں پر بدگمانی حرام اور حتَّی الْاِمکان اس کے قول وفعل کو وجہِ صحیح پر حمل واجب (ہے) (یعنی اچھی صورت مُراد لینا واجب ہے)۔[4] صدر الشریعہ مفتی امجد علی اعظمی رحمۃُ اللہِ تعالیٰ علیہ فرماتے ہیں: بے شک مسلمان پر بدگمانی حرام ہے مگر جبکہ کسی قرینہ سے اس کا ایسا ہونا ثابت ہوتا ہو (جیسا اس کے بارے میں گمان کیا) تو اب حرام نہیں، مثلاً کسی کو (شراب بنانے کی) بھٹی میں آتے جاتے دیکھ کر اسے شراب خور گمان کیا تو اِس کا قصور نہیں (بلکہ بھٹی میں آنے جانے والے کا قصور ہے کیونکہ) اُس نے موضعِ تہمت

[1] ... فیض القدیر، حرف الھمزۃ، 3/157، تحت الحدیث: 2901 ملتقطاً، دار الکتب العلمیۃ بیروت۔
[2] ... تفسیر صراط الجنان، 9/433۔ [3] ... فتاویٰ رضویہ، 6/486۔
[4] ... فتاویٰ رضویہ، 20/278۔

(یعنی تہمت لگنے کی جگہ) سے کیوں اِجتناب نہ کیا۔[1] صدرُ الافاضل مفتی نعیم الدین مراد آبادی رحمۃُ اللہِ تعالٰی علیہ فرماتے ہیں: مومنِ صالح کے ساتھ بُرا گمان ممنوع ہے، اسی طرح اس کا کوئی کلام سن کر فاسد معنٰی مراد لینا باوجودیکہ اس کے دوسرے صحیح معنی موجود ہوں اور مسلمان کا حال ان کے موافق ہو، یہ بھی گمانِ بد میں داخل ہے۔“[2]

آیتِ مبارکہ

یٰۤاَیُّهَا الَّذِیْنَ اٰمَنُوا اجْتَنِبُوْا كَثِیْرًا مِّنَ الظَّنِّ٘ اِنَّ بَعْضَ الظَّنِّ اِثْمٌ (پ26، الحجرات:12)

ترجمۂ کنزالایمان: اے ایمان والو بہت گمانوں سے بچو بے شک کوئی گمان گناہ ہو جاتا ہے۔

فرمانِ مصطفٰے صلی اللہ علیہ واٰلہٖ وسلم

جس نے اپنے بھائی کے متعلق بدگمانی کی بے شک اُس نے اپنے رَبّ سے بدگمانی کی، کیونکہ اللہ پاک قرآنِ پاک میں اِرشاد فرماتا ہے: بہت گمانوں سے بچو۔[3]

بدگمانی کے بعض اَسباب

★ بغض و کینہ ★ بغیر تحقیق کیے فوراً کسی کے بارے میں غَلَط رائے قائم کر لینا، ★ اِحترامِ مسلم کا جذبہ نہ ہونا۔ ★ بُری صحبت کا اثر۔

بدگمانی سے بچنے کے لیے

★ مسلمان کی خوبیوں پر نظر رکھیے۔ ★ بدگمانی سے توجہ ہٹا دیجئے۔ ★ بدگمانی کو جھٹک دیجئے۔ ★ اچھا گمان قائم کرنے کی کوشش کیجئے۔ ★ خود نیک بننے کی کوشش کیجیے

---

[1] ... فتاویٰ امجدیہ، 1/123۔ [2] ... خزائن العرفان، الحجرات، تحت الآیۃ: ۱۲، ص ۹۵۰۔

[3] ... کنزالعمال، کتاب الاخلاق، ظن السوء، الجزء:3، 2/199، حدیث:7582، دار الکتب العلمیۃ بیروت۔

تا کہ دوسرے بھی نیک نظر آئیں۔ ★ عذابِ الٰہی سے خود کو ڈرایئے۔ ★ بدگمانی سے بچنے کی دُعا کیجئے۔ ★ جس کے لئے بدگمانی ہو اُس کے لئے دُعائے خیر کیجئے۔ ★ اچھی صحبت اِختیار کیجیے۔

نوٹ: حُسنِ ظن کا جذبہ پانے اور خود کو بدگمانی سے بچانے کے لئے مکتبۃ المدینہ کے 55 صفحات پر مشتمل رِسالے "بدگمانی" کا مُطالعہ کیجیے۔

﴿16﴾: عِنادِ حق (حق کی مُخالفت کرنا)

عنادِ حق کی تعریف

عنادِ حق کا لغوی معنٰی حق سے اِعراض کرنا، کسی (دِینی) بات کو دُرُست جاننے کے باوجود ہٹ دھرمی کی بنا پر اس کی مخالفت کرنا عنادِ حق کہلاتا ہے۔[1]

عنادِ حق کا حکم

عنادِ حق نہایت ہی قابلِ مذمت، بُرا اور حرام فعل ہے، نیز عنادِ حق دُنیا و آخرت کی تباہی و بَربادی کا بھی سبب ہے لہٰذا ہر مسلمان کو اِس سے بچنا لازم ہے۔

آیتِ مبارکہ

اَلْقِیَا فِیْ جَهَنَّمَ كُلَّ كَفَّارٍ عَنِیْدٍ ﴿۲۴﴾ ترجمۂ کنز الایمان: حکم ہو گا تم دونوں جہنم میں ڈال دو ہر بڑے ناشکرے ہٹ دھرم کو۔ (پ26، ق:24)

فرمانِ مصطفٰے صلی اللہ علیہ والہٖ وسلم

قیامت کے دِن جہنم کی آگ سے ایک گردن نکلے گی، جس کی دو آنکھیں ہوں گی

[1] ... الحدیقۃ الندیۃ، الخلق الثانی والخمسون... الخ، 2/162۔

جن سے وہ دیکھے گی، دو کان ہوں گے جن سے وہ سنے گی اور ایک زبان ہو گی جس سے وہ کلام کرے گی اور کہے گی: میں تین طرح کے لوگوں کو عذاب دینے کے لیے مسلط کی گئی ہوں! سرکش اور ہٹ دَھرم پر، جو اللہ کے ساتھ غیر اللہ کو ملائے اور تصویریں بنانے والوں پر۔[1]

عنادِ حق کے بعض اَسباب

تکبر ★ ناجائز ذَرائع سے مال و دولت حاصل کرنے کی خواہش ★ حُبِّ دُنیا ★ خود پسندی اور طلبِ شہرت۔

عنادِ حق سے بچنے کے لیے

★ تکبر کے نقصانات اور تباہ کاریوں کو اپنے پیشِ نظر رکھیے۔ ★ وقتی فائدے کے بجائے عذابِ آخرت کے دائمی نقصان کو پیشِ نظر رکھیے۔ ★ اپنے اندر خوفِ خدا پیدا کیجیے۔ ★ رَحمتِ الٰہی پر بھروسا کرتے ہوئے حق بات کی تائید کیجیے خواہ اِس میں دُنیاوی نقصان ہی کیوں نہ اُٹھانا پڑے۔ ★ موت کو کثرت سے یاد کیجئے یوں دِل سے دُنیا کی محبت نکلے گی اور آخرت کی تیاری کا ذہن بنے گا۔ ★ حُبِّ دُنیا کی مذمت کو پیشِ نظر رکھیے۔ ★ اپنی رائے یا مشورے کو کبھی بھی کامل تصور نہ کیجیے۔ ★ طلبِ شہرت کی مذمت پر غور کیجیے۔

﴿17﴾: اِصرارِ باطل (غلط بات پر ڈَٹ جانا)

اِصرارِ باطل کی تعریف

نصیحت قبول نہ کرنا، اہلِ حق سے بغض رکھنا، باطل اور غلط بات پر ڈَٹ کر اہلِ حق کو

---

[1]... ترمذی، کتاب صفۃ جہنم، باب ماجاء فی صفۃ النار، 4/259، حدیث: 2583۔

اَذیت دینے کا کوئی موقع ہاتھ سے نہ جانے دینا اِصرارِ باطل کہلاتا ہے۔[1]

اِصرارِ باطل کے بارے میں تنبیہ

اِصرارِ باطل یعنی نصیحت قبول نہ کرنا، اہلِ حق سے بغض رکھنا، باطل اور غلط بات پر ڈَٹ کر اہلِ حق کو اَذیت دینے کا کوئی موقع ہاتھ سے نہ جانے دینا نہایت ہی قابلِ مذمت، بُرا اور حرام فعل ہے، اِس سے ہر مسلمان کو بچنا لازم ہے۔

آیتِ مبارکہ

وَيْلٌ لِّكُلِّ اَفَّاكٍ اَثِيْمٍ ۙ﴿۷﴾ يَّسْمَعُ اٰيٰتِ اللّٰهِ تُتْلٰى عَلَيْهِ ثُمَّ يُصِرُّ مُسْتَكْبِرًا كَاَنْ لَّمْ يَسْمَعْهَا ۚ فَبَشِّرْهُ بِعَذَابٍ اَلِيْمٍ ﴿۸﴾ (پ25، الجاثیۃ: 7-8)

ترجمۂ کنزالایمان: خرابی ہے ہر بڑے بہتان ہائے گنہگار کے لیے، اللہ کی آیتوں کو سنتا ہے کہ اس پر پڑھی جاتی ہیں پھر ہٹ پر جمتا ہے غرور کرتا گویا انھیں سُنا ہی نہیں تو اسے خوش خبری سناؤ دردناک عذاب کی۔

مفسرِ شہیر، حکیم الامت مفتی احمد یار خان نعیمی رحمۃ اللہ علیہ "نورُ العرفان" میں "پھر ہٹ پر جمتا ہے" کے تحت فرماتے ہیں: معلوم ہوا کہ تکبر و ہٹ دھرمی اِیمان سے روکنے والی آڑ ہیں۔

فرمانِ مصطفےٰ صلی اللہ علیہ والہٖ وسلم

ہلاکت و بَربادی ہے ان کیلئے جو نیکی کی بات سُن کر اُسے جھٹلا دیتے ہیں اور اُس پر عمل نہیں کرتے اور ہلاکت و بَربادی ہے اُن کیلئے جو جان بوجھ کر گناہوں پر ڈَٹے رہتے ہیں۔[2]

---

[1]... الحدیقۃ الندیہ، الثالث والخمسون... الخ، 2/164 ملتقطاً۔

[2]... مسند امام احمد، مسند عبد اللہ بن عمرو بن العاص، 2/682، حدیث: 7062۔

اِصرارِ باطل کے بعض اَسباب

★ تکبر ★ بغض و کینہ ★ ذاتی مفادات کی حفاظت ★ طلبِ شہرت و ناموری ★ ہاں میں ہاں ملانے اور چاپلوسی کرنے کی عادت ★ اِطاعتِ الٰہی کو ترک کر دینا ★ اِتباعِ نفس۔

اِصرارِ باطل سے بچنے کے لیے

★ شیطان کے انجام پر غور کیجیے۔ ★ تکبر کا علاج کیجیے اور اپنے اندر عاجزی پیدا کیجیے۔ ★ بزرگانِ دِین کی سیرتِ طیبہ کے اِس پہلو کو مد نظر رکھیے۔ ★ اللہ پاک کی رضا اور حق کی تائید کو ذاتی مفادات پر مقدم رکھیے۔ ★ اپنی غلطی تسلیم کر کے اور حق بات کو تسلیم کر کے اللہ پاک کی رضا حاصل کیجیے۔ ★ چاپلوسی کے نقصانات پیشِ نظر رکھیے۔ ★ اِطاعتِ اِلٰہی کو سب سے آگے رکھیے۔ ★ نفس کی چال کو ناکام بناتے ہوئے حق بات کی تائید کیجیے۔

(18): مکر و فریب

مکر و فریب کی تعریف

وہ فعل جس میں اس فعل کے کرنے والے کا باطنی اِرادہ اس کے ظاہر کے خلاف ہو مکر کہلاتا ہے۔[1]

مکر و فریب کا حکم

مکتبۃ المدینہ کی 207 صفحات پر مشتمل کتاب ”جہنم کے خطرات“ صفحہ 171 پر ہے: مسلمانوں کے ساتھ مکر یعنی دھوکا بازی اور دَغا بازی کرنا قطعاً حرام اور گناہِ کبیرہ ہے جس کی سزا جہنم کا عذابِ عظیم ہے۔

---

[1] ... فیض القدیر، حرف المیم، 6/258، تحت الحدیث: 9233۔

آیتِ مبارکہ

وَ اِذْ یَمْكُرُ بِكَ الَّذِیْنَ كَفَرُوْا لِیُثْبِتُوْكَ اَوْ یَقْتُلُوْكَ اَوْ یُخْرِجُوْكَؕ-وَ یَمْكُرُوْنَ وَ یَمْكُرُ اللّٰهُؕ-وَ اللّٰهُ خَیْرُ الْمٰكِرِیْنَ(۳۰) (پ9، الانفال:30)

ترجمۂ کنزالایمان: اور اے محبوب یاد کرو جب کافر تمہارے ساتھ مکر کرتے تھے کہ تمہیں بند (قید) کرلیں یا شہید کر دیں یا نکال (جلاوطن کر) دیں اور وہ اپنا سا مکر کرتے تھے اور اللہ اپنی خفیہ تدبیر فرماتا تھا اور اللہ کی خفیہ تدبیر سب سے بہتر۔

فرمانِ مصطفےٰ صلی اللہ علیہ والہ وسلم

جو کسی مومن کو ضرر پہنچائے یا اس کے ساتھ مکر اور دھوکا بازی کرے وہ ملعون (لعنت کیا گیا) ہے۔[1]

مکر و فریب کے بعض اَسباب

حرص ★ جہالت ★ خوفِ خدا کا نہ ہونا ★ دِل میں اِحترامِ مسلم کا جذبہ نہ ہونا۔

مکر و فریب سے بچنے کے لیے

★ حُبِّ مال کی مذمت پر غور کیجیے۔ ★ مکر کے متعلق شرعی اَحکام اور اس کے دُنیاوی و اُخروی نقصانات سیکھئے۔ ★ اپنے دِل میں اللہ پاک کا خوف پیدا کیجیے۔ ★ قبر و حشر کے عذابات کو یاد کیجیے۔ ★ اپنے دِل میں اِحترامِ مسلم کا جذبہ پیدا کیجیے۔ ★ اِس مُوذی مَرض سے نجات کی دُعا کیجیے۔ ★ مسلمانوں کے ساتھ مکر کر کے انہیں نقصان پہنچانے کے بجائے انہیں فائدہ پہنچایئے۔

[1]... ترمذی، کتاب البر والصلۃ، باب ماجاء فی الخیانۃ والغش، 3/378، حدیث: 1948۔

(19): غَدر (بدعہدی)

غَدر (بدعہدی) کی تعریف

مُعاہدہ کرنے کے بعد اس کی خلاف ورزی کرنا غَدر یعنی بدعہدی کہلاتا ہے۔[1]

غَدر (بدعہدی) کا حکم

عہد کی پاسداری کرنا ہر مسلمان پر لازم ہے اور غدر یعنی بدعہدی کرنا حرام اور جہنم میں لے جانے والا کام ہے۔[2]

آیتِ مبارکہ

اِنَّ شَرَّ الدَّوَآبِّ عِنْدَ اللّٰهِ الَّذِیْنَ كَفَرُوْا فَهُمْ لَا یُؤْمِنُوْنَ ﴿۵۵﴾ اَلَّذِیْنَ عٰهَدْتَّ مِنْهُمْ ثُمَّ یَنْقُضُوْنَ عَهْدَهُمْ فِیْ كُلِّ مَرَّةٍ وَّ هُمْ لَا یَتَّقُوْنَ ﴿۵۶﴾ (پ10، الانفال: 55-56)

ترجمۂ کنزالایمان: بے شک سب جانوروں میں بدتر اللہ کے نزدیک وہ ہیں جنھوں نے کفر کیا اور ایمان نہیں لاتے وہ جن سے تم نے معاہدہ کیا تھا پھر ہر بار اپنا عہد توڑ دیتے ہیں اور ڈرتے نہیں۔

فرمانِ مصطفےٰ صلی اللہ علیہ واٰلہٖ وسلم

جو مسلمان عہد شکنی اور وعدہ خلافی کرے، اس پر اللہ پاک اور فرشتوں اور تمام انسانوں کی لعنت ہے اور اس کا نہ کوئی فرض قبول ہو گا نہ نفل۔[3]

غَدر (بدعہدی) کے بعض اَسباب

★ قلتِ خشیت، جب اللہ پاک کا خوف ہی نہ ہو تو بندہ کوئی بھی گناہ کرنے سے باز

---

[1] ... فیض القدیر، حرف الثاء، 3/416، تحت الحدیث: 3494۔

[2] ... الحدیقة الندیہ، الخلق الحادی والعشرون... الخ، 1/652۔ تفسیر صراط الجنان، 4/67۔

[3] ... بخاری، کتاب الجزیة الموادعة، باب اثم من عاھد ثم غدر، 2/370، حدیث: 3179۔

نہیں آتا۔ ★ حُبِّ دُنیا، بندہ کسی نہ کسی دُنیاوی غرض کی خاطر بدعہدی جیسے بُرے فعل کا اِرتکاب کر بیٹھتا ہے۔ ★ جہالت، جب بندہ غَدر جیسی موذی بیماری کے وبال سے ہی واقف نہ ہوگا تو اس سے بچے گا کیسے؟ ★ دھوکا دینا۔

غَدر (بدعہدی) سے بچنے کے لیے

★ فکرِ آخرت کا ذہن بنایئے، اپنے آپ کو اللہ پاک کی بے نیازی سے ڈرایئے، اپنی موت کو یاد کیجیے۔ ★ حُبِّ دُنیا کی مذمت پر غور کیجیے کہ دُنیا کی محبت کئی بُرائیوں کی جڑ ہے۔ ★ دھوکے جیسے بُرے فعل کی مذمت پر غور کیجیے۔ ★ غَدر کی تباہ کاریوں پر غور کیجیے کہ بدعہدی کرنا مومن کی شان نہیں۔

(20): خیانت

خیانت کی تعریف

شرعی اِجازت کے بغیر کسی کی امانت میں تصرف کرنا خیانت کہلاتا ہے۔[1]

خیانت کا حکم

ہر مسلمان پر امانت داری واجب اور خیانت کرنا حرام اور جہنم میں لے جانے والا کام ہے۔[2]

آیتِ مبارکہ

یٰۤاَیُّهَا الَّذِیْنَ اٰمَنُوْا لَا تَخُوْنُوا اللّٰهَ وَ الرَّسُوْلَ ترجمۂ کنز الایمان: اے ایمان والو اللہ و رسول سے

---

[1] ... عمدۃ القاری، کتاب الایمان، باب علامات المنافق، تحت الباب: 24، 1/ 328، دار الفکر بیروت۔

[2] ... الحدیقۃ الندیہ، الخلق الثانی العشرون... الخ، 1/ 652۔

وَتَخُوْنُوْۤا اَمٰنٰتِكُمْ وَاَنْتُمْ تَعْلَمُوْنَ ﴿۲۷﴾ دغا نہ کرو اور نہ اپنی امانتوں میں دانستہ خیانت۔

(پ9، الانفال:27)

فرمانِ مصطفےٰ صلی اللہ علیہ واٰلہٖ وسلم

تین باتیں ایسی ہیں کہ جس میں پائی جائیں وہ منافق ہو گا اگرچہ نماز، روزہ کا پابند ہی کیوں نہ ہو: (1) جب بات کرے تو جھوٹ بولے (2) جب وعدہ کرے تو خلاف ورزی کرے (3) جب امانت اس کے سپرد کی جائے تو خیانت کرے۔[1]

خیانت کے بعض اَسباب

★ بدنیتی، جس طرح اچھی نیت اَخلاق و کِردار کے لیے شِفا اور اکسیر کا دَرجہ رکھتی ہے اسی طرح بدنیتی کا زہر بندے کے اَعمال کو بے ثمر بلکہ تباہ و بَرباد کر دیتا ہے۔ ★ دھوکا دینے کی عادت۔ ★ تَوَکُّل عَلَی اللہ کی کمی، کیونکہ بندہ اپنے کمزور اِعتقاد کی بِنا پر یہ سمجھتا ہے کہ خیانت کا راستہ اِختیار کرنے میں ہی میری کامیابی ہے۔ ★ نفسانی خواہشات کی تکمیل۔ ★ مسلمانوں کو نقصان دینے کی عادت۔ ★ بُری صحبت۔

خیانت سے بچنے کے لیے

★ اپنی نیت کو دُرُست رکھیے۔ ★ دھوکا دہی کے نقصانات کو پیشِ نظر رکھیے کہ دھوکا دینا ایک نہایت ہی بُرا عمل ہے۔ ★ اللہ پاک پر کامل بھروسا رکھیے اور یہ ذہن بنائیے کہ دُنیا میں جو بھی راستہ اللہ پاک کی نافرمانی کا سبب بنتا ہو اس پر چل کر مجھے کبھی بھی کامیابی نہیں مل سکتی۔ ★ اپنے نفس کا محاسبہ کیجیے، نفس کے مکر و فریب سے آگاہی حاصل کیجیے۔

---

[1] ... مسلم، کتاب الایمان، باب بیان خصال المنافق، ص50، حدیث:107۔

★ نفس کی ناجائز خواہشات کو ترک کرنے کا ذہن بنائیے۔ ★ اپنے اندر مسلمانوں کی خیر خواہی کا جذبہ پیدا کیجیے۔ ★ مسلمانوں کی بدخواہی کے عذابات کو پیشِ نظر رکھیے۔ ★ نیک، دیانت دار اور خوفِ خدا رکھنے والوں کی صحبت اِختیار کیجیے۔

(21): غفلت

غفلت کی تعریف

یہاں دِینی اُمور میں غفلت مُراد ہے یعنی وہ بھول ہے جو اِنسان پر بیدار مغزی اور اِحتیاط کی کمی کے باعث طاری ہوتی ہے۔[1]

غفلت کے بارے میں تنبیہ

فرائض و واجبات و سُنَن مؤکدہ کی اَدائیگی میں غفلت ناجائز و ممنوع اور جہنم میں لے جانے والا کام ہے، ہر مسلمان کو اس سے بچنالازم ہے۔

آیتِ مبارکہ

وَاذْكُرْ رَّبَّكَ فِیْ نَفْسِكَ تَضَرُّعًا وَّ خِیْفَةً وَّ دُوْنَ الْجَهْرِ مِنَ الْقَوْلِ بِالْغُدُوِّ وَ الْاٰصَالِ وَ لَا تَكُنْ مِّنَ الْغٰفِلِیْنَ ﴿۲۰۵﴾

ترجمۂ کنزالایمان: اور اپنے رب کو اپنے دل میں یاد کرو زاری (عاجزی) اور ڈر سے اور بے آواز نکلے زبان سے صبح اور شام اور غافلوں میں نہ ہونا۔ (پ9، الاعراف: 205)

فرمانِ مصطفےٰ صلی اللہ علیہ والہٖ وسلم

حضرت سیِّدُنا ابو عبیدہ بن جراح رضی اللہ عنہ بحرین سے (جزیے کا) مال لے کر واپس لوٹے اور انصار نے آپ کی آمد کی خبر سنی تو سب نے صبح کی نماز حضورِ اکرم صلی اللہ علیہ والہٖ وسلم کے

[1] ... مفردات الفاظ قرآن، ص609، دار القلم دمشق۔

ساتھ ادا کی۔ جب آپ صلی اللہ علیہ واٰلہٖ وسلم فارغ ہوئے تو سارے آپ کے سامنے حاضر ہو گئے۔ آپ نے انہیں دیکھ کر تبسم فرمایا اور اِرشاد فرمایا: "میرا خیال ہے کہ آپ لوگوں نے ابو عبیدہ کی آمد کی خبر سن لی ہے کہ وہ کچھ مال لائے ہیں۔" انہوں نے عرض کی: "یارسولَ اللہ صلی اللہ علیہ واٰلہٖ وسلم! ایسا ہی ہے۔ آپ صلی اللہ علیہ واٰلہٖ وسلم نے اِرشاد فرمایا: "خوشخبری سنا دو اور اُس کی اُمید رکھو جو تمہیں خوش کر دے گا، پس اللہ پاک کی قسم! مجھے تم پر فقر (یعنی غربت) کا خوف نہیں لیکن مجھے ڈر ہے کہ تم پر دُنیا پھیلا دی جائے گی جیسا کہ تم سے پہلی قوموں پر پھیلائی گئی تھی، پس تم بھی اس دُنیا کی خاطر پہلے لوگوں کی طرح باہم مقابلہ کرو گے اور یہ تمہیں غفلت میں ڈال دے گی جس طرح اس نے پچھلی قوموں کو غافل کر دیا۔[1]

غفلت کے بعض اَسباب

★ دُنیا کی محبت ★ مال پر غرور و تکبر ★ لہو و لعب یعنی کھیل تماشے میں مشغولیت ★ بُری صحبت ★ سوشل میڈیا کا بے جا اِستعمال۔

غفلت سے بچنے کے لیے

★ دُنیا کی ناپائیداری پر غور کیجیے ★ مال و دولت کے ضائع ہونے اور آخرت میں کچھ کام نہ آنے پر غور کیجیے ★ اللہ والوں کی صحبت اِختیار کیجیے ★ اپنی موت کو یاد کیجیے ★ اپنے وقت کی قدر کیجیے ★ اپنا محاسبہ کرتے ہوئے روزانہ نیک اعمال کا رِسالہ پُر کیجیے۔

نوٹ: مزید معلومات کے لئے شیخِ طریقت، امیرِ اہلِ سنّت علامہ محمد الیاس عطار قادری رضوی دامت برکاتہم العالیہ کے 25 صفحات پر مشتمل رِسالے "غفلت" کا مُطالعہ کیجیے۔

---

[1]... بخاری، کتاب الرقاق، باب ما یحذر من زہرة الدنیا... الخ، 4/540، حدیث: 6425۔

﴿22﴾: قَسوَت (دِل کی سختی)

قسوت (دِل کی سختی) کی تعریف

موت و آخرت کو یاد نہ کرنے کے سبب دِل کا سخت ہو جانا یا دِل کا اِس قدر سخت ہو جانا کہ اِستطاعت کے باوجود کسی مجبورِ شرعی کو بھی کھانا نہ کھلائے قسوتِ قلبی کہلاتا ہے۔[1]

قسوت (دِل کی سختی) کے بارے میں تنبیہ

قساوت یعنی دِل کا سخت ہو جانا نہایت ہی مہلک اور اَعمال کو ضائع کرنے والا مَرض ہے نیز دِل کا سخت ہونا بد بختی کی علامت ہے، گناہوں کی کثرت اس کا سببِ عظیم اور موت و آخرت کی یاد اس کا علاج ہے۔

آیتِ مبارکہ

اَفَمَنْ شَرَحَ اللّٰهُ صَدْرَهٗ لِلْاِسْلَامِ فَهُوَ عَلٰى نُوْرٍ مِّنْ رَّبِّهٖؕ فَوَیْلٌ لِّلْقٰسِیَةِ قُلُوْبُهُمْ مِّنْ ذِكْرِ اللّٰهِؕ اُولٰٓىٕكَ فِیْ ضَلٰلٍ مُّبِیْنٍ ﴿۲۲﴾ (پ23، الزمر:22)

ترجمۂ کنزالایمان: تو کیا وہ جس کا سینہ اللہ نے اسلام کے لیے کھول دیا تو وہ اپنے رب کی طرف سے نور پر ہے اس جیسا ہو جائے گا جو سنگ دل ہے تو خرابی ہے ان کی جن کے دل یادِ خدا کی طرف سے سخت ہو گئے ہیں وہ کھلی گمراہی میں ہیں۔

اِس آیتِ مبارکہ کے تحت ''خزائنُ العرفان'' میں ہے: نفس جب خبیث ہوتا ہے تو قبولِ حق سے اس کو بہت دوری ہو جاتی ہے اور ذِکرُ اللہ کے سننے سے اس کی سختی اور کدورت بڑھتی ہے جیسے کہ آفتاب کی گرمی سے موم نرم ہوتا ہے اور نمک سخت ہوتا ہے

[1]... الحدیقۃ الندیۃ، الخلق العاشر من... الخ، 2/484۔ الزواجر، الکبیرۃ الحادیۃ والستون، 1/251۔

ایسے ہی ذِکرُ اللہ سے مومنین کے قلوب نرم ہوتے ہیں اور کافروں کے دِلوں کی سختی اور بڑھتی ہے۔ فائدہ: اِس آیت سے اُن لوگوں کو عبرت پکڑنی چاہیے جنہوں نے ذِکرُ اللہ کو روکنا اپنا شِعار بنالیا ہے وہ صوفیوں کے ذِکر کو بھی منع کرتے ہیں، ایصالِ ثواب کے لئے قرآنِ کریم اور کلمہ پڑھنے والوں کو بھی بدعتی بتاتے ہیں، اور ان ذِکر کی محفلوں سے نہایت گھبراتے اور بھاگتے ہیں اللہ تعالیٰ ہدایت دے۔

فرمانِ مصطفےٰ صلی اللہ علیہ واٰلہٖ وسلم

چھ چیزیں عمل کو ضائع کر دیتی ہیں: (1) مخلوق کے عیوب کی ٹوہ میں لگے رہنا (2) دِل کی سختی (3) دُنیا کی محبت (4) حیا کی کمی (5) لمبی لمبی اُمیدیں اور (6) حد سے زیادہ ظلم۔[1]

قساوتِ قلبی کے بعض اَسباب

★ پیٹ بھر کر کھانا، جو پیٹ بھر کر کھانے کا عادی ہو جاتا ہے اس کے بدن پر گوشت بڑھ جاتا ہے اور جس کے بدن پر گوشت بڑھ جاتا ہے وہ شہوت پَرست (یعنی نفسانی خواہشات پر عمل کرنے والا) ہو جاتا ہے اور جو شہوت پرست ہو جاتا ہے اس کے گناہ بڑھ جاتے ہیں اور جس کے گناہ بڑھ جاتے ہیں اس کا دِل سخت ہو جاتا ہے اور جس کا دِل سخت ہو جاتا ہے وہ دُنیا کی آفتوں اور رَنگینیوں میں غرق ہو جاتا ہے۔[2] ★ حسبِ خواہش لذیذ چیزیں کھانا، اس سے نَفس میں اَکڑ (غرور) اور دِل میں سختی پیدا ہوتی ہے۔[3]

---

[1]... کنز العمال، کتاب المواعظ، الفصل السادس، الجزء:16، 8/36، حدیث:44016۔

[2]... المنبھات، باب الخماسی، ص59، پشاور پاکستان۔

[3]... احیاء العلوم، کتاب کسر الشھوتین، بیان طریق الریاضۃ فی کسر شھوات البطن، 3/114۔

★ فضول گوئی، ذِکرُ اللہ کے عِلاوہ اپنی زبان سے کوئی لفظ نہ نِکالنا، ورنہ دِل سخت ہو جائیں گے اور سخت دِل اللہ پاک کی رَحمت سے محروم ہوتا ہے۔[1] ★ زیادہ ہنسنا کہ زیادہ ہنسنا دِل کو مُردہ (یعنی سخت) کر دیتا ہے۔[2]

قساوتِ قلبی سے بچنے کے لیے

★ بھوک سے کم کھایئے۔ ★ اپنی زبان کو فضول گوئی سے محفوظ رکھیے۔ ★ اپنے اندر سنجیدگی پیدا کیجیے۔ ★ مذاق مسخری کرنے والوں کی صحبت اِختیار کرنے سے بچیے۔ ★ قہقہہ لگانے سے بچیے۔

(23): طمع (لالچ)

طمع (لالچ) کی تعریف

کسی چیز میں حد دَرجہ دِلچسپی کی وجہ سے نفس کا اس کی جانب راغب ہونا طمع یعنی لالچ کہلاتا ہے۔[3]

طمع (لالچ) کے بارے میں تنبیہ

مال و دولت کی ایسی طمع (لالچ) جس کا کوئی دِینی فائدہ نہ ہو، یا ایسی اچھی نیت نہ ہو جو لالچ ختم کر دے، نہایت ہی بُری، گناہوں کی طرف رَغبت دِلانے والی اور ہلاکت میں ڈالنے والی بیماری ہے، مال و دولت کے لالچ میں پھنسنے والا شخص ناکام ونامُراد اور جو اِن کے مکروہ جال سے بچ گیا وہی کامیاب وکامران ہے۔

---

[1] ... عیون الحکایات، الحکایۃ الثامنۃ والتسعون... الخ، ص119، دارالکتب العلمیۃ بیروت۔

[2] ... ابن ماجہ، کتاب الزھد، باب الحزن والبکاء، 4/465، حدیث:4193۔

[3] ... مفردات الفاظ القرآن، ص524۔

آیتِ مبارکہ

وَ مَنۡ یُّوۡقَ شُحَّ نَفۡسِہٖ فَاُولٰٓئِکَ ہُمُ الۡمُفۡلِحُوۡنَ ۚ﴿۹﴾ (پ28، الحشر:9)

ترجمۂ کنز الایمان: اور جو اپنے نفس کے لالچ سے بچایا گیا تو وہی کامیاب ہیں۔

فرمانِ مصطفٰے صلی اللہ علیہ واٰلہٖ وسلم

لالچ سے بچتے رہو کیونکہ تم سے پہلی قومیں لالچ کی وجہ سے ہلاک ہوئیں، لالچ نے انہیں بخل پر آمادہ کیا تو وہ بخل کرنے لگے اور جب قطع رحمی کا خیال دِلایا تو انہوں نے قطع رحمی کی اور جب گناہ کا حکم دیا تو وہ گناہ میں پڑ گئے۔[1]

لالچ کے بعض اَسباب

★ مال و دولت کی محبت ★ بڑی اور لمبی اُمیدیں ★ خواہشات کی کثرت۔

لالچ سے بچنے کے لیے

★ قناعت اِختیار کیجیے، قناعت میں عزت اور لالچ میں ذِلَّت ہے ★ دُنیا سے بے رغبتی اِختیار کیجیے ★ مال و دولت کے آخرت میں حساب دینے کے معاملے میں غور و فکر کیجیے۔

(24): تَمَلُّق (چاپلوسی)

تَمَلُّق (چاپلوسی) کی تعریف

اپنے سے بلند رُتبہ شخصیت یا صاحبِ منصب کے سامنے محض مفاد حاصل کرنے کے لیے عاجزی و اِنکساری کرنا یا اپنے آپ کو نیچا دِکھانا تملق یعنی چاپلوسی کہلاتا ہے۔[2]

---

[1] ... ابو داود، کتاب الزکاۃ، باب فی الشح، 2/185، حدیث:1698۔

[2] ... بریقۃ محمودیۃ شرح الطریقۃ المحمدیہ، الثانی عشر من آفات القلب ... الخ، 2/235، شرکت صحافیۃ عثمانیہ۔

تملق (چاپلوسی) کے بارے میں تنبیہ

چاپلوسی اور خوشامد کرنا ایک قابلِ مذمت، مہلک اور غیر اَخلاقی فعل ہے، بسا اوقات چاپلوسی اور خوشامد ہلاکت میں ڈالنے والے دِیگر کئی گناہوں جیسے جھوٹ، غیبت، چغلی، بدگمانی وغیرہ میں مبتلا کر دیتی ہے جو حرام اور جہنم میں لے جانے والے کام ہیں۔ البتہ عِلمِ دِین حاصل کرنے کے لیے اگر خوشامد کی ضرورت پیش آئے تو طالبِ علم کو چاہیے کہ اپنے اُستاد اور طالبِ علم اسلامی بھائیوں کی خوشامد کرے تاکہ ان سے علمی طور پر مستفید ہوا جاسکے۔ ایسی خوشامد اور چاپلوسی شرع میں ممنوع نہیں جبکہ جس بات پر خوشامد کرے وہ ان میں موجود بھی ہو۔ حدیثِ پاک میں ہے: خوشامد کرنا مومن کے اَخلاق میں سے نہیں ہے مگر عِلم حاصل کرنے کے لئے خوشامد کرسکتا ہے۔[1]

آیتِ مبارکہ

وَ اِذَا قِیْلَ لَهُمْ لَا تُفْسِدُوْا فِی الْاَرْضِۙ قَالُوْۤا اِنَّمَا نَحْنُ مُصْلِحُوْنَ ﴿۱۱﴾ (پ1، البقرۃ: 11)

ترجمۂ کنزالایمان: اور جو ان سے کہا جائے زمین میں فساد نہ کرو تو کہتے ہیں ہم تو سنوارنے والے ہیں۔

اِس آیت مبارکہ کے تحت ''خزائن العرفان'' میں ہے: کُفّار سے میل جول، ان کی خاطر دِین میں مُداہنت اور اہلِ باطل کے ساتھ تَمَلُّق و چاپلوسی اور ان کی خوشی کے لئے صُلحِ کُل بن جانا اور اِظہارِ حق سے باز رہنا شانِ منافق (منافق کی عادت) اور حرام ہے، اسی کو منافقین کا فساد فرمایا گیا۔ آج کل بہت لوگوں نے یہ شیوہ کرلیا ہے کہ جس جلسہ میں گئے ویسے ہی ہوگئے، اسلام میں اس کی ممانعت ہے ظاہر و باطن کا یکساں نہ ہونا بڑا عیب ہے۔

---

[1]... شعب الایمان، باب فی حفظ اللسان، 4/224، حدیث: 4863۔

فرمانِ مصطفےٰ صلی اللہ علیہ واٰلہٖ وسلم

جس نے کسی غنی (یعنی مالدار) کے لیے عاجزی اِختیار کی اور اپنے آپ کو اس کی تعظیم اور مال و دولت کی لالچ کے لیے بچھا دیا تو ایسے شخص کی دو تہائی غیرت اور اس کے دِین کا آدھا حصہ جاتا رہا۔[1]

تملق (چاپلوسی) کے بعض اَسباب

★ اپنے ذاتی مفادات کا حصول ★ شہرت کی طلب ★ اپنی طبیعت کے ہاتھوں مجبور ہونا ★ چغل خوری کی عادت ★ دوسروں کو اذیت دینے اور نقصان پہنچانے کی غرض ★ اپنی خامیوں پر پَردہ ڈالنا ★ بغض و کینہ کے سبب کسی کو نقصان پہنچانا ★ صاحبِ منصب حضرات کی ہم نشینی اور صحبت۔

تملق (چاپلوسی) سے بچنے کے لیے

★ خود کو محنت کا عادی بنائیے۔ ★ طلبِ شہرت کے نقصانات کو اپنے پیشِ نظر رکھیے۔ ★ اپنے نفس کا محاسبہ کیجیے۔ ★ چغل خوری کے دُنیاوی اور اُخروی نقصانات اپنے پیشِ نظر رکھیے۔ ★ اپنی ذات میں خیر خواہی کا جذبہ پیدا کیجیے اور آخرت کے مواخذے کو اپنے پیشِ نظر رکھیے۔ ★ اپنی ذاتی خامیوں کو دور کرنے کے لیے دیانت دارانہ کوشش کیجیے۔ ★ اپنے سینے کو مسلمانوں کے کینے سے پاک کرکے اِحترامِ مسلم کا جذبہ بیدار کیجیے۔ ★ مسلمانوں کے ساتھ حُسنِ سلوک کرتے ہوئے دُرُست اور مفید مشورہ دیجیے۔ ★ بقدرِ ضرورت ہی صاحبِ منصب اَفراد سے تعلق رکھیے اور بے جا ملاقات سے پرہیز کیجیے۔

---

[1] ... شعب الایمان، باب فی حسن الخلق، 6/298، حدیث: 8232۔

﴿25﴾: اِعتمادِ خَلق (مخلوق پر بھروسا کرنا)

اِعتمادِ خلق کی تعریف

"مُسَبِّبُ الْاَسْبَاب یعنی اَسباب کو پیدا کرنے والے" خالق کو چھوڑ کر فقط "اَسباب" پر بھروسا کرلینا یا خالق کو چھوڑ کر فقط مخلوق پر بھروسا کرلینا اِعتمادِ خلق کہلاتا ہے۔

اِعتمادِ خلق کے بارے میں تنبیہ

خالق کو بالکل بھلا کر فقط مخلوق یا اَسباب پر اِعتماد کرلینا نہایت ہی قابلِ مذمت اور ہلاکت و بَربادی میں ڈالنے والا عمل ہے۔ ہر مسلمان کو اس سے بچنا ضروری ہے۔

آیتِ مبارکہ

وَشَاوِرْهُمْ فِي الْاَمْرِ ۚ فَاِذَا عَزَمْتَ فَتَوَكَّلْ عَلَى اللّٰهِ ۗ اِنَّ اللّٰهَ يُحِبُّ الْمُتَوَكِّلِيْنَ ﴿۱۵۹﴾

ترجمۂ کنزالایمان: اور کاموں میں ان سے مشورہ لو اور جو کسی بات کا ارادہ پکا کرلو تو اللہ پر بھروسہ کرو بے شک توکل والے اللہ کو پیارے ہیں۔ (پ4، آلِ عمران:159)

اِس آیت مبارکہ کے تحت صدرُ الافاضل حضرتِ علامہ مولانا سید محمد نعیم الدین مراد آبادی رحمۃُ اللہِ علیہ "خزائن العرفان" میں فرماتے ہیں: "توکل کے معنیٰ ہیں اللہ تبارک وتعالیٰ پر اِعتماد کرنا اور کاموں کو اُس کے سپرد کر دینا مقصود یہ ہے کہ بندے کا اِعتماد تمام کاموں میں اللہ پر ہونا چاہیے۔"

فرمانِ مصطفےٰ صلی اللہ علیہ واٰلہٖ وسلم

جو شخص اللہ پاک پر بھروسا کرتا ہے اور اسی کا ہو کر رہ جاتا ہے تو اللہ پاک اس کے ہر کام میں کفایت فرماتا ہے اور اسے وہاں سے رِزق عطا فرماتا ہے جہاں اس کا گمان بھی

نہیں ہوتا اور جو دُنیا پر توکل کرتا ہے اور اسی کا ہو کر رہ جاتا ہے تو اللہ پاک اسے اس دُنیا کا ہی کر دیتا ہے۔[1]

اِعتمادِ خلق کے بعض اَسباب

★ عدمِ توکل ★ مخلوق پر حد دَرجہ بھروسا کرنا ★ لوگوں سے لمبی لمبی اُمیدیں وابستہ کرلینا اور صرف انہیں کو اپنی کامیابی کا ذَریعہ سمجھنا۔

اِعتمادِ خلق سے بچنے کے لیے

★ اپنے خالق و مالک پر بھروسا رکھیے، اس کی رَحمتِ کاملہ پر نظر رکھیے۔ ★ یہ ذہن بنائیے کہ میں جس مخلوق پر بھروسا کر رہا ہوں یہ بھی اسی رَبّ کی ہی بنائی ہوئی ہے اور خالق کو چھوڑ کر فقط مخلوق پر بھروسا کرلینا بے عقلی اور حماقت ہے۔ ★ بزرگانِ دِین رحمۃُ اللہِ علیہم کے توکل کے حوالے سے واقعات کا مُطالعہ کیجیے۔ ★ یہ بات ہمیشہ پیشِ نظر رکھیے کہ مخلوق فقط کامیابی تک پہنچنے کا سبب اور ذَریعہ ہو سکتی ہے جبکہ کامیابی عطا کرنا فقط اللہ پاک ہی کا کام ہے، لہٰذا اسی پر بھروسا رکھا جائے۔

(26): نِسیانِ خالق (خُدا کو بُھول جانا)

نسیانِ خالق کی تعریف

اللہ پاک کی اِطاعت و فرماں برداری کو ترک کر دینا اور حقوق اللہ کو یکسر فراموش کر دینا "نسیانِ خالق" کہلاتا ہے۔[2]

---

[1] ... شعب الایمان، باب فی الرجاء من اللہ تعالیٰ، 2/28، حدیث: 1076۔

[2] ... تفسیر الطبری، پ 28، الحشر، تحت الآیۃ: 19، 12/50، دار الکتب العلمیۃ بیروت۔ روح المعانی، پ 28، الحشر، تحت الآیۃ: 19، 28/354، دار احیاء التراث العربی بیروت۔

نسیانِ خالق کے بارے میں تنبیہ

اپنے خالق ہی کو بھول جانا، اس کے ذِکر سے غافل ہو جانا، اِطاعت و فرماں برداری کو ترک کر دینا اور حقوق اللہ کو بالکل فراموش کر دینا بہت بڑی بد بختی اور ہلاکت کا سبب ہے۔

آیتِ مبارکہ

وَلَا تَكُونُوا كَالَّذِينَ نَسُوا اللّٰهَ فَاَنْسٰىهُمْ اَنْفُسَهُمْ ؕ اُولٰٓىِٕكَ هُمُ الْفٰسِقُوْنَ ﴿۱۹﴾

ترجمۂ کنز الایمان: اور ان جیسے نہ ہو جو اللہ کو بھول بیٹھے تو اللہ نے انہیں بلا میں ڈالا کہ اپنی جانیں یاد نہ رہیں وہی فاسق ہیں۔ (پ28، الحشر:19)

فرمانِ مصطفےٰ صلی اللہ علیہ واٰلہٖ وسلم

اللہ پاک اِرشاد فرماتا ہے: اے ابنِ آدم! بے شک تو جب مجھے یاد کرتا ہے تو میرا شکر ادا کرتا ہے اور جب تو مجھے بھول جاتا ہے تو میرا اِنکار کر دیتا ہے۔[1]

نسیانِ خالق کے بعض اَسباب

★ خوفِ خدا کی کمی۔ ★ گناہوں کے بارے میں لاعلمی۔ ★ دُنیاوی اُمور میں حد سے زیادہ غیر ضروری مشغولیت۔ ★ اپنی غفلت کے سبب اللہ پاک کی نافرمانی میں مبتلا ہو جانا۔ ★ دُنیا کی محبت۔ ★ دِل میں مخلوق کی محبت کا خالق کی محبت پر غالب آجانا۔ ★ بُری صحبت۔

نسیانِ خالق سے بچنے کے لیے

★ اپنے اندر خوفِ خدا پیدا کیجیے، اپنا زیادہ وقت خوفِ خدا رکھنے والوں کے ساتھ گزاریئے۔ ★ خوفِ خدا کے حوالے سے مختلف کتب کا مُطالعہ کر کے اپنی معلومات میں

---

[1]... معجم اوسط، من اسمہ محمد، 5/262، حدیث: 7265۔

اِضافہ کیجیے۔ ★ گناہِ صغیرہ اور گناہِ کبیرہ کے حوالے سے معلومات حاصل کیجیے۔ ★ اپنی دُنیاوی مشغولیت کا جائزہ لیجیے، جو مشغولیت اِطاعت الٰہی میں رُکاوٹ اور عذابِ آخرت کا سبب بن رہی ہو اُسے اپنی ذات سے دور کرنے کی مخلصانہ کوشش کیجیے۔ ★ غفلت کے اَسباب کو دُور کیجیے۔ ★ حُبِّ دُنیا کا علاج کیجیے۔ ★ اللہ پاک کی رَحمت پر غور کیجیے اور یہ بات پیشِ نظر رکھیے کہ ہماری اتنی نافرمانیوں کے باوجود اللہ پاک ہم پر کس قدر مہربان ہے۔ ★ ہمیشہ نیک پرہیز گار لوگوں کی صحبت اِختیار کیجیے۔ ★ بداَخلاق اور بُرے لوگوں سے اپنے آپ کو ہمیشہ دُور رکھیے کہ ”بُری صحبت زہریلے سانپ سے بھی زیادہ نقصان دہ ہے۔“ سانپ تو اپنے ڈنک سے فقط جسمانی نقصان پہنچاتا ہے مگر بُری صحبت بسا اوقات جسمانی نقصان کے ساتھ ساتھ رُوحانی نقصان (جیسے گناہوں میں مبتلا ہونا اور ایمان کی بربادی وغیرہ) بھی پہنچاتی ہے۔

(27): نِسیانِ مَوت (موت کو بھول جانا)

نسیانِ مَوت کی تعریف

دُنیاوی مال و دولت کی محبت و گناہوں میں غرق ہو کر موت کو بالکل بھلا دینا نسیانِ مَوت کہلاتا ہے۔

نسیانِ موت کے بارے میں تنبیہ

نسیانِ مَوت یعنی موت کو بھول جانا دِل کی سختی کی علامت ہے اور دِل کا سخت ہونا گناہوں کے اِرتکاب کا بہت بڑا سبب ہے، موت کو بھول جانا ہلاکت میں ڈالنے والا بُرا اَمر ہے لٰہذا موت کو ہمیشہ یاد کرتے رہنا چاہیے۔

آیتِ مبارکہ

وَجَآءَتْ سَكْرَةُ الْمَوْتِ بِالْحَقِّ ؕ ذٰلِكَ مَا كُنْتَ مِنْهُ تَحِيْدُ ﴿۱۹﴾ (پ26،ق:19)

ترجمۂ کنزالایمان: اور آئی موت کی سختی حق کے ساتھ یہ ہے جس سے تو بھاگتا تھا۔

فرمانِ مصطفٰے صلی اللہ علیہ واٰلہٖ وسلم

سب سے زیادہ عقل مند و دانا وہ مومن ہے جو موت کو کثرت سے یاد کرے اور اُس کے لئے اَحسن طریقے پر تیاری کرے، یہی (حقیقی) دانا لوگ ہیں۔[1]

نسیانِ موت کے بعض اَسباب

★ دُنیا کی محبت ★ غفلت ★ بُری صحبت۔

نسیانِ موت سے بچنے کے لیے

★ دُنیا کی محبت کو دِل میں جگہ نہ دیجئے۔ ★ غسلِ میت، تدفین اور جنازوں میں کثرت سے شرکت کیجئے۔ ★ وہ دوست اَحباب جو فوت ہو گئے انہیں تنہائی میں یاد کیجئے۔ ★ اُن غافلوں کو یاد کیجئے کہ جن کے کفن بازاروں میں آ گئے تھے اور وہ دُنیا کی رَنگینیوں میں گم تھے۔ ★ قبر کے اَحوال پر غور کیجئے۔ ★ موت سے متعلقہ کتب کا مُطالعہ کیجئے۔ ★ موت کے موضوع پر بیانات سنئے۔ ★ اپنے کمرے، دفتر یا موبائل یا جہاں بھی بار بار نظر پڑتی ہو وہاں ''الموت'' لکھ کر لگا دیجئے تا کہ جب بھی اس پر نظر پڑے تو فوراً موت کی یاد آ جائے۔ ★ سنتوں بھرے اِجتماعات میں شرکت، مدنی قافلوں میں سفر اور موت کو یاد کرنے والوں کی صحبت میں رہ کر عملی تربیت حاصل کیجیے۔

---

[1]... شعب الایمان، باب فی الزھد وقصر الامل، 7/351، حدیث:10549۔

نوٹ: مزید معلومات کے لئے مکتبۃ المدینہ کے 44 صفحات پر مشتمل رسالے "موت کا تصور" کا مُطالعہ کیجیے۔

(28): جرأت عَلَی اللہ (یعنی سرکشی)

جرأت عَلَی اللہ (یعنی سرکشی) کی تعریف

جان بوجھ کر اللہ پاک کی سرکشی اور نافرمانی کرتے رہنا یعنی جن کاموں کو اللہ پاک نے کرنے کا حکم دیا ہے انہیں نہ کرنا اور جن سے منع فرمایا ہے ان سے اپنے آپ کو نہ بچانا جرأت عَلَی اللہ کہلاتا ہے۔

جرأت عَلَی اللہ کے بارے میں تنبیہ

اللہ پاک کی سرکشی و نافرمانی کرنا، اس کے مامُورَات (جن کاموں کا اس نے حکم دیا ان) سے روگردانی کرنا اور اس کے مَنْہِیَّات (جن چیزوں سے اس سے منع کیا ہے ان) کو بجا لانا حرام، ناجائز اور جہنم میں لے جانے والا کام ہے۔

آیت مبارکہ

اِنَّمَا السَّبِیْلُ عَلَی الَّذِیْنَ یَظْلِمُوْنَ النَّاسَ وَ یَبْغُوْنَ فِی الْاَرْضِ بِغَیْرِ الْحَقِّؕ اُولٰٓىٕكَ لَهُمْ عَذَابٌ اَلِیْمٌ ﴿۴۲﴾ (پ25، الشوریٰ:42)

ترجمۂ کنزالایمان: مواخذہ تو انھیں پر ہے جو لوگوں پر ظلم کرتے ہیں اور زمین میں ناحق سرکشی پھیلاتے ہیں ان کے لیے دردناک عذاب ہے۔

فرمانِ مصطفےٰ صلی اللہ علیہ واٰلہٖ وسلم

جو دُنیا میں سرکشی کرے گا اللہ پاک قیامت کے دِن اسے ذَلیل کرے گا اور جو دُنیا میں عاجزی و انکساری اپنائے گا اللہ پاک قیامت کے دِن اس کی طرف ایک فرشتہ بھیجے گا

جو اس سے کہے گا: اے نیک بندے! اللہ پاک فرماتا ہے کہ میرے قُرب میں آجا کہ تو ان لوگوں میں سے ہے جن پر آج نہ کوئی خوف ہے اور نہ کچھ غم۔[1]

جرأت عَلَی اللہ کے بعض اَسباب

★ خوفِ خدا کی کمی ★ جہالت اور لاعلمی ★ حُبِّ جاہ اور طلبِ شہرت ★ بُری صحبت ★ نفسانی خواہشات کی پیروی۔

جرأت عَلَی اللہ سے بچنے کے لیے

★ اپنے اندر اللہ پاک کا خوف پیدا کیجیے۔ ★ اپنی توجہ اللہ پاک کی رَحمت کی جانب رکھیے۔ ★ اللہ پاک کی نعمتوں پر شکر ادا کرنے کی عادت ڈالیے۔ ★ گناہوں کی معلومات اور ان پر ملنے والے عذابات کی تفصیل کا علم حاصل کیجیے۔ ★ سَستی شہرت کے بدلے آخرت میں ملنے والے رُسوا کن عذاب کو پیشِ نظر رکھیے۔ ★ حُبِّ جاہ اور طلبِ شہرت کے اَسباب و علاج کا مُطالعہ کیجیے۔ ★ بُری صحبت کو اپنے لیے اندھا کنواں سمجھیے اور اچھے لوگوں کی صحبت اِختیار کیجیے۔ ★ اپنی ضَروریات اور جائز و ناجائز خواہشات میں فرق کیجیے۔ ★ نفسانی خواہشات پر قابو پایئے اور نفس کی شرارتوں سے باخبر رہیے۔

(29): نِفاق (مُنافقت)

نفاق (منافقت) کی تعریف

زبان سے مسلمان ہونے کا دعویٰ کرنا اور دِل میں اِسلام سے اِنکار کرنا نفاقِ اِعتقادی اور زبان و دِل کا یکساں نہ ہونا نفاقِ عملی کہلاتا ہے۔[2]

---

[1] ... تاریخ ابن عساکر، 54 / 431، دار الفکر بیروت۔

[2] ... بہار شریعت، 1 / 182، حصہ: 1۔ جامع العلوم والحکم، الحدیث الثامن والاربعون، ص 528-529، الفیصلیۃ مکۃ المکرمہ۔

نفاق (منافقت) کے بارے میں تنبیہ

نفاقِ اِعتقادی کُفر کا سب سے بڑا دَرجہ ہے، منافقِ اِعتقادی کو کل بروزِ قیامت ہمیشہ ہمیشہ کے لیے جہنم کے سب سے نچلے دَرجے میں ڈالا جائے گا[1] جبکہ نفاقِ عملی گناہِ کبیرہ، حرام اور جہنم میں لے جانے والا کام ہے۔ اللہ پاک دونوں طرح کے نفاق سے تمام مسلمانوں کو محفوظ ومامون فرمائے، آمین۔

آیتِ مبارکہ

اِنَّ الْمُنٰفِقِیْنَ یُخٰدِعُوْنَ اللّٰهَ وَ هُوَ خَادِعُهُمْۚ وَ اِذَا قَامُوْۤا اِلَى الصَّلٰوةِ قَامُوْا كُسَالٰىۙ یُرَآءُوْنَ النَّاسَ وَ لَا یَذْكُرُوْنَ اللّٰهَ اِلَّا قَلِیْلًا۠ۙ(۱۴۲) (پ5، النساء:142)

ترجمۂ کنز الایمان: بیشک منافق لوگ اپنے گمان میں اللہ کو فریب دیا چاہتے ہیں اور وہی انہیں غافل کر کے مارے گا اور جب نماز کو کھڑے ہوں تو ہارے جی سے لوگوں کا دکھاوا کرتے ہیں اور اللہ کو یاد نہیں کرتے مگر تھوڑا۔

فرمانِ مصطفٰے صلی اللہ علیہ والہٖ وسلم

چار علامتیں جس شخص میں ہوں گی وہ خالص منافق ہو گا اور ان میں سے ایک علامت ہوئی تو اس شخص میں نفاق کی ایک علامت پائی گئی یہاں تک کہ اسے چھوڑ دے: (1) جب امانت دی جائے تو خیانت کرے (2) جب بات کرے تو جھوٹ بولے (3) جب وعدہ کرے تو وعدہ خلافی کرے (4) جب جھگڑا کرے تو گالی بکے۔[2]

---

[1]... تفسیر صراط الجنان، 10/169۔

[2]... بخاری، کتاب الایمان، علامۃ المنافق، 1/24، حدیث: 33۔

نفاقِ اِعتقادی کے بعض اَسباب

★ جہالت، جب بندہ صحیح طریقے سے عقائد، فرائض و واجبات کا علم حاصل نہیں کرتا تو شیطان دِل میں طرح طرح کے وَسوسے پیدا کرتا ہے تو بندہ نفاقِ اِعتقادی جیسے مُوذی مرض میں مبتلا ہو جاتا ہے۔ ★ بد عقیدہ لوگوں کی صحبت۔

نفاقِ اِعتقادی سے بچنے کے لیے

★ عقائد، فرائض و واجبات کا تفصیلی عِلم حاصل کیجیے۔ ★ عُلَمائے اہلِ سنّت کی کتب کے وَسیع مُطالعے کے ساتھ ساتھ اُن کی صحبت بھی اِختیار کیجیے۔ ★ جب بھی کوئی شرعی و اِعتقادی مسئلہ دَرپیش ہو تو کسی سنی صحیح العقیدہ مستند عالِمِ دِین یا سنی مفتیانِ کرام و دارُالافتا اہلِ سنّت سے رابطہ کیجیے۔ ★ بد عقیدہ لوگوں کی صحبت سے دور بھاگیے۔

نفاقِ عملی کے بعض اَسباب

★ جہالت، بندہ جب نفاق، اس کی علامات اور اس کی تباہ کاریوں سے جاہل ہوتا ہے تو اِس مُوذی مَرض میں مبتلا ہو جاتا ہے۔ ★ حرص مذموم، بندہ کسی چیز کی طمع اور لالچ کی وجہ سے منافقت کرتا ہے۔ ★ حُبِّ دُنیا، جب بندے پر دُنیا کی محبت غالب آتی ہے تو اسے حاصل کرنے کے لیے بسا اوقات منافقت اِختیار کرلیتا ہے۔

نفاقِ عملی سے بچنے کے لیے

★ نفاقِ عملی اور اس کی تباہ کاریوں کا عِلم حاصل کیجیے۔ ★ نفاقِ عملی کی تباہ کاریوں پر غور و فکر کرکے بچنے کی تدابیر اِختیار کیجیے۔ ★ حرصِ مذموم کی تباہ کاریوں پر غور کیجیے اور یہ ذہن بنائیے کہ کسی دُنیا کی فنا ہونے والی شے کی وجہ سے منافقت کرنا کسی بھی طرح سے

عقلمندی کا کام نہیں ہے۔ ★ حُبِّ دُنیا جیسی موذی بیماری کی آفتوں پر غور و فکر کیجیے کہ یہ بیماری مختلف گناہوں میں مبتلا ہونے کا ایک سبب ہے بلکہ بسا اوقات توحُبِّ دُنیا جیسے موذی مرض میں مبتلا ہو کر اِیمان برباد ہونے کا بھی خطرہ بڑھ جاتا ہے۔ ★ اللہ پاک کی بارگاہ میں اس موذی مَرض سے نجات کی دُعا کرتے رہیے۔

(30): اِتّباعِ شیطان (شیطان کی پیروی)

اِتّباعِ شیطان کی تعریف

شیطان کے وَساوس وشُبہات کے مطابق چلنا اِتباعِ شیطان کہلاتا ہے۔[1]

اِتّباعِ شیطان کے بارے میں تنبیہ

شیطان اِنسان کا کھلا دُشمن ہے، اِس کا مقصد دُنیا وآخرت دونوں کو تباہ و بَرباد کرنا ہے، ہر چھوٹے سے چھوٹا اور بڑے سے بڑا گناہ کرنا شیطان ہی کی اِتباع ہے، شیطان کے وَساوس وشبہات کے مُطابق چلنا ناجائز وحرام اور جہنم میں لے جانے والا کام ہے۔

آیتِ مبارکہ

یٰۤاَیُّهَا الَّذِیْنَ اٰمَنُوْا لَا تَتَّبِعُوْا خُطُوٰتِ الشَّیْطٰنِؕ وَ مَنْ یَّتَّبِعْ خُطُوٰتِ الشَّیْطٰنِ فَاِنَّهٗ یَاْمُرُ بِالْفَحْشَآءِ وَ الْمُنْكَرِؕ (پ18، النور: 21)

ترجمۂ کنزالایمان: اے ایمان والو شیطان کے قدموں پر نہ چلو اور جو شیطان کے قدموں پر چلے تو وہ تو بے حیائی اور بری ہی بات بتائے گا۔

فرمانِ مصطفےٰ صلی اللہ علیہ والہ وسلم

بے شک شیطان آدمی کی راہِ اسلام میں بیٹھ جاتا ہے اور کہتا ہے: تو اسلام قبول کر

[1]... تفسیر خزائن العرفان، پ2، البقرۃ، تحت الآیۃ: 208، ص69 ماخوذاً۔

رہا ہے حالانکہ تو اپنا اور اپنے آباء کا دِین چھوڑ رہا ہے۔ وہ آدمی اس کی مخالفت کر کے اسلام قبول کرتا ہے تو اللہ پاک اس کی مغفرت فرما دیتا ہے۔ پھر شیطان اس کی راہِ ہجرت میں رکاوٹ ڈالتا ہے اور کہتا ہے: تو ہجرت کر رہا ہے حالانکہ تو اپنے زمین و آسمان چھوڑ رہا ہے۔ وہ آدمی اس کی مخالفت کر کے ہجرت کرتا ہے۔ پھر شیطان بندے کی راہِ جہاد میں رکاوٹ ڈالتا ہے اور کہتا ہے: تو جہاد کر رہا ہے حالانکہ یہ تو جان اور مال کا جہاد ہے کہ تو جہاد کرے گا تو قتل کر دیا جائے گا، تیری زوجہ کا کہیں اور نکاح کر دیا جائے گا اور تیرا مال تقسیم کر دیا جائے گا۔ وہ آدمی اس کی مخالفت کر کے جہاد کرتا ہے۔ پھر اِرشاد فرمایا: "جو ایسا کرے اور مر جائے یا راہِ خدا میں مارا جائے، یا ڈوب جائے یا اس کی سواری اسے گرا کر مار دے تو (اِن تمام صورتوں میں) اللہ پاک پر حق ہے کہ اسے جنّت میں داخل فرمائے۔"[1]

اِتّباعِ شیطان کے بعض اَسباب

★ وَسوسوں کی پیروی، گناہ کروانے اور نیکیاں چھڑوانے میں وَسوسے پیدا کرنا شیطان کا سب سے بڑا ہتھیار ہے۔ ★ بُری صحبت، اچھی صحبت اچھا اور بُری صحبت بُرا اثر رکھتی ہے۔ ★ گناہوں میں رَغبت۔ ★ اپنی اِصلاح کی جانب توجہ نہ دینا۔

اِتّباعِ شیطان سے بچنے کے لیے

★ شیطانی وَسوسوں کے بارے میں معلومات حاصل کیجیے۔ ★ وَسوسوں سے بچنے کے طریقے جانیے اور ان سے بچنے کی کوشش بھی کیجیے۔ ★ شیطان کے مکر و فریب اور اس کے وَسوسوں سے بچنے کے لیے اللہ پاک کی بارگاہ میں دُعا کیجیے۔ ★ جب بھی کوئی شیطانی وَسوسہ

[1]... صحیح ابن حبان، کتاب السیر، باب فضل الجھاد...الخ، 7/57، حدیث:4574 بتصرف، دار الکتب العلمیہ بیروت۔

یا خیال دِل میں آئے تو فوراً تَعَوُّذ یعنی اَعُوْذُ بِاللّٰہِ مِنَ الشَّیْطٰنِ الرَّجِیْم پڑھیے، لَاحَوْلَ وَلَا قُوَّۃَ اِلَّا بِاللّٰہ پڑھ کر بائیں طرف تین مَرتبہ تھو تھو کیجیے۔ ★ شیطانی وسوسے کو فوراً اپنے ذہن سے دور کرتے ہوئے انہیں قطعاً خاطر میں نہ لائیے۔ ★ نیک، پرہیز گار اور متقی لوگوں کی صحبت اِختیار کیجیے۔ ★ یہ ذہن بنائیے کہ گناہوں میں رَغبت بُرے خاتمے کا ایک سبب ہے۔ ★ روزانہ اپنے نفس کا محاسبہ کرتے ہوئے رات کو سونے سے قبل اس بات پر غور کیجیے کہ آج میں نے کون کون سے اچھے اَعمال کیے ہیں اور کون کون سے بُرے عمل اور گناہ مجھ سے سرزد ہوئے ہیں؟ گناہوں پر اپنے نفس کو ملامت کیجیے اور آئندہ نہ کرنے کا پختہ عہد کیجیے۔

نوٹ: مزید معلومات کے لئے شیخ طریقت، امیرِ اہلِ سنّت علامہ محمد الیاس عطار قادری رضوی دامت بَرَکاتُہمُ العالیہ کے 52 صفحات پر مشتمل رسالے "شیطان کے بعض ہتھیار" کا مُطالعہ کیجیے۔

(31): بندگیٔ نفس (نفس کا ہر حکم مان لینا)

بندگیٔ نفس کی تعریف

جائز وناجائز کی پَروا کیے بغیر نفس کا ہر حکم مان لینا بندگیٔ نفس کہلاتا ہے۔

بندگیٔ نفس کے بارے میں تنبیہ

بندگیٔ نفس یعنی جائز وناجائز کی پَروا کیے بغیر نفس کی ہر ہر بات کو مان لینا یا اس پر عمل کر لینا نہایت ہی مہلک یعنی ہلاکت میں ڈالنے والا کام ہے۔

آیتِ مبارکہ

وَ اَمَّا مَنْ خَافَ مَقَامَ رَبِّهٖ وَ نَهَى النَّفْسَ ترجمۂ کنزالایمان: اور وہ جو اپنے رب کے حضور

عَنِ الْهَوٰىۙ(۴۰) فَاِنَّ الْجَنَّةَ هِیَ الْمَاْوٰىؕ(۴۱) کھڑے ہونے سے ڈرا اور نفس کو خواہش سے روکا تو بے شک جنّت ہی ٹھکانا ہے۔ (پ30، النازعات:40-41)

فرمانِ مصطفےٰ صلی اللہ علیہ واٰلہٖ وسلم

سمجھ دار وہ شخص ہے جو اپنا محاسبہ کرے اور آخرت کی بہتری کے لئے نیکیاں کرے اور اَحمق وہ ہے جو اپنے نفس کی خواہشات کی پیروی کرے اور اللہ پاک سے اِنعامِ آخرت کی اُمید رکھے۔[1]

بندگیٔ نفس کے بعض اَسباب

★ اِخلاص کی کمی۔ ★ اُخروی اَنجام سے بے خبری۔ ★ خوفِ خدا کی کمی۔ ★ نفسانی خواہشات کی پیروی۔ ★ پیٹ بھر کر کھانا۔ ★ نفس کی شرارتوں سے بے خبری اور اپنے معمولاتِ زندگی کا اِحتساب نہ کرنے کی عادت۔

بندگیٔ نفس سے بچنے کے لیے

★ اپنے عمل میں اِخلاص پیدا کیجیے اور مخلصین کی صحبت اِختیار کیجیے۔ ★ گناہوں کے بارے میں معلومات حاصل کیجیے تاکہ آخرت میں پوچھ گچھ کا خوف اِس مہلک مَرض سے بچاسکے۔ ★ اپنے اندر اللہ پاک کا خوف پیدا کیجیے۔ ★ اپنے نفس کی تربیت کرنے کے لیے ہر خواہش کا دیانت دارانہ جائزہ لیجیے۔ ★ بھوک سے کم کھا کر نفس کی شرارتوں کو ناکام بنائیے۔ ★ اپنی جس نفسانی خواہش میں اللہ پاک کی نافرمانی کا کوئی ادنیٰ سا بھی پہلو پائیں تو اسے فوراً ترک کر دیجیے۔ ★ اپنے نفس کا محاسبہ کیجیے۔

---

[1]... مسند امام احمد، شداد بن اوس، 6/78، حدیث:17123۔

﴿32﴾: رَغبتِ بطالت (باطل کی طرف رَغبت)

رَغبتِ بطالت کی تعریف

ناجائز و حرام کاموں کی جانب دِلچسپی رکھنا رَغبتِ بطالت ہے۔

رَغبتِ بطالت کے بارے میں تنبیہ

رَغبتِ بطالت یعنی ناجائز و حرام کاموں میں دِلچسپی رکھنا نہایت ہی قابلِ مذمت اور ہلاکت میں ڈالنے والا اَمر ہے۔

آیتِ مبارکہ

قُلْ كَفٰى بِاللّٰهِ بَیْنِیْ وَ بَیْنَكُمْ شَهِیْدًاۚ یَعْلَمُ مَا فِی السَّمٰوٰتِ وَ الْاَرْضِؕ وَ الَّذِیْنَ اٰمَنُوْا بِالْبَاطِلِ وَ كَفَرُوْا بِاللّٰهِۙ اُولٰٓىٕكَ هُمُ الْخٰسِرُوْنَ۝۵۲ (پ21، العنکبوت:52)

ترجمۂ کنزالایمان: تم فرماؤ اللہ بس (کافی) ہے میرے اور تمہارے درمیان گواہ جانتا ہے جو کچھ آسمانوں اور زمین میں ہے اور وہ جو باطل پر یقین لائے اور اللہ کے منکِر ہوئے وہی گھاٹے میں ہیں۔

فرمانِ مصطفےٰ صلی اللہ علیہ والہٖ وسلم

بدتر ہے وہ بندہ جو بخل اور تکبر کرے اور بلند و بالا اور بڑائی والے (اللہ پاک) کو بھول جائے، بدتر ہے وہ بندہ جو ظلم و زیادتی کرے اور جبار عزوجل کو بھلادے، بدتر ہے وہ بندہ جو غافل ہو اور کھیل کود میں پڑا رہے اور قبرستان اور اس میں بوسیدہ ہونے کو بھول جائے، بدتر ہے وہ بندہ جو سرکشی کرے اور حد سے بڑھ جائے اور اپنی اِبتدا اور اِنتہا کو بھول جائے، بدتر ہے وہ بندہ جو دِین کو شہواتِ نفسانیہ سے فریب اور دھوکا دے، بدتر ہے وہ بندہ جس کا راہ نما حرص ہو، بدتر ہے وہ بندہ جس کو خواہشات راہِ حق سے بھٹکادیں، بدتر ہے وہ بندہ جس

کا شوق اور رَغبت اس کو ذَلیل و خوار کر دے۔[1]

رَغبتِ بطالت کے بعض اَسباب

★ فکرِ آخرت کا نہ ہونا، اگر کسی کام کا بھیانک اَنجام معلوم ہو تو اس کام سے بچنے کی کوشش کی جاتی ہے لیکن انجام سے لاعلمی یا غفلت کی بِنا پر بندہ وہ کام کر گزرتا ہے۔ ★ شراب و کباب و گناہوں بھری محافل میں شرکت، ایسی محافل کئی بُرائیوں کا مجموعہ ہوتی ہیں۔ ★ نفسانی خواہشات کی پیروی، جب نفس کو کھلی چھوٹ دی جائے تو اس کی ناجائز خواہشات بڑھتی ہی جاتی ہیں یہاں تک کہ وہ گناہوں کا مُطالبہ شروع کر دیتا ہے۔ ★ اَحکامِ الٰہی پر عمل کرنے میں سُستی، جب بندہ اَحکامِ الٰہی پر عمل کرنے میں سُستی کرتا ہے تو اُس کی نحوست کے سبب گناہوں میں مبتلا ہو جاتا ہے۔ ★ قساوتِ قلبی یعنی دِل کی سختی، جب بندے کا دِل سخت ہو جاتا ہے تو اس کا نیکیوں میں دِل نہیں لگتا اور وہ گناہوں کی طرف مائل ہو جاتا ہے، گناہ کرنے میں اُسے لذت محسوس ہوتی ہے۔ ★ بد نگاہی، پہلے آنکھ بہکتی ہے پھر دِل بہکتا ہے اس کے بعد باقی اَعضاء بہکتے ہیں۔

رَغبتِ بطالت سے بچنے کے لیے

★ اپنے کسی بھی کام کو کرنے سے پہلے فکرِ آخرت کیجیے۔ ★ گناہوں بھری محافل میں شرکت سے بچیے۔ ★ نفس کی ہر خواہش پوری کرنے کے بجائے ضروریات، جائز و ناجائز خواہشات میں اِمتیاز کیجیے۔ ★ نفس کی ناجائز خواہشات پر پکڑ کرتے ہوئے اس کا محاسبہ کیجیے اور اسے اللہ پاک کے خوف سے ڈرائیے۔ ★ آخرت کی فکر کیجیے، سستی چھوڑیئے

---

[1] ... ترمذی، کتاب صفۃ القیامۃ... الخ، 4/203، حدیث:2456۔

اور نیک کاموں میں مشغول ہو کر اپنی آخرت کے لیے کچھ کما لیجیے۔★ کثرت سے موت کو یاد کیجیے۔★ اپنے آپ کو بد نگاہی سے بچاتے ہوئے بِلا وجہ اِدھر اُدھر دیکھنے سے پرہیز کیجیے، نظریں جھکا کر چلیے اور بد نگاہی کے عذاب کو ہمیشہ اپنے پیشِ نظر رکھیے۔

(33): کراہتِ عمل

کراہتِ عمل کی تعریف

نیک اور اچھے اَعمال کو ناپسند کرنا کراہتِ عمل کہلاتا ہے۔

کراہتِ عمل کے بارے میں تنبیہ

کراہتِ عمل یعنی نیک اور اچھے اَعمال کو ناپسند کرنا شیطان کا ایک بہت بڑا وار اور ہلاکت میں ڈالنے والا اَمر ہے، ہر مسلمان کو اِس سے بچنا ضروری ہے۔ "دِینی چیزوں سے کراہت اور ناگواری کا اِظہار کرنا کفار کا کام ہے۔"[1]

آیتِ مبارکہ

كُتِبَ عَلَيْكُمُ الْقِتَالُ وَهُوَ كُرْهٌ لَّكُمْ ۚ وَعَسٰۤى اَنْ تَكْرَهُوْا شَيْــٴًـا وَّهُوَ خَيْرٌ لَّكُمْ ۚ وَعَسٰۤى اَنْ تُحِبُّوْا شَيْــٴًـا وَّهُوَ شَرٌّ لَّكُمْ ؕ وَاللّٰهُ يَعْلَمُ وَاَنْتُمْ لَا تَعْلَمُوْنَ ﴿۲۱۶﴾ (پ2، البقرۃ:216)

ترجمۂ کنزالایمان: تم پر فرض ہوا خدا کی راہ میں لڑنا اور وہ تمہیں ناگوار ہے اور قریب ہے کہ کوئی بات تمہیں بری لگے اور وہ تمہارے حق میں بہتر ہو اور قریب ہے کہ کوئی بات تمہیں پسند آئے اور وہ تمہارے حق میں بری ہو اور اللہ جانتا ہے اور تم نہیں جانتے۔

صدرُ الافاضل حضرتِ علامہ مولانا سید محمد نعیم الدین مراد آبادی رحمۃُ اللہِ علیہ

[1]... تفسیر صراط الجنان، 9/167۔

خزائن العرفان" میں آخری الفاظ "اور تم نہیں جانتے" کے تحت فرماتے ہیں: تمہارے حق میں کیا بہتر ہے تو تم پر لازم ہے کہ حکمِ الٰہی کی اِطاعت کرو اور اسی کو بہتر سمجھو چاہے وہ تمہارے نفس پر گراں (بھاری) ہو۔

کراہتِ عمل کے بعض اَسباب

★ بد عمل لوگوں کی صحبت، بندہ جب ایسے لوگوں کی صحبت اِختیار کرتا ہے جو نیک اَعمال نہ تو خود کرتے ہیں اور نہ ہی اپنے قریب رہنے والوں کو کرنے دیتے ہیں تو آہستہ آہستہ بندہ کراہتِ عمل جیسے بُرے مَرض میں مبتلا ہو جاتا ہے۔ ★ جہالت، بندہ اپنی جہالت کے سبب کراہتِ عمل جیسی بُرائی کا شکار ہو جاتا ہے۔ ★ باطنی اَمراض، بغض و کینہ، حسد، غیبت، بدگمانی، غفلت اور قساوتِ قلبی کی وجہ سے نیکی کرنا اچھا نہیں لگتا۔ ★ دُنیا کی بے جامشغولیت، بندہ جب اپنی ضَروریات و جائز خواہشات کے علاوہ دُنیا کی رنگینیوں میں بے جا مشغول ہو جاتا ہے تو اس کا دِل سختی کا شکار ہو جاتا ہے، اسے گناہوں بھرے اَعمال سے محبت اور نیک اَعمال سے نفرت ہونے لگتی ہے۔

کراہتِ عمل سے بچنے کے لیے

★ نیک لوگوں کی صحبت اِختیار کیجیے، نیکی کی دعوت عام کرنے والوں کو دوست بنایئے، فاسق، بد عمل اور بد عقیدہ لوگوں کی صحبت سے اپنے آپ کو دور رکھیے۔ ★ فوراً حصولِ علمِ دِین میں لگ جایئے، مفتیانِ کِرام، عُلَمائے کِرام اور اہلِ علم حضرات کی صحبت اِختیار کیجیے، سنتوں بھرے اِجتماعات میں شرکت کیجیے، دِینی کتب کا مُطالعہ کیجیے تاکہ جنت میں لے جانے والے اعمال اور جہنم میں لے جانے والے اعمال سے واقفیت ہو۔

★ جنتی اَعمال پر عمل کی کوشش کیجیے اور جہنمی اعمال سے بچنے کی تَدابیر اِختیار کیجیے۔ ★ اپنے باطنی گناہوں کے علاج کی جانب سنجیدگی سے توجہ دیجیے، باطنی اَمراض کی تباہ کاریوں پر غور وفکر کیجیے اور بارگاہِ الٰہی میں اِن اَمراض سے شِفا کے لیے دُعا بھی کرتے رہیے۔ ★ حُبِّ دُنیا کی تباہ کاریوں پر غور کیجیے، دُنیاداروں کے عبرت ناک اَنجام والے واقعات پر غور کیجیے اور اپنا یہ ذہن بنائیے کہ سمجھداری اسی میں ہے کہ جتنا دُنیا میں رہنا ہے اتنا دُنیا کے لیے اور جتنا آخرت میں رہنا ہے اتنا آخرت کی تیاری کی جائے۔

(34): قِلَّتِ خَشِیَّت (خوفِ خدا کا کم ہونا)

قِلَّتِ خشیت کی تعریف

اللہ پاک کے خوف میں کمی کو قِلَّتِ خشیت کہتے ہیں۔

قِلَّتِ خشیت کے بارے میں تنبیہ

اللہ پاک کے خوف کا نہ ہونا یا کم ہونا نہایت ہی مہلک مَرض ہے، اللہ پاک کا خوف نہ ہونا یا خوف میں کمی ہونا بے باکی اور گناہوں پر دلیر کر دیتا ہے، ہر مسلمان کو اپنے دِل میں اللہ پاک کا خوف پیدا کرنا چاہیے کہ قرآنِ پاک میں مومنین کو خوفِ خدا کا حکم دیا گیا ہے۔ چنانچہ اِرشاد ہوتا ہے: ﴿وَخَافُوْنِ اِنْ كُنْتُمْ مُّؤْمِنِيْنَ۝۱۷۵﴾[1] ترجمۂ کنزالایمان: اور مجھ سے ڈرو اگر ایمان رکھتے ہو۔

آیتِ مبارکہ

اِنَّ الَّذِيْنَ يَخْشَوْنَ رَبَّهُمْ بِالْغَيْبِ لَهُمْ ترجمۂ کنزالایمان: بے شک وہ جو بے دیکھے اپنے رب

[1] ...پ4، آلِ عمران:175

مَّغۡفِرَةٌ وَّ اَجۡرٌ كَبِيۡرٌ ﴿۱۲﴾ (پ29، الملک:12) سے ڈرتے ہیں انکے لیے بخشش اور بڑا ثواب ہے۔

فرمانِ مصطفٰے صلی اللہ علیہ والہٖ وسلم

جو اپنی عمر میں اِضافہ اور رِزق میں کشادگی اور بُری موت سے تحفّظ چاہتا ہے وہ اللہ پاک سے ڈرے اور صلۂ رحمی کرے۔[1]

قِلَّتِ خشیت کے بعض اَسباب

★ غفلت ★ دُنیا کی رنگینیوں میں حد سے زیادہ مصروفیت ★ بُری صحبت۔

قِلَّتِ خشیت سے بچنے کے لیے

★ اللہ پاک کی بارگاہ میں قِلَّتِ خشیت سے سچی توبہ کیجیے کہ گناہ سے توبہ کرنے والا ایسا ہے جیسے اس نے گناہ کیا ہی نہیں۔[2] ★ خوفِ خدا کی نعمت کے حصول کے لیے دُعا کیجیے کہ دُعا مومن کا ہتھیار ہے۔[3] ★ اپنی کمزوری و ناتوانی کو سامنے رکھ کر جہنم کے عذابات پر غور و فکر کیجیے کہ آج دُنیا میں چھوٹی سے تکلیف بَرداشت نہیں ہوتی تو جہنم کے سخت عذابات کو کیسے برداشت کر سکیں گے۔ ★ قرآن و حدیث میں موجود خوفِ خدا کے فضائل پیشِ نظر رکھیے۔ ★ بزرگانِ دِین کے خوفِ خدا پر مشتمل واقعات کا مُطالعہ کیجیے۔ ★ اپنا محاسبہ کرنے کی عادت بنائیے اور اس کے لیے نیک اَعمال پر عمل کی کوشش کیجیے۔ ★ خوفِ خدا رکھنے والوں کی صحبت اِختیار کیجیے کیونکہ اللہ پاک کا خوف رکھنے والے نیک لوگوں کی صحبت میں بیٹھنا بھی اِنسان کے دل میں خوفِ الٰہی بیدار کرنے میں مددگار ثابت ہوتا ہے۔

---

[1]... مسند امام احمد، مسند علی بن ابی طالب، 1/302، حدیث:1212۔

[2]... ابن ماجہ، کتاب الزھد، باب ذکر التوبۃ، 4/491، حدیث:4250۔

[3]... المستدرک، کتاب الدعاء والتکبیر... الخ، باب الدعاء سلاح المومن... الخ، 2/162، حدیث:1855، دار المعرفۃ بیروت۔

نوٹ: مزید معلومات کے لئے مکتبۃ المدینہ کی 160 صفحات پر مشتمل کتاب ”خوفِ خدا“ کا مُطالعہ کیجیے۔

(35): جزع (واویلا کرنا)

جزع کی تعریف

پیش آنے والی کسی بھی مصیبت پر واویلا کرنا، یا اس پر بے صبری کا مُظاہرہ کرنا جزع کہلاتا ہے۔[1]

جزع کے بارے میں تنبیہ

کسی مصیبت یا مشکل پر واویلا کرنا یا بے صبری کا مُظاہرہ کرنا اپنے آپ کو ہلاکت میں ڈالنا ہے کہ بسا اوقات بے صبری کا مُظاہرہ کرنے میں اِنسان سے مزید کئی گناہوں کا صُدور ہو جاتا ہے بلکہ کفریہ جملے تک بک دیتا ہے جس سے اِیمان بَرباد ہو جاتا ہے اور بعض اوقات اِنسان اِس بے صبری کے سبب اَجر و ثواب کے عظیم خزانے سے بھی محروم کر دیا جاتا ہے۔

آیتِ مبارکہ

اِنَّ الْاِنْسَانَ خُلِقَ هَلُوْعًا ﴿۱۹﴾ اِذَا مَسَّهُ الشَّرُّ جَزُوْعًا ﴿۲۰﴾ وَّ اِذَا مَسَّهُ الْخَیْرُ مَنُوْعًا ﴿۲۱﴾ (پ29، المعارج: 19تا21)

ترجمۂ کنز الایمان: بے شک آدمی بنایا گیا ہے بڑا بے صبرا حریص جب اسے برائی پہنچے تو سخت گھبرانے والا اور جب بھلائی پہنچے تو روک رکھنے والا۔

فرمانِ مصطفےٰ صلی اللہ علیہ واٰلہٖ وسلم

جو اپنے رِزق پر راضی نہ ہو اور جو اپنی بیماری کی خبر عام کرنے لگے اور اس پر صبر نہ

[1]... الحدیقۃ الندیہ، الخلق السابع الثلاثون... الخ، 2/98۔

کرے اس کا کوئی عمل اللہ پاک کی طرف بلند نہ ہو گا اور وہ اللہ پاک سے اِس حال میں ملے گا کہ وہ اس پر ناراض ہو گا۔[1]

بے صبری کے بعض اَسباب

★ جہالت ★ شکوہ وشکایت کی عادت ★ نیک لوگوں کی صحبت سے محرومی۔

بے صبری سے بچنے کے لیے

★ قرآن و حدیث میں موجود صبر کے فضائل پر غور کیجیے کہ اللہ پاک صبر کرنے والوں کے ساتھ ہے، صبر کرنے والوں سے اللہ پاک محبت فرماتا ہے، صبر کرنے کو ہمت والا کام فرمایا گیا ہے، صبر کرنے والے کے لیے مغفرت، بڑے اَجر اور کامیابی کی نوید سنائی گئی ہے۔ صبر کو اِیمان اور جنت کے خزانوں میں سے ایک خزانہ شمار کیا گیا ہے۔ ★ اَنبیائے کِرام علیہمُ السّلام، صحابۂ کرام رضی اللہُ عنہم و دِیگر بزرگانِ دِین رحمۃُ اللہِ علیہم پر آنے والی آزمائشوں اور ان پر ان کے عظیم صبر سے متعلق حکایات و رِوایات کا مُطالعہ کیجیے تاکہ یہ معلوم ہو سکے کہ اللہ پاک کے اِنعام یافتہ بندوں کا رَویہ اور طرزِ عمل مشکل وقت میں کیسا ہوتا تھا۔ ★ اللہ پاک کی جانب سے آنے والی آزمائش کے اَسباب پر غور کیجیے کیونکہ اکثر اوقات آزمائش گناہوں کے سبب آتی ہے اس طرح غور کرنے سے اپنے اَعمال کا محاسبہ کرنے کا موقع ملتا ہے۔ ★ صبر کرنے والے نیک لوگوں کی صحبت اِختیار کیجیے۔ ★ بے صبری کی صورت میں اللہ پاک کی ناراضی، اَجرِ عظیم سے محرومی اور ناشکری کرنے، غیر شرعی کام کرنے پر ملنے والی اُخروی سزاؤں پر غور کیجیے۔ ★ بے صبری کے اُخروی نقصانات پر نظر رکھنا بے حد فائدہ مند ہے۔

---

[1]... حلیۃ الاولیاء، یوسن بن اسباط، 8/268، رقم:12162، دار الکتب العلمیۃ بیروت۔

(36): عدمِ خشوع

عدمِ خشوع کی تعریف

بارگاہِ الٰہی میں حاضری کے وقت (یعنی نمازیانیک کاموں میں) دِل کا نہ لگنا عدمِ خشوع کہلاتا ہے۔[1]

عدمِ خشوع کے بارے میں تنبیہ

عدمِ خشوع نہایت ہی مہلک مَرض اور عبادات کے ثواب میں کمی کا باعث ہے۔ شیطان اپنی اَولاد کے ساتھ عبادات میں خشوع کو اَوّلاً کم کرتا ہے اور پھر آہستہ آہستہ ختم کردیتا ہے یوں عبادات برائے نام ہی رہ جاتی ہیں۔

آیتِ مبارکہ

قَدْ اَفْلَحَ الْمُؤْمِنُوْنَۙ(۱) الَّذِیْنَ هُمْ فِیْ صَلَاتِهِمْ خٰشِعُوْنَۙ(۲) (پ18، المومنون: 1-2)

ترجمۂ کنزالایمان: بے شک مراد کو پہنچے ایمان والے جو اپنی نماز میں گڑگڑاتے ہیں۔

صدرُ الافاضل حضرتِ علامہ مولانا سید محمد نعیم الدین مُراد آبادی رحمۃُ اللہِ علیہ ’’خزائن العرفان‘‘ میں اِس آیتِ مبارکہ کے تحت فرماتے ہیں: ان کے دِلوں میں خدا کا خوف ہوتا ہے اور ان کے اَعضا ساکن ہوتے ہیں۔ بعض مفسّرین نے فرمایا کہ نماز میں خشوع یہ ہے کہ اس میں دِل لگا ہوا اور دُنیا سے توجہ ہٹی ہوئی ہو اور نظر جائے نماز سے باہر نہ جائے اور گوشۂ چشم (آنکھ کے کنارے) سے کسی طرف نہ دیکھے اور کوئی عبث (بے کار) کام نہ کرے اور کوئی کپڑا شانوں پر نہ لٹکائے اس طرح کہ اس کے دونوں کنارے لٹکتے ہوں

[1] ... الحدیقۃ الندیہ، الخلق الثالث الاربعون... الخ، 2/117 مفہوماً۔

اور آپس میں ملے نہ ہوں اور انگلیاں نہ چٹخائے اور اس قسم کی حرکات سے باز رہے۔ بعض نے فرمایا کہ خشوع یہ ہے کہ آسمان کی طرف نظر نہ اٹھائے۔

فرمانِ مصطفٰے صلی اللہ علیہ واٰلہٖ وسلم

منافقانہ خشوع سے اللہ پاک کی پناہ مانگو۔ پوچھا گیا: یارسولَ اللہ صلی اللہ علیہ واٰلہٖ وسلم! منافقانہ خشوع کیا ہے؟ اِرشاد فرمایا: منافقانہ خشوع یہ ہے کہ ظاہراً تو خشوع ہو مگر دِل میں خشوع نہ ہو۔[1]

عدمِ خشوع کے بعض اَسباب

★ دِل کی سختی۔ ★ پریشان نظری (یعنی بِلاضَرورت اِدھر اُدھر دیکھنا)۔ ★ ذہن میں فضول خیالات اور بے جا فکریں۔ ★ بارگاہِ الٰہی میں حاضر ہونے کے آداب کے بارے میں لاعلمی۔

عدمِ خشوع سے بچنے کے لیے

★ موت کو کثرت سے یاد کیجیے۔ ★ زبان اور پیٹ کا قفلِ مدینہ لگائیے۔ ★ بِلاضرورت ہنسنے سے پرہیز کیجیے۔ ★ آنکھوں کا قفلِ مدینہ لگاتے ہوئے اپنی نظریں جھکا کر رکھیے اور یہ تصور کیجیے کہ میں بارگاہِ الٰہی میں حاضر ہوں، میرا ربّ مجھے دیکھ رہا ہے۔ ★ بارگاہِ الٰہی میں حاضری کے وقت اپنے اندر یکسوئی پیدا کیجیے اور اس سے نجات کے لیے بارگاہِ الٰہی میں دُعا بھی کیجیے۔ ★ بارگاہِ الٰہی میں حاضر ہونے کے آداب سیکھئے۔ ★ ایسے نیک لوگوں اور اللہ والوں کی صحبت اِختیار کیجیے جو بارگاہِ الٰہی کے آداب سے واقف ہیں۔

---

[1] ... شعب الایمان، باب فی اخلاص العمل... الخ، 5/364، حدیث: 6967۔

نوٹ: مزید معلومات کے لئے شیخ طریقت، امیر اہل سنت علامہ محمد الیاس عطار قادری رضوی دامت برکاتہم العالیہ کی 600 صفحات پر مشتمل کتاب "فیضانِ نماز" کے باب "خشوع و خضوع سے نماز پڑھنے کے فضائل" صفحہ 281 تا 419 کا مُطالعہ کیجیے۔

(37) غَضَب لِلنَّفس

غضب للنفس کی تعریف

اپنے آپ کو تکلیف سے دور کرنے یا تکلیف ملنے کے بعد اس کا بدلہ لینے کے لیے خون کا جوش مارنا "غضب" کہلاتا ہے۔ اپنے ذاتی اِنتقام کے لیے غصہ کرنا "غضب للنفس" کہلاتا ہے۔[1]

غضب للنفس کا حکم

غضب للنفس (نفس کے لیے غصہ) بُرا ہے۔ ہر طرح کا غصہ قابلِ مذمت اور بُرا نہیں بلکہ ایک لازمی اَمر ہے کیونکہ اس کے ذَریعے اِنسان کی دُنیا و آخرت کی حفاظت ہوتی ہے۔ مثلاً حق کے اِظہار اور باطل کے مٹانے کے لئے شجاعت و بہادری ہونا یہ عقلاً، شرعاً اور عُرفاً ہر طرح جائز ہے۔ البتہ غیر شرعی اور اپنے ذاتی اِنتقام کے لیے غصے پر عمل کرنا حرام ہے۔[2]

کیا غصہ حرام ہے؟

امیر اہلِ سنّت دامت برکاتہم العالیہ کے رسالے "غصے کا علاج" صفحہ 173 پر ہے: "عوام میں یہ غلط مشہور ہے کہ غصہ حرام ہے۔ غصہ ایک غیر اِختیاری اَمر ہے، انسان کو آہی جاتا ہے، اس میں اس کا قصور نہیں، ہاں غصہ کا بے جا اِستعمال بُرا ہے، بعض صورتوں میں غصہ

---

[1]... الحدیقۃ الندیہ، الخلق الثامن عشر... الخ، 1/635 ماخوذاً۔ [2]... الحدیقۃ الندیہ، التاسع عشر... الخ، 1/635 ماخوذاً۔

ضروری بھی ہے، مثلاً جہاد کے وقت اگر غصہ نہیں آئے گا تو اللہ پاک کے دُشمنوں سے کس طرح لڑیں گے؟ بہر حال غصے کا اِزالہ (یعنی اس کا نہ آنا) ممکن نہیں، "امالہ" ہونا چاہیے یعنی غصہ کا رُخ دوسری طرف پھر جانا چاہیے۔ مثلا کوئی دعوتِ اسلامی کے مدنی ماحول سے وابستہ ہونے سے پہلے بُری صحبت میں تھا، غصہ کی حالت یہ تھی کہ اگر کسی نے ہاں کا ناں کہہ دیا تو آپے سے باہر ہو گیا اور گالیوں کی بوچھاڑ کر دی، کسی نے بد تمیزی کر دی تو اٹھا کر تھپڑ جڑ دیا۔ مطلب کوئی بھی کام خلافِ مزاج ہوا، غصہ آیا تو صبر کرنے کے بجائے نافذ کر دیا۔ جب اسے خوش قسمتی سے دعوتِ اسلامی کا مدنی ماحول میسر آگیا اور دعوتِ اسلامی کے سنتوں کی تربیت کے مدنی قافلوں میں سفر کی برکتیں ظاہر ہونے لگیں اور غصہ امالہ ہو گیا یعنی رُخ بدل گیا یعنی اب بھی غصہ تو باقی ہے مگر اس کا رُخ یوں تبدیل ہوا کہ اسے اللہ و رسول اور صحابہ و اَولیا عزوجل وصلی اللہ علیہ والہٖ وسلم وعلیہم الرضوان کے دُشمنوں سے بُغض ہو گیا مگر خود اس کی اپنی ذات کو کوئی کتنا ہی برا بھلا کہے غصہ دلائے مگر صبر کرتا ہے، دوسروں پر بپھرنے کے بجائے خود اپنے نفس پر غصہ نافذ کرتا ہے کہ تجھے گناہ نہیں کرنے دوں گا۔ اَلغرض غصہ تو ہے مگر اب اس کا امالہ ہو گیا یعنی رُخ بدل گیا جو کہ آخرت کے لیے اِنتہائی مفید ہے۔

آیتِ مبارکہ

اَلَّذِیۡنَ یُنۡفِقُوۡنَ فِی السَّرَّآءِ وَ الضَّرَّآءِ وَ الۡکٰظِمِیۡنَ الۡغَیۡظَ وَ الۡعَافِیۡنَ عَنِ النَّاسِ ؕ وَ اللّٰہُ یُحِبُّ الۡمُحۡسِنِیۡنَ ﴿۱۳۴﴾ۚ

ترجمۂ کنز الایمان: وہ جو اللہ کی راہ میں خرچ کرتے ہیں خوشی میں اور رنج میں اور غصہ پینے والے اور لوگوں سے درگزر کرنے والے اور نیک لوگ اللہ کے محبوب ہیں۔

(پ4، آلِ عمران:134)

فرمانِ مصطفےٰ صلی اللہ علیہ واٰلہٖ وسلم

ایک شخص نے رَسُولِ اَکرم صلی اللہ علیہ واٰلہٖ وسلم سے عرض کی: یارسولَ اللہ صلی اللہ علیہ واٰلہٖ وسلم! مجھے کوئی مختصر عمل بتائیے؟ آپ صلی اللہ علیہ واٰلہٖ وسلم نے اِرشاد فرمایا: غصہ نہ کیا کرو۔ اس نے دوبارہ یہی سوال کیا تو آپ صلی اللہ علیہ واٰلہٖ وسلم نے اِرشاد فرمایا: غصہ نہ کیا کرو۔[1]

غصہ کرنے کے بعض اَسباب

★بغض و کینہ ★عزتِ نفس ★غرور و تکبر ★بُری صحبت۔

غصے سے بچنے کے لیے

جب غصہ آجائے تو ان میں سے کوئی بھی ایک یا ضَرورتاً سارے علاج فرمالیجئے: ★اَعُوْذُ بِاللّٰہِ مِنَ الشَّیْطٰنِ الرَّجِیْم پڑھیے۔ ★وَلَا حَوْلَ وَلَا قُوَّۃَ اِلَّا بِاللّٰہِ پڑھیے۔ ★چُپ ہو جائیے۔ ★وضو کر لیجئے۔ ★ناک میں پانی چڑھائیے۔ ★کھڑے ہیں تو بیٹھ جائیے۔ ★بیٹھے ہیں تو لیٹ جائیے اور زمین سے چپٹ جائیے۔ ★اپنے خَد (یعنی گال) کو زمین سے ملا دیجئے (وضو ہو تو سجدہ کر لیجئے) تاکہ اِحساس ہو کہ میں خاک سے بنا ہوں لہٰذا بندے پر غصہ کرنا مجھے زیب نہیں دیتا۔ ★جس پر غصہ آرہا ہے اس کے سامنے سے ہٹ جائیے۔ ★سوچئے کہ اگر میں غصہ کروں گا تو دوسرا بھی غصہ کرے گا اور بدلہ لے گا اور مجھے دُشمن کو کمزور نہیں سمجھنا چاہیے۔ ★اگر کسی کو غصے میں جھاڑ وغیرہ دیا تو خصوصیت کے ساتھ سب کے سامنے ہاتھ جوڑ کر اس سے مُعافی مانگئے اس طرح نفس ذَلیل ہو گا اور آئندہ غصہ نافذ کرتے وقت اپنی ذِلّت یاد آئے گی اور ہو سکتا ہے یوں کرنے سے غصے سے

[1] ... بخاری، کتاب الادب، باب الحذر من الغضب، 4/131، حدیث:6116۔

خلاصی مل جائے۔★ یہ غور کیجئے کہ آج بندے کی خطا پر مجھے غصہ چڑھا ہے اور میں دَرگزر کرنے کے لیے تیار نہیں حالانکہ میری بے شمار خطائیں ہیں اگر اللہ پاک غضب ناک ہو گیا اور مجھے مُعافی نہ دی تو میرا کیا بنے گا؟★ کوئی اگر زیادتی کرے یا خطا کر بیٹھے اور اس پر نفس کی خاطر غصہ آنے پر ذہن بنایئے کہ کیوں نہ میں مُعاف کرکے ثواب کا حق دار بنوں اور ثواب بھی کیسا زبردست کہ قیامت کے روز اعلان کیا جائے گا جس کا اجر اللہ پاک کے ذمہ کرم پر ہے وہ اُٹھے اور جنت میں داخل ہو جائے۔ پوچھا جائے گا کس کے لیے اَجر ہے؟ وہ کہے گا: ان لوگوں کے لیے جو مُعاف کرنے والے ہیں۔"تو ہزاروں آدمی کھڑے ہوں گے اور بِلا حساب جنت میں داخل ہو جائیں گے۔[1]

نوٹ: مزید معلومات کے لئے شیخ طریقت، امیر اہل سنت علامہ محمد الیاس عطار قادری رضوی دامت بَرَکاتُہمُ العالیہ کے 34 صفحات پر مشتمل رسالے "غصے کا علاج" کا مُطالعہ کیجیے۔

(38): تَساہُل فِی اللہ

تَساہُل فِی اللہ کی تعریف

اَحکامِ الٰہی کی بجا آوری میں سستی اور اللہ پاک کی نافرمانی میں مشغولیت "تَساہُل فِی اللہ" ہے۔

تَساہُل فِی اللہ کے بارے میں تنبیہ

اَحکامِ الٰہی کی بجا آوری میں سستی اور اللہ پاک کی نافرمانی میں مشغولیت دُنیا و آخرت کی بَربادی کا سبب ہے لہٰذا ہر مسلمان کو اس سے بچنا لازم ہے۔

[1] ... غصے کا علاج، ص 32-33، مکتبۃ المدینہ کراچی۔

آیتِ مبارکہ

وَمَنْ یَّعْصِ اللّٰهَ وَرَسُوْلَهٗ وَیَتَعَدَّ حُدُوْدَهٗ یُدْخِلْهُ نَارًا خَالِدًا فِیْهَا ۪ وَلَهٗ عَذَابٌ مُّهِیْنٌ ﴿۱۴﴾ (پ4، النساء:14)

ترجمۂ کنزالایمان: اور جو اللہ اور اس کے رسول کی نافرمانی کرے اور اس کی کل حدوں سے بڑھ جائے اللہ اسے آگ میں داخل کرے گا جس میں ہمیشہ رہے گا اور اس کے لیے خواری کا عذاب ہے۔

فرمانِ مصطفےٰ صلی اللہ علیہ والہٖ وسلم

جب تم کسی بندے کو دیکھو کہ اللہ پاک اس کو عطا فرماتا ہے اور وہ اپنے گناہ پر قائم ہے تو یہ اسے اللہ پاک کی طرف سے ڈھیل ہے۔ پھر آپ صلی اللہ علیہ والہٖ وسلم نے یہ آیت تلاوت فرمائی: ﴿فَلَمَّا نَسُوْا مَا ذُكِّرُوْا بِهٖ فَتَحْنَا عَلَیْهِمْ اَبْوَابَ كُلِّ شَیْءٍ ؕ حَتّٰۤى اِذَا فَرِحُوْا بِمَاۤ اُوْتُوْۤا اَخَذْنٰهُمْ بَغْتَةً فَاِذَا هُمْ مُّبْلِسُوْنَ ﴿۴۴﴾﴾[1] ترجمۂ کنزالایمان: پھر جب انھوں نے بھلا دیا جو نصیحتیں ان کو کی گئیں تھیں ہم نے ان پر ہر چیز کے دَروازے کھول دیئے یہاں تک کہ جب خوش ہوئے اس پر جو انھیں ملا تو ہم نے اچانک انھیں پکڑ لیا اب وہ آس ٹوٹے رہ گئے۔[2]

تَسَاہُل فِی اللہ کے بعض اَسباب

★ جہالت، بندہ جب گناہوں اور ان کے ملنے والے عذابات کا علم حاصل نہیں کرتا تو تَسَاہُل فِی اللہ جیسے مہلک مرض میں مبتلا ہو جاتا ہے۔ ★ باطنی اَمراض، یہ باطنی اَمراض اَحکامِ الٰہی پر عمل میں رکاوٹ اور اللہ پاک کی نافرمانی میں مشغولیت کا سبب بنتے ہیں۔ ★ بارگاہِ الٰہی میں دُعا نہ کرنا، دُعا مؤمن کا ہتھیار ہے، شیطان ہمارا کھلم کھلا دُشمن ہے اس

[1] ... پ7، الانعام:44۔ [2] ... مسند امام احمد، عقبہ بن عامر الجھنی، 6/122، حدیث:17313۔

کی ہر وقت یہ کوشش ہے کہ ہمیں کسی طرح تَساہُل فِی اللہ جیسے مَرض میں مبتلا کر دے۔

★ بُری صحبت، بندہ جب بُری صحبت اِختیار کرتا ہے تو وہ تَساہُل فِی اللہ جیسے مرض میں مبتلا ہو جاتا ہے کیونکہ اچھوں کی صحبت اَچھا اور بُروں کی صحبت بُرا بنا دیتی ہے۔

تَساہُل فِی اللہ سے بچنے کے لیے

★ گناہوں اور ان پر ملنے والے عذابات کا علم حاصل کیجیے، ان سے بچنے کے طریقے سیکھیے۔ ★ نیک لوگوں کی صحبت اِختیار کیجیے۔ ★ نیکیوں میں رَغبت پیدا کیجیے۔ ★ مختلف گناہوں اور ان پر ملنے والے عذابات کا مُطالعہ کیجیے۔ ★ باطنی گناہوں کے اَسباب و علاج کے حوالے سے معلومات حاصل کیجیے اور اللہ پاک کی بارگاہ میں اس مہلک مَرض سے شِفا کے لیے دُعا بھی کیجیے۔ ★ اپنے ہتھیار یعنی دُعا کو شیطان کے خلاف اِستعمال کیجیے اور بارگاہِ الٰہی میں یوں دُعا کیجیے: اے اللہ پاک! مجھے تَساہُل فِی اللہ جیسے مَرض سے نجات عطا فرما، مجھے نیکیوں میں رَغبت اور گناہوں سے نفرت عطا فرما۔ ★ نیک لوگوں کی صحبت اِختیار کیجیے۔

(39): تکبر

تکبر کی تعریف

خود کو افضل اور دوسروں کو حقیر جاننے کا نام تکبر ہے۔ جیسا کہ رَسُولِ اکرم صلی اللہ علیہ والہ وسلم نے اِرشاد فرمایا: تکبر حق کی مخالفت اور لوگوں کو حقیر جاننے کا نام ہے۔[1] امام راغب اصفہانی رحمۃُ اللہِ علیہ لکھتے ہیں: تکبر یہ ہے کہ اِنسان اپنے آپ کو دوسروں سے افضل سمجھے۔[2] جس کے دِل میں تکبر پایا جائے اسے ''مُتَکَبِّر'' اور مَغرور کہتے ہیں۔

[1]... مسلم، کتاب الایمان، باب تحریم الکبر وبیانہ، ص61، حدیث:147۔ [2]... مفردات الفاظ القرآن، کبر، ص697۔

تکبر کی تین قسمیں

تفسیر صراط الجنان جلد 3 صفحہ 432 پر ہے: امام محمد غزالی رحمۃُ اللہِ تعالیٰ علیہ فرماتے ہیں: تکبر کی تین قسمیں ہیں: (1)...وہ تکبر جو اللہ تعالیٰ کے مقابلے میں ہو جیسے ابلیس، نمرود اور فرعون کا تکبر یا ایسے لوگوں کا تکبر جو خدائی کا دعویٰ کرتے ہیں اور اللہ تعالیٰ کے بندوں سے نفرت کے طور پر منہ پھیرتے ہیں۔

(2)...وہ تکبر جو اللہ تعالیٰ کے رسول کے مقابلے میں ہو، جس طرح کفارِ مکہ نے کیا اور کہا کہ ہم آپ جیسے بشر کی اطاعت نہیں کریں گے، ہماری ہدایت کے لئے اللہ تعالیٰ نے کوئی فرشتہ یا سردار کیوں نہیں بھیجا، آپ تو ایک یتیم شخص ہیں۔

(3)...وہ تکبر جو آدمی عام انسانوں پر کرے، جیسے انہیں حقارت سے دیکھے، حق کو نہ مانے اور خود کو بہتر اور بڑا جانے۔[1]

تکبر کی تینوں اقسام کا حکم

اللہ تعالیٰ اور اس کے رسول کی جناب میں تکبر کرنا کفر ہے جبکہ عام بندوں پر تکبر کرنا کفر نہیں لیکن اس کا گناہ بھی بہت بڑا ہے۔[2]

آیتِ مبارکہ

اِنَّهٗ لَا یُحِبُّ الْمُسْتَكْبِرِیْنَ ﴿۲۳﴾ ترجمۂ کنز الایمان: بے شک وہ مغروروں کو پسند نہیں فرماتا۔

(پ14، النحل: 23)

---

[1]... کیمیائے سعادت، رکن سوم: مہلکات، اصل نہم، پیدا کردن درجات کبر، 2/707-708، انتشارات گنجینہ تہران۔

[2]... تفسیر صراط الجنان، 3/432۔

فرمانِ مصطفےٰ صلی اللہ علیہ والہٖ وسلم

قیامت کے دِن متکبرین کو اِنسانی شکلوں میں چیونٹیوں کی مانند اُٹھایا جائے گا، ہر جانب سے ان پر ذِلَّت طاری ہو گی، انہیں جہنم کے بُولَس نامی قید خانے کی طرف ہانکا جائے گا اور بہت بڑی آگ انہیں اپنی لپیٹ میں لے کر ان پر غالب آجائے گی، انہیں طِیْنَۃُ الْخَبَّال یعنی جہنمیوں کی پیپ پلائی جائے گی۔[1]

تکبر کے بعض اَسباب

★ علم، بعض اوقات اِنسان کثرتِ علم کی وجہ سے بھی تکبر کی آفت میں مبتلا ہو جاتا ہے۔ ★ عبادت و ریاضت، بندہ کثیر عبادت و ریاضت کے سبب اِس مَرض میں مبتلا ہو جاتا ہے۔ ★ مال و دولت، جس کے پاس کار، بنگلہ، بینک بیلنس اور کام کاج کے لیے نوکر چاکر ہوں وہ بھی بسا اوقات تکبر میں مبتلا ہو جاتا ہے۔ ★ حسب و نسب، بندہ اپنے آباء واَجداد کے بل بوتے پر اکڑتا اور دوسروں کو حقیر جانتا ہے۔ ★ عہدہ و منصب۔ ★ کامیابی و کامرانی، جب کسی کو پے دَرپے کامیابیاں ملتی ہیں تو وہ ناکام ہونے والے لوگوں کو حقیر سمجھنا شروع کر دیتا ہے۔ ★ حسن و جمال، بندہ اپنے ظاہری حسن و جمال کے سبب تکبر میں مبتلا ہو جاتا ہے۔ ★ طاقت و قوت، جس کا قد کاٹھ اچھا ہو، کھاتا پیتا اور سینہ چوڑا ہو تو وہ بسا اوقات کمزور جسم والے کو حقیر سمجھنا شروع کر دیتا ہے۔

تکبر سے بچنے کے لیے

★ مُعَلِّمُ الْمَلَکُوْت کے منصب تک پہنچنے والے شیطان کے انجام کو یاد رکھیے کہ اسے اس

---

[1]... ترمذی، کتاب صفة القیامة، 4 / 221، حدیث:2500۔

تکبر کے نتیجے میں قیامت تک کی ذِلّت ورُسوائی ملی اور وہ جہنم کا حقدار ٹھہرا کہیں یہ تکبر ہمیں بھی تباہ وبَرباد نہ کردے۔ ★ بندہ سوچے کہ میں اگر بہت زیادہ عبادت کرتا ہوں تو اِس میں میرا کیا کمال ہے؟ یہ تو اللہ پاک کا کرم ہے، نیز عبادت تو وہی مفید ہوگی جس میں نیت دُرُست ہو۔ ★ اِس بات کا یقین رَکھیے کہ ایک دِن ایسا آئے گا کہ یہ سب کچھ یہیں چھوڑ کر خالی ہاتھ دُنیا سے جانا پڑے گا، کفن میں تھیلی ہوتی ہے نہ قبر میں تجوری، پھر قبر کو نیکیوں کا نور روشن کرے گا نہ کہ سونے چاندی اور مال و دولت کی چمک دَمک۔ ★ اپنا یہ ذہن بنائیے کہ دوسروں کے کارناموں پر گھمنڈ کرنا عقلمندی نہیں بلکہ جہالت ہے اور آباء واَجداد پر فخر کرنے والوں کے لیے جہنم کی وَعید ہے۔ ★ اپنا یہ ذہن بنائیے کہ فانی چیزوں پر فخر نادانی ہے کیونکہ عزت و منصب کب تک ساتھ دیں گے؟ جس منصب کے بل بوتے پر آج اکڑتے ہیں، کل کو چھن گیا تو انہی لوگوں سے منہ چھپانا پڑے گا۔ ★ یہ نہ بھولیے کہ وقت ایک سا نہیں رہتا، بلندیوں پر پہنچنے والوں کو اکثر واپس پستی میں بھی آنا پڑتا ہے، ہر کمال کو زَوال ہے۔ ★ اپنی اِبتدا و اِنتہا پر غور کیجیے کہ میرا آغاز ناپاک نطفہ اور انجام سڑا ہوا مُردہ ہونا ہے۔ ★ اپنے نفس کا یوں محاسبہ کیجیے کہ طاقت و قوت اور پھرتی تو جانوروں میں بھی ہوتی ہے بلکہ اِنسان سے زیادہ ہوتی ہے تو پھر اپنے اندر اور جانوروں میں مشترکہ صفت پر تکبر کرنا کیسا؟

نوٹ: عاجزی و اِنکساری پانے اور تکبر سے جان چھڑانے کے لئے مکتبۃ المدینہ کی 97 صفحات پر مشتمل کتاب ”تکبر“ کا مُطالعہ کیجیے۔

(40): بدشگونی

بدشگونی کی تعریف

مکتبۃ المدینہ کی 126 صفحات پر مشتمل کتاب ”بدشگونی“ صفحہ 10 پر ہے: شگون کا

معنٰی ہے فال لینا یعنی کسی چیز، شخص، عمل، آواز یا وقت کو اپنے حق میں اچھا یا بُرا سمجھنا۔ (اسی وجہ سے بُرا فال لینے کو بد شگونی کہتے ہیں۔)

شگون کی قسمیں

بنیادی طور پر شگون کی دو قسمیں ہیں:(1) بُرا شگون لینا (2) اچھا شگون لینا۔ علامہ محمد بن احمد اَنصاری قُرطبی رحمۃُ اللہِ علیہ تفسیرِ قُرطبی میں نَقْل کرتے ہیں: اچھا شگون یہ ہے کہ جس کام کا اِرادہ کیا ہو اس کے بارے میں کوئی کلام سُن کر دَلیل پکڑنا، یہ اس وقت ہے جب کلام اچھا ہو، اگر بُرا ہو تو بد شگونی ہے۔ شریعت نے اِس بات کا حکم دیا ہے کہ اِنسان اچھا شگون لے کر خوش ہو اور اپنا کام خوشی خوشی پایہ تکمیل تک پہنچائے اور جب بُرا کلام سُنے تو اس کی طرف توجُّہ نہ کرے اور نہ ہی اس کے سبب اپنے کام سے رُکے۔[1]

بد شگونی کا حکم

حضرت سیدنا امام محمد آفندی رُومی برکلی رحمۃُ اللہِ علیہ لکھتے ہیں: بد شگونی لینا حرام اور نیک فال یا اچھا شگون لینا مستحب ہے۔[2] اِسلام میں نیک فال لینا جائز ہے، بد فالی بد شگونی لینا حرام ہے۔[3] مصیبتوں اور پریشانیوں کو دوسروں کی نحوست قرار دینا جیسے بالفرض اگر شادی کے بعد گھر میں مَسائل و مَصائب شروع ہو جائیں تو سارا اِلزام دُلہن کے سر ڈال دیا جاتا ہے کہ جب سے یہ منحوس گھر میں آئی ہے تب سے مصیبتوں نے ہمارے گھر کا رستہ دیکھ لیا ہے، وغیرہ۔ اس طرح کی بد شگونی سخت ممنوع اور ایسی دل آزاری سخت حرام ہے۔[4]

---

[1] ... جامع احکام القرآن، پ26، الاحقاف، تحت الآیۃ:4، الجزء:16، 8/132، دار الفکر بیروت۔

[2] ... الطریقۃ المحمدیہ، 2/17، 24۔

[3] ... تفسیر نعیمی، پ9، الاعراف، تحت الآیۃ:132، 9/119، مکتبہ اسلامیہ لاہور۔ [4] ... تفسیر صراط الجنان، 7/212۔

ایک اہم ترین وضاحت

نہ چاہتے ہوئے بھی بعض اوقات اِنسان کے دِل میں بُرے شگون کا خیال آ ہی جاتا ہے اِس لئے کسی شخص کے دِل میں بد شگونی کا خیال آتے ہی اسے گناہ گار قرار نہیں دیا جائے گا کیونکہ محض دِل میں بُرا خیال آجانے کی بِنا پر سزا کا حقدار ٹھہرانے کا مطلب کسی اِنسان پر اس کی طاقت سے زائد بوجھ ڈالنا ہے اور یہ بات شرعی تقاضے کے خلاف ہے کیونکہ اللہ پاک اِرشاد فرماتا ہے: ﴿لَا یُكَلِّفُ اللّٰهُ نَفْسًا اِلَّا وُسْعَهَا﴾[1] ترجمۂ کنزالایمان: "اللہ کسی جان پر بوجھ نہیں ڈالتا مگر اس کی طاقت بھر۔" یعنی اللہ پاک ہر جاندار کو اس بات کا مُکَلَّف (یعنی ذِمّہ دار) بناتا ہے جو اس کی وُسعت و قدرت میں ہو۔[2] چنانچہ اگر کسی نے بد شگونی کا خیال دِل میں آتے ہی اسے جھٹک دیا تو اس پر کچھ اِلزام نہیں لیکن اگر اس نے بد شگونی کی تاثیر پر یقین کر لیا اور اِسی وجہ سے اس کام سے رُک گیا تو گناہ گار ہو گا مثلاً کسی چیز کو منحوس سمجھ کر سفر یا کاروبار کرنے سے یہ سوچ کر رُک گیا کہ اب مجھے نقصان ہی ہو گا تو اب گناہ گار ہو گا۔ شیخ الاسلام شہاب الدّین امام احمد بن حجر مکی ہیتمی شافعی رحمۃُ اللہِ علیہ اپنی کتاب "اَلزَّوَاجِرُ عَنِ اقْتِرَافِ الْکَبَائِر" میں بد شگونی کے بارے میں دو حدیثیں نَقْل کرنے کے بعد لکھتے ہیں: پہلی اور دوسری حدیثِ پاک کے ظاہِری معنیٰ کی وجہ سے بد فالی کو گناہِ کبیرہ شمار کیا جاتا ہے اور مناسب بھی یہی ہے کہ یہ حکم اس شخص کے بارے میں ہو جو بد فالی کی تاثیر کا اِعتقاد رکھتا ہو جبکہ ایسے لوگوں کے اِسلام (یعنی مسلمان ہونے نہ ہونے) میں کلام ہے۔[3]

---

[1] ... پ 3، البقرۃ: 286۔

[2] ... تفسیراتِ احمدیہ، ص 189، پشاور۔

[3] ... الزواجر، الباب الثانی فی... الخ، باب السفر، 1/326۔

آیتِ مبارکہ

فَاِذَا جَآءَتْهُمُ الْحَسَنَةُ قَالُوْا لَنَا هٰذِهٖ ۚ وَ اِنْ تُصِبْهُمْ سَیِّئَةٌ یَّطَّیَّرُوْا بِمُوْسٰى وَ مَنْ مَّعَهٗ ؕ اَلَاۤ اِنَّمَا طٰٓىٕرُهُمْ عِنْدَ اللّٰهِ وَ لٰكِنَّ اَكْثَرَهُمْ لَا یَعْلَمُوْنَ ﴿۱۳۱﴾

(پ9، الاعراف:131)

ترجمۂ کنزالایمان: تو جب انھیں بھلائی ملتی کہتے یہ ہمارے لئے ہے اور جب برائی پہنچتی تو موسٰی اور اس کے ساتھ والوں سے بدشگونی لیتے سن لو ان کے نصیبہ (مُقدّر) کی شامت تو اللہ کے یہاں ہے لیکن ان میں اکثر کو خبر نہیں۔

فرمانِ مصطفٰے صلی اللہ علیہ واٰلہٖ وسلم

جس نے بدشگونی لی اور جس کے لیے بدشگونی لی گئی وہ ہم میں سے نہیں (یعنی ہمارے طریقے پر نہیں ہے)۔[1]

بدشگونی کے بعض اَسباب

★ اِسلامی عقائد سے لاعلمی۔ ★ توکل کی کمی۔ ★ بدفالی کی وجہ سے کام سے رُک جانا۔ ★ اس کی ہلاکت خیزیوں اور نقصانات سے بے خبری کہ بندہ جب کسی چیز کے نقصان سے ہی باخبر نہیں ہے تو اس سے بچے گا کیسے؟ ★ روزمرہ کے معمولات میں وَظائف شامل نہ ہونا۔

بدشگونی سے بچنے کے لیے

★ تقدیر پر اِن معنوں میں اِعتقاد رکھیے کہ ہر بھلائی، بُرائی اللہ پاک نے اپنے علمِ اَزلی کے موافق مقدّر فرمادی ہے، جیسا ہونے والا تھا اور جو جیسا کرنے والا تھا، اپنے عِلْم سے

[1]... معجم کبیر، حدیث عمران بن حصین، 18/162، حدیث:355، دار احیاء التراث العربی بیروت۔

جانا اور وہی لکھ دیا تو بد شگونی دِل میں جگہ ہی نہیں بنا سکے گی۔ ★ جب بھی کوئی بد شگونی دِل میں کھٹکے تو اللہ پاک پر توکُّل کیجئے اِن شاءَ اللہ بد شگونی کا خیال دِل سے جاتا رہے گا۔ ★ جب کسی کام میں بد فالی نکلے تو اسے کر گزریئے اور اپنے دِل میں اس خیال کو جگہ مَت دیجئے کہ اس بدفالی کے سبب مجھے اس کام میں کوئی خسارہ وغیرہ ہو گا۔ ★ بد شگونی کی ہلاکت خیزیوں اور نقصانات کا مُطالعہ کیجیے اور ان سے بچنے کی کوشش کیجیے۔ ★ اپنے روز مَرہ کے معمولات میں وَظائف شامل کیجیے، اعلیٰ حضرت، امامِ اہلسنت، مولانا شاہ امام احمد رضا خان رحمۃُ اللہِ علیہ فرماتے ہیں: "اس قسم (یعنی بد شگونی وغیرہ) کے خطرے وَسْوَسے جب کبھی پیدا ہوں اُن کے واسطے قرآنِ کریم و حدیث شریف سے چند مختصر و بیشمار نافِع (فائدہ دینے والی) دُعائیں لکھتا ہوں انہیں ایک ایک بار خواہ زائد (یعنی ایک سے زیادہ مَرتبہ) آپ اور آپ کے گھر والے پڑھ لیں۔ اگر دِل پختہ ہو جائے اور وہ وَہم جاتا رہے تو بہتر ورنہ جب وہ وَسْوَسہ پیدا ہو تو ایک ایک دَفعہ پڑھ لیجئے اور یقین کیجئے کہ اللہ و رَسُول کے وعدے سچے ہیں اور شیطان مَلْعُون کا ڈرانا جھوٹا۔ چند بار میں بِعَوْنِہٖ تَعالیٰ (یعنی اللہ تعالیٰ کی مدد سے) وہ وَہم بالکل زائل (یعنی ختم) ہو جائے گا اور اَصلاً کبھی کسی طرح اِس سے کوئی نقصان نہ پہنچے گا۔ وہ دُعائیں یہ ہیں: ﴿لَنْ یُّصِیْبَنَاۤ اِلَّا مَا كَتَبَ اللّٰهُ لَنَاۚ هُوَ مَوْلٰىنَاۚ وَ عَلَى اللّٰهِ فَلْیَتَوَكَّلِ الْمُؤْمِنُوْنَ(۵۱)﴾ [1] "ہمیں نہ پہنچے گا مگر جو اللہ نے ہمارے لئے لکھ دیا وہ ہمارا مولیٰ ہے اور مسلمانوں کو اللہ ہی پر بھروسہ چاہیے۔" ﴿حَسْبُنَا اللّٰهُ وَ نِعْمَ الْوَكِیْلُ(۱۷۳)﴾ [2] "اللہ ہم کو بس ہے اور کیا اچھا کارساز۔" اَللّٰھُمَّ لَا یَاْتِیْ بِالْحَسَنَاتِ اِلَّا اَنْتَ وَلَا یَذْھَبُ بِالسَّیِّئَاتِ اِلَّا اَنْتَ وَلَا حَوْلَ وَلَا قُوَّةَ اِلَّا بِكَ یعنی "الٰہی! اچھی باتیں تیرے سِوا کوئی نہیں لاتا اور بُری باتیں تیرے سِوا کوئی دُور

[1] ... پ10، التوبۃ:51۔ [2] ... پ4، آلِ عمران:173۔

نہیں کرتا اور کوئی زور طاقت نہیں مگر تیری طرف سے۔" اَللّٰھُمَّ لَا طَیْرَ اِلَّا طَیْرُکَ وَلَا خَیْرَ اِلَّا خَیْرُکَ وَلَا اِلٰہَ غَیْرُکَ یعنی اے اللہ! تیری فال فال ہے اور تیری ہی خیر خیر ہے اور تیرے سوا کوئی معبود نہیں۔[1]

نوٹ: مزید معلومات کے لئے مکتبۃ المدینہ کی 126 صفحات پر مشتمل کتاب "بدشگونی" کا مُطالعہ کیجیے۔

(41): شماتت

شماتت کی تعریف

اپنے کسی بھی نسبی یا مسلمان بھائی کے نقصان یا اُس کو ملنی والی مصیبت وبلا کو دیکھ کر خوش ہونے کو شماتت کہتے ہیں۔[2]

شماتت کا حکم

شماتت یعنی کسی بھی مسلمان بھائی کی مصیبت پر خوش ہونا نہایت ہی مذموم اور ہلاکت میں ڈالنے والا اَمر ہے۔ خاص طور پر اس صورت میں کہ جب وہ اس مصیبت کو اپنی کرامت یا دُعا کا نتیجہ سمجھے۔[3]

آیتِ مبارکہ

اِنْ تَمْسَسْكُمْ حَسَنَةٌ تَسُؤْهُمْ ۠ وَاِنْ تُصِبْكُمْ سَیِّئَةٌ یَّفْرَحُوْا بِهَا ؕ وَاِنْ تَصْبِرُوْا وَتَتَّقُوْا ترجمۂ کنزالایمان: تمہیں کوئی بھلائی پہنچے تو انہیں برا لگے اور تم کو بُرائی پہنچے تو اس پر خوش ہوں اور اگر تم صبر اور

[1]... فتاویٰ رضویہ، 29/645۔

[2]... الحدیقۃ الندیہ، المقالۃ الثانیۃ فی غوائل الحقد، 1/631۔

[3]... الحدیقۃ الندیہ، الخلق السابع عشر... الخ، 1/631۔

لَا یَضُرُّکُمْ کَیْدُھُمْ شَیْــٴًـاؕ اِنَّ اللّٰهَ بِمَا یَعْمَلُوْنَ مُحِیْطٌ۠(۱۲۰) پرہیز گاری کیے رہو تو ان کا داؤں تمہارا کچھ نہ بگاڑے گا بے شک ان کے سب کام خدا کے گھیرے میں ہیں۔ (پ4، آلِ عمران:120)

حضرت سیِّدُنا علامہ حافظ مُرتضیٰ زبیدی رحمۃُ اللہِ علیہ اس آیتِ مبارکہ کے تحت فرماتے ہیں: اِس آیت میں بھلائی سے مُراد نعمت اور بُرائی سے مُراد معصیت ہے، بھلائی پہنچنے پر انہیں بُرا لگنا حسد ہے اور بُرائی پہنچنے پر ان کا خوش ہونا شماتت ہے، نیز اِس آیتِ مبارکہ میں اِس بات پر تنبیہ بھی کی گئی ہے کہ جس کے ساتھ حسد کیا جائے یا شماتت کی جائے یہ دونوں چیزیں اسے اُس وقت تک نقصان نہیں پہنچا سکتیں جب تک وہ تقویٰ و صبر اِختیار کرے، حسد اور شماتت ایک دوسرے کو لازم ہیں (کہ جہاں حسد پایا جائے گا وہاں شماتت ضرور ہو گی) اور شماتت حسد کے اوپر ایک اِضافی گناہ ہے۔[1]

فرمانِ مصطفےٰ صلی اللہ علیہ واٰلہٖ وسلم

اپنے بھائی کی شماتت نہ کر یعنی اس کی مصیبت پر خوشی کا اِظہار نہ کر کہ اللہ پاک اس پر رحم کرے گا اور تجھے اس میں مبتلا کر دے گا۔[2]

شماتت کے بعض اَسباب

★ بدخواہی کی عادت، کسی کا نقصان چاہنا اور نقصان ہو جانے کی صورت میں اس پر خوشی کا اِظہار کرنا۔ ★ بغض و کینہ، کینہ پَرور اپنے مخالف کو مصیبت میں دیکھ کر قلبی سکون محسوس کرتا ہے اور یہ ہی اس کی خوشی بن جاتا ہے۔ ★ حسد، بندہ جس سے حسد کرتا ہے اس سے نعمت چھن جانے پر خوشی محسوس کرتا ہے۔ ★ اِحساسِ کمتری، مدِمقابل کی برتری

[1] ... اتحاف سادة المتقین، کتاب ذم الغضب...الخ، بیان حقیقة الحسد...الخ، 9/494، دار الکتب العلمیة بیروت۔

[2] ... ترمذی، کتاب صفة القیامة...الخ، 4/227، حدیث:2514۔

اور اپنی مسلسل ناکامی بندے کو اِحساسِ کمتری میں مبتلا کر دیتی ہے پھر اِسی اِحساسِ کمتری سے شماتت پیدا ہوتی ہے یوں مدمقابل کی ہر تکلیف عارضی تسکین کا سبب بن جاتی ہے۔ ★ حُبِّ جاہ، جب بندہ محسوس کرتا ہے کہ "فلاں کی وجہ سے میری واہ وا میں کمی آ رہی ہے۔" تو وہ اس کے نقصان کا خواہش مند ہو جاتا ہے اور جیسے ہی اُسے کوئی نقصان پہنچتا ہے تو وہ اپنی دیرینہ آرزو کے پورا ہونے پر خوشی محسوس کرتا ہے۔ ★ بدگمان ہونا، جب بندہ کسی سے بدظن ہو جاتا ہے تو خواہ کتنا ہی نیکوکار ہو لیکن بدگمانی کی رسی اسے بلندیوں سے کھینچ کر پستیوں کی طرف دھکیل دیتی ہے، جیسے ہی اس کے بھائی کو کوئی تکلیف پہنچتی ہے تو فوراً خوش ہو جاتا ہے۔

شماتت سے بچنے کے لیے

★ اپنے اندر مسلمانوں کی خیر خواہی کا جذبہ پیدا کیجیے۔ ★ اپنا یہ ذہن بنائیے کہ یہ میرا مسلمان بھائی ہے، آج اِس کا نقصان ہوا ہے اور میں اِس کے نقصان پر خوش ہو رہا ہوں ایسا نہ ہو کہ کل یہی مُعاملہ میرے ساتھ بھی ہو، مجھے بھی کسی آفت میں مبتلا کر دیا جائے اور لوگ میری مصیبت پر بھی خوش ہوں۔ ★ اپنے سینے کو مسلمانوں کے کینے کی گندی غلاظت سے پاک و صاف کیجیے اور یہ ذہن بنائیے کہ مسلمانوں کے لیے دِل میں کینہ رکھنا دُنیا و آخرت دونوں میں تباہی و بربادی کا سبب بن سکتا ہے۔ ★ حسد کی تباہ کاریوں پر غور کیجیے کہ حسد سے نیکیاں ضائع ہو جاتی ہیں۔ ★ اپنی اِحساسِ کمتری کا اِزالہ کیجیے۔ ★ اللہ پاک کی رَحمتِ کاملہ پر نظر رکھیے۔ ★ حُبِّ جاہ سے اپنے آپ کو بچائیے۔ ★ مسلمانوں سے بدگمان اور بدظن ہونے کے بجائے ان کے بارے میں اچھا گمان رکھیے۔

★خواہ مخواہ اپنے دماغ میں مسلمانوں کے متعلق وَسوسوں کو ہرگز جگہ نہ دیجیے۔★اس طرح کے وَسوسوں سے اللہ پاک کی پناہ مانگئے۔

(42): غمِ دُنیا

غمِ دُنیا کی تعریف

کسی دُنیاوی چیز سے محرومی کے سبب رَنج و غم اور افسوس کا اِس طرح اِظہار کرنا کہ اُس میں صبر اور قضائے اِلٰہی پر رضا اور ثواب کی اُمید باقی نہ رہے "غمِ دُنیا" کہلاتا ہے اور یہ قابلِ مذمت ہے۔

غمِ دُنیا کے بارے میں تنبیہ

کسی بھی دُنیاوی مُعاملے پر چاہے وہ مالی نقصان کی صورت میں ہو، کسی تکلیف کی صورت میں ہو یا کسی اور صورت میں ہو غمگین ہونا ایک فطری عمل ہے، لیکن کسی بھی دُنیاوی مُعاملے پر غیر شرعی واویلا کرنا، ماتم کرنا، دِیگر مسلمانوں کو کوسنا یا اس مصیبت کا ذِمّہ دار ٹھہرانا، یا اس پر بدشگونی، غیبت، تہمت، بدگمانی بھرا کلام کرنا یا اِس طرح اپنے غم کا اِظہار کرنا جس سے صبر کا دامن چھوٹ جائے، ثواب کی اُمید ختم ہو جائے یا قضائے الٰہی پر عدمِ رضا کا اِظہار ہو یہ تمام صورتیں غیر شرعی، ناجائز اور ممنوع ہیں۔

آیتِ مبارکہ

لِّكَيْلَا تَأْسَوْا عَلٰى مَا فَاتَكُمْ وَلَا تَفْرَحُوْا بِمَاۤ اٰتٰىكُمْؕ وَاللّٰهُ لَا يُحِبُّ كُلَّ مُخْتَالٍ فَخُوْرِ ﴿۲۳﴾ (پ27، الحدید:23)

ترجمۂ کنزالایمان: اس لیے کہ غم نہ کھاؤ اس پر جو ہاتھ سے جائے اور خوش نہ ہو اس پر جو تم کو دیا اور اللہ کو نہیں بھاتا کوئی اترونا (متکبر) بڑائی مارنے والا۔

اِس آیتِ مبارکہ کے تحت "خزائن العرفان" میں ہے: یہ سمجھ لو کہ جو اللہ تعالیٰ نے مقدر فرمایا ہے ضَرور ہونا ہے نہ غم کرنے سے کوئی ضائع شدہ چیز واپس مل سکتی ہے، نہ فنا ہونے والی چیز اِترانے (فخر کرنے) کے لائق ہے تو چاہئے کہ خوشی کی جگہ شکر اور غم کی جگہ صبر اِختیار کرو۔ غم سے مُراد یہاں اِنسان کی وہ حالت ہے جس میں صبر اور رضا بقضائے الٰہی اور اُمیدِ ثواب باقی نہ رہے۔ اور خوشی سے وہ اِترانا مُراد ہے جس میں مَست ہو کر آدمی شکر سے غافل ہو جائے۔ اور وہ غم و رَنج جس میں بندہ اللہ تعالیٰ کی طرف متوجّہ ہو اور اس کی رضا پر راضی ہو ایسے ہی وہ خوشی جس پر حق تعالیٰ کا شکر گزار ہو ممنوع نہیں۔ حضرت امام جعفر صادق رضی اللہ عنہ نے فرمایا: اے فرزندِ آدم کسی چیز کے فقدان (نہ ہونے) پر کیوں غم کرتا ہے؟ یہ اس کو تیرے پاس واپس نہ لائے گا اور کسی موجود چیز پر کیوں اِتراتا ہے؟ موت اس کو تیرے ہاتھ میں نہ چھوڑے گی۔

فرمانِ مصطفےٰ صلی اللہ علیہ والہ وسلم

جس قدر ہو سکے دُنیاوی غموں سے فراغت پالو کیونکہ جسے سب سے زیادہ غم دُنیا کا ہو گا، اللہ پاک اس کے پیشے کو شہرت دے گا اور اس کا فقر اس پر ظاہر فرما دے گا اور جسے آخرت کا غم سب سے زیادہ ہو گا اللہ پاک اس کے کام جمع فرما دے گا اور اس کے دِل کو غنا سے بھر دے گا اور جو بندہ اپنے دِل سے اللہ پاک کی طرف متوجہ ہوتا ہے اللہ پاک مومنین کے دِلوں کو اِس کے لئے محبت اور رَحمت کے جذبہ سے سرشار فرما کر اس کے پاس بھیجتا ہے اور اللہ پاک اسے ہر بھلائی جلد عطا فرماتا ہے۔[1]

[1] ... مجمع الزوائد، کتاب الزھد، باب فیمن احب الدنیا...الخ، 10/432، حدیث: 17816، دار الفکر بیروت۔

غمِ دُنیا کے بعض اَسباب

★ حُبِّ دُنیا، دُنیا کی محبت دِل میں رَچ بس جانے کی وجہ سے معمولی سے دُنیاوی نقصان پر بھی دِل غمگین ہو جاتا ہے جس کی وجہ سے افسوس کا اِظہار کیا جاتا ہے۔ ★ بے صبری کی عادت، جس اِنسان میں صبر اور برداشت کا مادہ کم ہوتا ہے اسے اُمورِ دُنیا کا غم جلدی ہوتا ہے جو اس کے روشن مستقبل کو تاریک کرنے کے لیے کافی ہوتا ہے۔ ★ ناشکری کی عادت، ہزارہا نعمتوں کے باوجود بندہ شکر نہیں کرتا یہی وجہ ہے کہ جب اسے کوئی مصیبت یا تکلیف پہنچتی ہے تو اس پر شکر کرنے کے بجائے غمزدہ و غمگین ہو کر ناشکری کر بیٹھتا ہے۔

غمِ دُنیا سے بچنے کے لیے

★ دُنیا کی محبت کو اپنے دِل سے نکالنے کی کوشش کیجیے اور اپنے ظاہر و باطن کو نیکیوں میں مشغول رکھیے۔ ★ اپنا یہ ذہن بنائیے کہ دُنیا فانی ہے اور فانی چیز نے کبھی نہ کبھی فنا ہونا ہی ہے لہٰذا ایسی چیز پر افسوس کرنے کا کیا فائدہ؟ ★ مصیبتوں اور آزمائشوں کا مقابلہ کرنے کے لیے اپنے اندر صبر اور برداشت پیدا کیجیے تاکہ کوئی انہونی بات اور مصیبت آپ کے اَعصاب پر اثر اَنداز نہ ہو سکے۔ ★ اپنا یہ ذہن بنائیے کہ بے صبری کا مُظاہرہ کر کے میں عظیم اَجر و ثواب سے محروم کر دیا جاؤں گا جبکہ صبر کروں گا تو اَجر و ثواب کا خزانہ مجھے عطا کیا جائے گا۔ ★ اپنے اندر صبر و شکر کی عادت ڈالیے اور خوشی ہو یا غم اپنی زبان کو ہر وقت اللہ پاک کے شکر سے تر بتر رکھیے اور یہ ذہن بنائیے کہ اگر میں شکر کروں گا تو اللہ پاک مجھے مزید نعمتوں سے سرفراز فرمائے گا۔

نوٹ: مزید معلومات کے لئے شیخِ طریقت، امیرِ اہلِ سنّت علامہ محمد الیاس عطار قادری رضوی دامت برکاتہم العالیہ کی 616 صفحات پر مشتمل کتاب "نیکی کی دعوت" صفحہ 260 تا 270 کا مُطالعہ کیجیے۔

(43): مایوسی

مایوسی کی تعریف

اللہ پاک کے فضل و رَحمت نہ ملنے کو یاد کرنا اور دِل میں اس کی اُمید نہ رکھنا "مایوسی" ہے۔[1]

مایوسی کا حکم

اللہ تعالیٰ کی رَحمت سے مایوس اور نا اُمید ہونا منع ہے، لہٰذا ہر شخص کو چاہئے کہ وہ زندگی میں آنے والی پے در پے مصیبتوں، مشکلوں اور دشواریوں کی وجہ سے اللہ تعالیٰ کی رحمت سے ہرگز مایوس اور نا امید نہ ہو کیونکہ یہ کافروں اور گمراہوں کا وصف اور کبیرہ گناہ ہے۔[2] اللہ پاک کی رَحمت سے مایوس ہو کر گناہوں میں مشغول ہو جانا ناجائز و حرام اور کبیرہ گناہ ہے، رَحمتِ الٰہی سے مایوسی بعض صورتوں میں کُفر بھی ہے۔ چنانچہ شیخِ طریقت امیرِ اہلِ سنّت حضرت علامہ مولانا ابوبلال محمد الیاس عطار قادری رضوی دامت برکاتہم العالیہ اپنی مایہ ناز تصنیف "کفریہ کلمات کے بارے میں سُوال جواب" صفحہ 483 پر فرماتے ہیں: بعض اَوقات مختلف آفات، دُنیاوی مُعاملات یا بیماری کے مُعالجات و اَخراجات وغیرہ کے سلسلے میں آدمی ہمّت ہار کر مایوس ہو جاتا ہے اِس طرح کی مایوسی کُفر نہیں۔ رَحمت سے

[1] ... منہاج العابدین، الباب الخامس فی العقبۃ الخامسۃ، ص 143، دار الکتب العلمیۃ بیروت۔
[2] ... تفسیر صراط الجنان، 8 / 489۔

مایوسی کے کُفر ہونے کی صورتیں یہ ہیں: اللہ پاک کو قادِر نہ سمجھے یا اللہ تعالیٰ کو عالِم نہ سمجھے یا اللہ تعالیٰ کو بخیل سمجھے۔

آیتِ مبارکہ

قُلۡ يٰعِبَادِيَ الَّذِيۡنَ اَسۡرَفُوۡا عَلٰٓى اَنۡفُسِهِمۡ لَا تَقۡنَطُوۡا مِنۡ رَّحۡمَةِ اللّٰهِ ؕ اِنَّ اللّٰهَ يَغۡفِرُ الذُّنُوۡبَ جَمِيۡعًا ؕ اِنَّهٗ هُوَ الۡغَفُوۡرُ الرَّحِيۡمُ ﴿۵۳﴾ (پ24، الزمر: 53)

ترجمۂ کنزالایمان: تم فرماؤ اے میرے وہ بندو جنھوں نے اپنی جانوں پر زیادتی کی اللہ کی رحمت سے نااُمید نہ ہو بے شک اللہ سب گناہ بخش دیتا ہے بے شک وہی بخشنے والا مہربان ہے۔

فرمانِ مصطفےٰ صلی اللہ علیہ واٰلہٖ وسلم

حضورِ اکرم صلی اللہ علیہ واٰلہٖ وسلم سے سوال کیا گیا کہ کبیرہ گناہ کون سے ہیں؟ تو آپ صلی اللہ علیہ واٰلہٖ وسلم نے اِرشاد فرمایا: اللہ پاک کے ساتھ کسی کو شریک کرنا، اس کی رَحمت سے مایوس ہونا اور اس کی خُفیہ تدبیر سے بے خوف رہنا اور یہی سب سے بڑا گناہ ہے۔[1]

مایوسی کے بعض اَسباب

★ جہالت، بندہ اپنی جہالت اور کم علمی کے سبب رَحمتِ الٰہی سے مایوسی جیسے مُوذی گناہ میں مبتلا ہو جاتا ہے۔ ★ بے صبری، کسی آزمائش یا مصیبت پر بے صبری کا مُظاہرہ کرتے ہوئے واویلا کرنے سے رَحمتِ الٰہی سے مایوسی پیدا ہوتی ہے۔ ★ دوسروں کی پُرآسائش زندگی پر نظر رکھنا، جب بندہ کسی کی پُرآسائش زندگی پر غور و فکر کرتا ہے تو اسے اپنی زندگی پر سخت تشویش ہوتی ہے یوں بندہ رَحمتِ الٰہی سے مایوس ہو جاتا ہے۔ ★ بُری صحبت۔

---

[1]... الزواجر، مقدمۃ فی تعریف الکبیرۃ، 1/22۔

مایوسی سے بچنے کے لیے

★ دُنیاوی عُلُوم کے ساتھ ساتھ دِینی عُلُوم بھی حاصل کیجیے۔ ★ جہنم میں لے جانے والے اَعمال اور ان پر ملنے والے عذابات پر غور و فکر کیجیے تاکہ دِل میں خوفِ آخرت پیدا ہو۔ ★ جنَّت میں لے جانے والے اَعمال اور ان پر ملنے والے عظیم اَجر و ثواب پر نظر رکھیے تاکہ اللہ پاک کی رَحمتِ کاملہ پر یقین مزید پختہ ہو جائے۔ ★ مصیبتوں پر صبر کرنے کی عادت ڈالیے کیونکہ بے صبری کی وجہ سے نکلنے والے کلمات بسا اوقات اِیمان کو برباد کرنے کا سبب بنتے ہیں۔ ★ کسی بھی تکلیف یا مصیبت پر یہ ذہن بنائیے کہ اللہ پاک نے مجھے اس آزمائش میں مبتلا کیا ہے تو میں اس پر بے صبری کا مُظاہرہ کر کے اَجر و ثواب کیوں ضائع کروں؟ ★ دوسروں پر نظر رکھنے کے بجائے اپنی زندگی پر غور و فکر کیجیے۔ ★ اللہ پاک کا شکر ادا کرتے ہوئے قناعت اِختیار کیجیے۔ ★ یہ ذہن بنائیے کہ جس رَبّ نے اُسے پُر آسائش زندگی عطا فرمائی ہے یقیناً وہ مجھے بھی ویسی ہی زندگی عطا فرمانے پر قادِر ہے لیکن یہ اس کی مشیت اور قدرت ہے اور میں اس کی مشیت پر راضی ہوں۔ ★ اس بات پر بھی غور کیجیے کہ جو شخص دُنیا میں جتنی پُر آسائش زندگی بسر کرے گا ہو سکتا ہے کل بروزِ قیامت اسے اتنا ہی سخت حساب و کتاب دینا پڑے، لہٰذا پُر آسائش زندگی کی خواہش کرنے کے بجائے سادہ طرزِ زندگی اپنانے ہی میں عافیت ہے۔

فہرس

دِل کی حفاظت اور نگہداشت بہت ضروری ہے

حضرت سیّدُنا امام محمد غزالی رحمۃُ اللہِ علیہ فرماتے ہیں: جس کی حفاظت اور نگہداشت بہت ضروری ہے وہ دِل ہے کیونکہ یہ تمام جسم کی اصل ہے۔ یہی وجہ ہے کہ اگر تیرا دل خراب ہو جائے تو تمام اعضاء خراب ہو جائیں گے اور اگر تو اس کی اصلاح کرلے تو باقی سب اعضاء کی اصلاح خود بخود ہو جائے گی۔ کیونکہ دل درخت کے تنے کی مانند ہے اور باقی اعضاء شاخوں کی طرح، اور شاخوں کی اصلاح یا خرابی درخت کے تنے پر موقوف ہے۔ تو اگر تیری آنکھ، زبان اور پیٹ وغیرہ درست ہوں تو اس کا مطلب یہ ہے کہ تیرا دل درست اور اصلاح یافتہ ہے اور اگر یہ تمام اعضاء گناہوں کی طرف راغب ہوں تو سمجھ لے کہ تیرا دل خراب ہے۔ پھر تجھے یقین کرلینا چاہیے کہ دل کا فساد اور سنگین ہے۔ اس لیے اصلاحِ قلب کی طرف پوری توجہ دے تاکہ تمام اعضاء کی اصلاح ہو جائے اور تو روحانی راحت محسوس کرے۔ پھر قلب کی اِصلاح نہایت مشکل اور دشوار ہے کیونکہ اس کی خرابی خطرات و وَساوِس پر مبنی ہے جن کا پیدا ہونا بندے کے اختیار میں نہیں۔ اس لیے اس کی اصلاح میں پوری ہوشیاری، بیداری اور بہت زیادہ جدوجہد کی ضرورت ہے۔ انہی وجوہات کی بنا پر اصحابِ مجاہدہ و ریاضت اِصلاحِ قلب کو زیادہ دُشوار خیال کرتے ہیں اور اَربابِ بصیرت اس کی اصلاح کا زیادہ اہتمام کرتے ہیں۔ (منہاج العابدین، ص98)

www.ingramcontent.com/pod-product-compliance
Lightning Source LLC
LaVergne TN
LVHW050850051026
849532LV00006BA/2181

* 9 7 8 9 6 9 7 2 2 6 4 7 4 *